◆ 読者の皆さまへ ◆

平素より，小社の出版物をご愛読くださいまして，まことに有り難うございます．

㈱近代科学社は1959年の創立以来，微力ながら出版の立場から科学・工学の発展に寄与すべく尽力してきております．それも，ひとえに皆さまの温かいご支援があってのものと存じ，ここに衷心より御礼申し上げます．

なお，小社では，全出版物に対してHCD（人間中心設計）のコンセプトに基づき，そのユーザビリティを追求しております．本書を通じまして何かお気づきの事柄がございましたら，ぜひ以下の「お問合せ先」までご一報くださいますよう，お願いいたします．

お問合せ先：reader@kindaikagaku.co.jp

なお，本書の制作には，以下が各プロセスに関与いたしました：

- 企画：小山 透
- 編集：冨髙琢磨
- カバーイラスト：廣田雷風
- 組版，印刷，製本，資材管理：大日本法令印刷
- 広報宣伝・営業：山口幸治，冨髙琢磨

●本書に記載されている会社名・製品名等は，一般に各社の登録商標または商標です．本文中の©，®，™等の表示は省略しています．

- 本書の複製権・翻訳権・譲渡権は株式会社近代科学社が保有します．
- JCOPY 〈(社)出版者著作権管理機構 委託出版物〉
  本書の無断複写は著作権法上での例外を除き禁じられています．
  複写される場合は，そのつど事前に(社)出版者著作権管理機構
  （電話 03-3513-6969，FAX 03-3513-6979，e-mail: info@jcopy.or.jp）の
  許諾を得てください．

はじめに

　我々は豊穣なる音楽文化の中に生きるという類まれなる経験をしてきた．ロックもクラシックもジャズも同時に聞けた．

> 　…そんなわけで，高校生時代はとにかくずぶずぶに音楽にのめりこんでいった．音楽好きな友達が回りにいても，そのころはビートルズ全盛の時代．ところが僕はビートルズもいちおう聞いていたけれど，シェーンベルクとかカウント・ベイシーでしょう，…（村上春樹．「余白のある音楽は聴き飽きない」，『村上春樹雑文集』（新潮文庫）より）

音楽人気は今もなお全盛である．クラシック音楽の人気の衰退は否めないが，かつてのジャズ・ロック・ポップといった垣根はもはや意味がなくなり，ただ「さまざまな」ポピュラー音楽になった．そして，みな一様に新しく現れるポピュラー音楽を楽しみにしている．新しく現れるポピュラー音楽？　果たしてそうなのだろうか．

> 　あまり悲観的になるのは禁物だろうが，一つ確実にいえることは，我々はいまだに西洋音楽，とりわけ十九世紀ロマン派から決して自由になっていないということ，その亡霊を振り払うのは容易ではないということである．（中略）実際ポピュラー音楽は今なお「ドミソ」といった伝統的な和声で伴奏され，ドレミの音階で作られた旋律を，心を込めてエスプレシーヴォで歌い，人々の感動を消費尽くそうとしている．ポピュラー音楽こそ，「感動させる音楽」としてのロマン派の，二十世紀以後における忠実な継承者である．（岡田暁生．『西洋音楽史』（中公新書）より）

現代における音楽の隆盛は，映画やアイドル歌手など視覚メディアとの商業

的結びつきが成功したからであろう．聴覚的に限定した場合，我々が新しいと勘違いしている音楽は既に 18 世紀中盤から 19 世紀に作られたある枠組みから少しも抜け出していないのである．

　今後，芸術音楽の世界に著名な作曲家が現れることがあるのか．クラシック音楽の演奏において今後巨匠と呼ばれる演奏家が現れることがあるのか．そして難解な現代音楽ではなく，もっと分かりやすい音楽の大作曲家が現れることがあるのか．

　「分かりやすい」音楽とは何だろう．音楽がドレミの音階ではなく，ドミソではない和音を用いれば，それは「分かりにくく」なる．分かりやすさなどという尺度に抵触するということは，音楽は我々の理解能力の限界まできているのだろうか．我々はいま「音楽が進化を停めた」ことを自覚する最初の局面にいる可能性がある．何かがもし音楽の進化を停めたというのであれば，理由として考えられるのは音律の数学と我々の身体性である．後者の身体性は説明が容易である．我々の音楽認知能力は耳の周波数の分解能の分しかない．一部の人は微分音を正確に聞き取ることができるが，大多数の人は平均律による音律の近似で十分のようである．さらにまた，楽器を形成するにあたっては指の数がたまたま 5 本であることや身長が 1.5 m から 2 m 程度に限られる抗いがたい身体的制約の中で，弦楽器の弦の数やウッドベースのサイズが決定されてきた．こうした身体性の制約に比べて前者の数学上の制約はあまり知られていないようである．例えば音の振動数の整数比という数学上の制約が，我々の用いることのできる音階と和音を制限した事実はもっと認識されていてよい．

　数学とともに，音楽を理解する手立てとなるのは言語である．言語化は我々が常套的に用いる説明の手段である．抽象的な数学の概念も難解な物理の式も，自然言語によって何とかその意味を他人に説明することができる．しかし時には数式のほうがはるかに雄弁であり，かつ図を用いればもっと容易に正確にその説明を可能にする．これが例えば芸術方面にはとたんに困難になる．ある絵の良さを他人に伝えるためには絵そのものの介在が必須である．音楽を研究するために音楽をどこまで言語化できるのか，すなわち構造化・記号化できるのか．

　　　音楽は構造主義的に捉えられ，言語学から借りてきた記号学を
　　　もって分析され，意味は顕在化されるはずである．

ジャン=ジャック・ナティエ (Jean-Jacques Nattiez) はその師匠ジャン・モリノ (Jean Molino) に従ってこのように考えた．自作自演のインタビュー集「音楽・研究・人生」[1]においてはインタビューが進むにつれ，記号には顕在化され難い「美」への言及が増える．そして，ついにインタビューア（実は自分自身）にこう言わしめる．

　　　　「あなたを矛盾の現行犯で逮捕します．」[2]

音楽に意味があるのかどうか，あるいは意味は言語として述べられ，記号として顕在化できるのかどうか．それを理解するためにはナティエが言及したいくつかの構造的音楽理論，例えば暗意–実現の理論[3]やGTTM[4]を知る必要がある．さらには，このような理論による解析結果が構文を持ち，意味構造を持つというなら，その構文解析・意味解析の理論を顧みる必要がある．

　我々はここ半世紀で，我々自身を顧みる実に有効な手段を手に入れた．計算機である．いったん実世界から隔絶された計算機の世界の中で，形式言語による知識表現と推論方式によって我々自身の心や脳の働きが模倣可能であるのか．我々は今壮大な実験に乗り出している．計算機は我々自身を写し出す鏡になるかも知れない．それならば音楽も乗り遅れてはならない．音楽は我々の人生に副次的に存在するただのエンターテインメントではない．他のエンターテインメントと決定的に違うのは，音楽を認知する機能が脳に生得的に「内在」していると考えられるからである．もしそうなら音楽は軽視できない認知科学の対象であり，知能の枠組みの中でその立ち位置を確認し，我々が音楽を認知する仕組みを鏡に写し出してみなければならない．

　この本はまず第1章で **音楽の意味**，すなわち認知的リアリティについて考える．シェンカー理論[5]は音楽には基本的な骨格があること，それは簡約 (reduction) という操作によって導けることを示した．その骨格が我々の音楽認知とどのように結びつくかを考察する．次に，従来的な音楽理論を数理的に捉え直す．それが第2章の **なぜピアノの白鍵と黒鍵はあのように並んでいるのか** である．鍵盤楽器のキーの並びは我々の耳と音律の数学の狭間の袋小路に我々が見い出した万人にかろうじて受理可能な平均化・標準化の帰結である．そしてこの章はそのまま数理的に考えた楽典入門になっている．人間には血液型や性別など生物学的に変更が困難な属性があるが，文系・理系などという属性はない．基本的には数学は人間みんなが不得意である．文系・理系は受験生時代に数式の意味をちょっと立ち止まって考える習慣を持

[1] Jean-Jacque Nattiez. *La Musique, La Recherche, et La Vie*, Leméac Editeur Inc., Montréal, 1999/2004.

[2] "Je vous prends en flagrant délit de contradiction!"

[3] E. Narmour. *The Analysis and Cognition of Basic Melodic Structures*, The university of Chicago press, 1990.

[4] F. Lerdahl and R. Jackendoff. *Generative Theory of Tonal Music*, The MIT Press 1983.

[5] H. Schenker, *Der Freie Satz. Neue musikalische Theorien und Phantasien*, Margada, Liège, Belgium, 1935.

ったかどうかの差である．だからこの章でもちょっと立ち止まって，なぜ音楽通論はかくも数理的なのか考えてほしい．第 3 章は **音楽と自然言語** である．音楽と言語は生物学的には同ルーツであると言われる．また人間だけが音楽と言語を分離した．音楽の意味と記号化を考える上で，文法理論と意味論の基礎を概説する．第 4 章は今あるポピュラー音楽の記法として，記号論的音楽理論のスタータとしてバークリー音楽院から始まったコード進行の理論，**バークリー・メソッド** について述べる．この理論により和音という概念の記号化・仮想化・標準化が行われる．第 5 章と第 6 章は **生成的音楽理論** (generative music theory) の代表として，暗意–実現のモデルと楽曲に木構造を与える理論 GTTM をそれぞれの章で紹介する．第 6 章では併せて和声解析の基礎となる Tonal Pitch Space (TPS) も紹介する．我々は GTTM を使って実際に楽曲解析を行い，またさまざまなアプリケーションを開発してきた．第 7 章ではこの成果を紹介する．

　本書は音楽専門の章，言語学に関わる章，生成的音楽理論の章とその応用の章と話題を展開するが，一般的な読者のほかにも，既に特定な分野に詳しい研究者も対象とする．したがって各章を拾い読みできるようある程度独立性を高めた．我々がこの本に託すのは「科学としての音楽」を議論する土台となることである．我々自身は 15 年前からこのような本があってほしかった．読者のみなさまとも「音楽の科学」を分かちあいたく，ここにお届けする．本書を執筆するにおいては，著者らと 15 年余り共同研究を続けてきている理化学研究所革新知能統合研究センターの浜中雅俊博士による楽曲分析システムの実現が契機になった．また，日本の音楽情報処理研究者の多くの仲間たち，とりわけ計算論的生成音楽学ワーキンググループのメンバーとの熱い議論がなければこの本には至らなかった．近代科学社の小山透さん，冨髙琢磨さんには暖かいご支援と激励を頂いた．ここに深く感謝する．最後になるが，この本のカバー画を廣田雷風氏に描いていただくことができた．とても気品のあるでき上りとなり，本書の画竜点睛と思う次第である．

2017 年 4 月　東条敏・平田圭二

目次

はじめに

第1章　音楽の意味を計算する機械　　1
- 1.1　計算機の恩恵に浴する音楽理論とは ……………………… 1
- 1.2　標題音楽小史 ……………………………………………… 3
- 1.3　音楽のゲシュタルト的理解 ……………………………… 5
- 1.4　記号論による旋律の意味づけ …………………………… 8
- 1.5　音楽の意味の分類 ………………………………………… 11
- 1.6　簡約仮説とシェンカー分析 ……………………………… 13
- 1.7　旋律の逆行に対する音楽分析 …………………………… 15
- 1.8　言語になぞらえた音楽の理解 …………………………… 18
- 1.9　認知的リアリティ ………………………………………… 22
- 第1章関連図書 ………………………………………………… 24

第2章　白鍵と黒鍵の数学　　27
- 2.1　「2」と「3」の音階 ……………………………………… 27
- 2.2　ピタゴラス音律の修正 …………………………………… 32
- 2.3　純正律——「5」の導入 ………………………………… 34
- 2.4　倍音とは何か ……………………………………………… 37
- 2.5　中全音律 …………………………………………………… 38
- 2.6　鍵盤と楽譜 ………………………………………………… 40
- 2.7　$x^{12} = 2$ を解く ………………………………………… 42
- 2.8　12音平均律の対称性 ……………………………………… 46
- 2.9　平均律の音楽史——J. S. バッハとシェーンベルク …… 52
- 第2章関連図書 ………………………………………………… 56

第3章　言語から見た音楽　59

- 3.1　チョムスキーの生成文法とその展開 …………………… 60
- 3.2　形式言語とオートマトン ………………………………… 64
- 3.3　人間の言語の階層 ………………………………………… 70
- 3.4　和声進行規則の言語クラス ……………………………… 73
- 3.5　確率文脈自由文法 ………………………………………… 76
- 3.6　内部素性とヘッドによる文法 …………………………… 79
- 3.7　組合せカテゴリー文法 …………………………………… 83
- 3.8　楽曲解析のアルゴリズム ………………………………… 87
- 第3章関連図書 …………………………………………………… 90

第4章　バークリーメソッド　93

- 4.1　音程 ………………………………………………………… 93
- 4.2　和音 ………………………………………………………… 94
- 4.3　和音名と機能のルール …………………………………… 98
- 4.4　歴史的な意義 ……………………………………………… 99
- 4.5　記号化の功罪 ……………………………………………… 102
- 4.6　仮想化 ……………………………………………………… 104
- 4.7　ジャズとクラシックとJ-Pop ……………………………… 106
- 第4章関連図書 …………………………………………………… 111

第5章　暗意-実現モデル　113

- 5.1　音楽に現れるゲシュタルト ……………………………… 113
- 5.2　暗意-実現モデルの原理 …………………………………… 115
- 5.3　暗意-実現の基本パターン ………………………………… 116
- 5.4　カールセンの実験と暗意-実現モデルの妥当性 ………… 122
- 第5章関連図書 …………………………………………………… 127

第6章　楽曲の木構造解析　129

- 6.1　グループ解析 ……………………………………………… 129
- 6.2　拍節構造解析 ……………………………………………… 133
- 6.3　簡約への序章 ……………………………………………… 135
- 6.4　タイムスパン分析 ………………………………………… 136

6.5	延長的簡約解析	143
6.6	和音とピッチ間の距離	152
6.7	和音の緊張度とメロディーのアトラクタ	164
	第6章関連図書	167

第7章 GTTMの展開　169

7.1	音楽に意図を込めること	169
7.2	GTTM分析とレンダリング	171
7.3	タイムスパン木の形式化	172
7.4	簡約距離	176
7.5	タイムスパン木の妥当性に関する実験	179
7.6	タイムスパン木による旋律モーフィングの実現	182
7.7	まとめに代えて	187
	第7章関連図書	189

おわりに　191

付録A　音楽学の基礎知識　203

A.1	音高と音名，音程	203
A.2	音階と旋法	204
A.3	調	206
A.4	旋律と対位法	207
A.5	和音と機能和声	208
A.6	拍とリズム	212

索引　215

本書に現れる音楽用語のうち，右肩に†をつけたものは索引に掲載しかつ「付録A 音楽学の基礎知識」にその解説を載せた．

第1章　音楽の意味を計算する機械

　本章では音楽の意味とは何かについて考えていきたいと思う．いきなりこのような問いを設定してとりつく島もないようでは困る．どんなアプローチをとるにおいても，ここはまず虚心坦懐に先人が蓄積してきた知識をなるべく客観的に眺めてみるしかないだろう．まず，過去350年間，西洋調性音楽とともに発展してきた音楽理論が，どのように構成されているかを考えてみよう．

1.1　計算機の恩恵に浴する音楽理論とは

　中世まで，西洋音楽の作曲家は，新しい曲を作る時には自身でまず既存の音楽作品の構造や様式を分析し理解することを行っていた．それが18世紀になり大衆と批評家が誕生すると，作曲家と音楽理論の研究者の分化が見られるようになる．そして，作曲自体の理論は実践的な規則集（作曲法）として発展し[30]，一方の分析や解釈は音楽学の中で音楽理論として体系化されていった．しばしば調性の概念を最初に体系化した理論家として言及されるのがラモー[1]であるが，これは大バッハすなわちJ. S. バッハ[2]と同時代の人である．つまり，音楽理論は，その歴史的経緯において，もともと作曲するための分析方法論であったと言える．作曲法も音楽理論も，書物や身体動作の模倣を通じて人から人へと伝わる知識や技芸の一種である．したがって，そうした知識や技芸は言語化され，人が読んだり見たりするのに適した形式で，表現され蓄積され伝達されてきた．つまり，音楽とは何か，音楽の意味とは何か，記譜法，演奏法すべてひっくるめて自然言語によって直感的なレベルで議論され，書物に記述されてきた．

　1940年代以降，計算機の登場が人類にもたらした恩恵の一つは，現実世界をより数学的厳密さを持って理解することと，その結果として世界の正確なシミュレーションと予測が可能となったことである．このように人間が理

[1] Jean-Philippe Rameau, 1683-1765
[2] Johann Sebastian Bach, 1685-1750

解する仕組みや思考のプロセスを計算機の中に計算機用の言語を用いて表現することをここでは**数理モデル化**と呼ぶことにしよう．このモデルは人間の用いる言語と異なり，論理やプログラミング言語のような強い文法規範を持つ言語によって記述される．このため，人間の用いる自然言語に比べて曖昧性のない制御を計算機に行わせることができる代わりに，人間が共有できる意味のようなものが失われてしまうことになる．さて本書では以降，数理モデルの構築を計算機内部表現に持っていくという意味で，形式言語化，あるいは単に**形式化**と呼ぶ．

これまでの音楽理論の発展は，当然のことながらこの計算機の恩恵に浴していないが，もしこれから計算機の存在が音楽理論に恩恵をもたらすとしたら，それは何だろうか．我々は，それは人の音楽認知モデルに関する科学的な実験が可能になることだと考えている．ここで**科学的**であるとは，(i) 人の主観を超えた汎化が行われており，(ii) そのことを示す根拠（理屈づけ）がいつも用意されており，(iii) 再現性が保証されていることである．したがって (iv) 事実と異なる汎化に対しては**反証**が可能となる[3]．音楽の場合，人が音楽認知する仕組みや振る舞いを仮説モデルとして提示し，その仮説モデルに基づく**シミュレーション**を実行する（計算機プログラムとして実現する）ことにより，その仮説モデルがどの程度現実と一致しているのか，その妥当性を評価できることが"科学的である"と考える．被験者を使った実験でも仮説モデルの検証は可能であるが，どうしても被験者が受けてきた音楽教育の影響 [9]，音楽体験，嗜好，実験時の気分などの影響をゼロにすることは難しい．

ところが，音楽理論の蓄積を活かしつつ計算機の恩恵に浴することは思っているほど簡単ではない．**モラベックのパラドックス** (Moravec's paradox) として知られる人工知能研究における発見がある．これは，幼児でもできるようなことを計算機で実現しようとすると難しく，大人にとって難しいと思われるようなことが計算機では意外に簡単に実現できてしまうという矛盾（に見える観察）のことである．音楽でも同様の矛盾が生じている．音楽において幼児でもできるようなこと，幼児にも起きるようなことには例えば，楽しい曲と悲しい曲を区別する，似ている曲を思い出す，曲を聞いてお掃除や帰宅などのシチュエーションに結びつける，細部まで憶えていないのに頭の中で曲を反芻すると十分リアルに楽しめる，「おいしい曲」という言葉から楽曲がイメージできる等があるが，これらを計算機あるいはロボットで実

---

[3] 哲学者カール・ポパー (Karl Popper, 1902-1994) によれば，科学的とは，今までのところ正しいと信じられている主張・命題・理論（つまり仮説）があって，その仮説は実験や観察によって反証される可能性を持っていることを意味する．

現するのは難しい．一方，大人には難しいが計算機には簡単に実現できることとして，正確に拍を刻む，音高を正確に認識する（絶対音感），同時に鳴っている多数の音を識別するなどがある．モラベックのパラドックスは，大人が大人に伝えるメッセージや大人どうしで理解しあう内容には，実は形式的に記述されていない**暗黙知**（例えば，価値，裏の意味，直感，印象，嗜好，感情，連想，比喩など）が多く含まれていることを教えている．もちろん音楽理論にもこのような暗黙知が豊富に含まれており，音楽理論の蓄積を活かしつつ計算機の恩恵に浴することの困難さはまさにこの点に起因する[4]．

このように過去350年間，作曲作法や演奏技法は，西洋調性音楽と共進化してきた．大人にとって日常言語ではないが直感的な表現である楽譜という手段を用い，あるいは声や楽器を用いて，師匠から弟子へと身体トレーニングや口承で伝授されてきた．その音楽理論に豊富に含まれている暗黙知をモデル化し計算機プログラムとして表現し実行できれば，音楽とは何かという問いの答えに近づけるのではないかと思う．

1.2 標題音楽小史

19世紀後半の作曲家リヒャルト・シュトラウス[5]は「音楽で表現できないものはない」と豪語した．リヒャルト・シュトラウスの最高傑作にオペラ『ばらの騎士』を挙げる人は多いと思う．その冒頭は若い愛人と元帥夫人のセックスシーンで開始1分後あたりはエクスタシーの瞬間と言われている．オペラは舞台があり言語テキストがあるからどのようなシーンなのかが分かるが，ではこの音楽だけを聞いて何を描写しようとしているのか分かる人はいるだろうか．

作曲家リスト[6]は**標題音楽** (program music)[7]という言葉を持ち出し，ある種の音楽は聴者に具体的な情景や風景，心象を呼び起こすことを目的とするものであるとした．この概念は古典派音楽を抜け出たロマン派音楽の作曲家の動向とよく合致し，音楽は聴者により具体的な情動を喚起されるものとして好んで標題やプログラム[8]を伴う曲が作られた．ベルリオーズ[9]の『幻想交響曲』はその典型であり，夜会のワルツや断頭台への行進などかなり具体的な視覚イメージが曲に与えられており，聴者は作曲家の意図したプログラムどおりに曲を解釈することが要求される．作曲家の与えた標題とその作

[4] この困難さとはほぼ無縁に，計算機を用いて音楽創作を行う分野があり，それは**アルゴリズム作曲** (algorithmic composition) と総称されている [32, 37, 16]．アルゴリズム作曲では，音楽とは独立に研究開発されてきた数学的な概念や情報技術を，計算機による作曲に応用するというアプローチが主体である．対象音楽ジャンルとしては，現代音楽，前衛音楽，実験音楽，メディアアートなどが多い．伝統的な音楽理論や作曲法との関連性は薄い．

[5] Richard Strauss, 1864-1949

[6] Franz Liszt, 1811-1886

[7] 独 Programmmusik

[8] コンサートでの上演作品解説．のちに，アルバムのライナーノーツ，ラジオでの曲目解説なども同様の役割を果たすようになる．

[9] Hector Berlioz, 1803-1869

風がよく結びつくことから，例えば初期ロマン派のメンデルスゾーン[10]は音の風景画家，ショパン[11]はピアノの詩人などと称される．

この標題音楽という用語はこの頃できたものであるが，この考え方自体はリスト以前からあるものであり，バロック時代ヴィヴァルディ[12]の『四季』は各季節の風物が具体的な楽器で再現されようとする．さらに古典派以降でもベートーヴェン[13]の『田園』（交響曲第6番ヘ長調作品68）が有名である．各楽章には短い標題がつけられ，第4楽章では雷鳴の音などが具体的に楽器で摸されるが，それでもなおこの曲はあくまで心象だけであり標題音楽ではないという議論も存在する．

19世紀後半においては標題音楽の隆盛に対してその対立概念として**絶対音楽**（独 absolute Musik）という言い方がされた．絶対音楽とは具体的な心象・風景に結びつけられるものではなく，音楽自体に抽象的な美を感じさせるような種類の音楽であるとされる．この時代の批評家ハンスリック[14]はロマン主義作曲家たちの標題音楽指向に疑問を投げかけ，特にワーグナー[15]やリストの感情表現の誇張を痛烈に批判した．またワーグナーを崇拝したブルックナー[16]に対しても厳しい否定的な論説を書き続けた．これに対して，同時代において古典派への回帰を連想させるブラームス[17]を擁護し，ブラームスを絶対音楽の第一人者として賞賛した．

しかしながらこの標題音楽と絶対音楽の対立は，扱いにくい危うい議論である．まず標題音楽が具体的な風景・心象に結びつけられるのを目的とするならば，例えばただ木管楽器を用いて鳥の鳴き声を模倣したところでそれは音楽として成立するのだろうか．あるいはティンパニを連打して雷鳴を模倣できたことが標題音楽としての成功だろうか．標題音楽としての評価は模倣の成功度ではなく，音楽作品としての良し悪しでなければならない．すなわち「標題音楽とて絶対音楽としての評価を免れない」ということである．音楽としてよくできた美しい作品であるからこそ，標題音楽としても成功作になるのである．すると標題音楽というのは，絶対音楽の中にあって，プログラムによって聴者に解釈を限定する音楽ということになってしまうのだろうか．

ハンスリックの標題音楽批判の一つの視点に「音楽と言語的に与えられたプログラムの主客逆転がけしからん」という主張がある．すなわちハンスリックは音楽主体の作品に言語テキストが伴うことはあっても，言語テキストのために音楽が奉仕するのは邪道であり，音楽は音楽のみに閉じた美的観点

のみで評価されるべきであると考えた．

　後年，こうした音楽の内部に閉じた評価の仕方はさまざまな形で論破されていると考えられる．一つには 19 世紀末期の和声音楽崩壊にともない，無調音楽が研究され始めたころ，シェーンベルク[18]は積極的に曲にテキストを付随させた．これは無調による音楽というものが多分に人の情動と結びつかないために，表現するもののない無重力感に堕してしまわないよう，「この世の何かと結びつける」努力が別途必要になったものといわれる．そして何よりも今日量産される商業音楽のほとんどは言語テキスト，すなわち「歌詞」を伴うものとなっている．さらには，20 世紀以降，舞台芸術すなわちオペラやバレエは映画という圧倒的な視覚メディアに座を奪われ，音楽は視覚効果を助長し盛り上げる立場にその役割を変えていく．音楽は映画に付随するものとなるのである．ハンスリックから見たら後年の「映画音楽」というジャンル自体が批判の対象となるのだろうか．

[18] Arnold Schoenberg, 1874-1951

　本節ではハンスリックの批判を再び批判するのが目的ではない．もしハンスリックが「音楽は何かを表現しなければならない」というプログラム派の料簡は狭すぎると考えたのであれば，それはまさしく正鵠を得た意見である．ハンスリックの言うとおり音楽には特定の何かに結びつかなくてもよい抽象的な美があるはずである．すると音楽には常に「固有の意味がある」「何かを伝えたいメッセージが内包されている」と考えるのは適切ではない．もちろん音楽にはそれだけで現実世界の心象・風景に結びつけられ，テキストなしでも特定のメッセージを帯びることはある．しかしそれがいつもそうであるとは限らないということである．近代以降の抽象画が同様に考えられる．抽象画は具体的にこの世の何を描いたわけではないが，人は色と線と図形のほどよいバランスに安定した美を感じることができる．すると「絶対音楽としての音楽の意味」というものを設計する上では，言語メッセージではなく「安定した構造」のようなものを考える意義が出てくるものと思われる．

1.3　音楽のゲシュタルト的理解

　ここから先，我々は音楽の意味を科学的な対象と捉えて議論を進めていく．上で述べたように，科学的とは音楽認知に関するモデルに基づいて計算機プログラムを書きシミュレーションを実行し，反証可能な仮説を提案でき

図 1.1:「起立，礼，着席」の和音進行

ることである．そのため，いったん標題音楽のことは忘れ，自己完結的で自己目的的な絶対音楽の立場において再現性と普遍性を求める科学的アプローチを行うことにしよう．このために，我々は人の音楽認知における**ゲシュタルト**あるいは**間主観性**を拠りどころにする．

ゲシュタルトとは，個々の構成要素（音楽で言うと例えば 1 個のピッチイベント[19]）†には意味を見い出せないがそれらを統合した時に初めて何か別の意味が現れ，認識される心理・知覚現象のことである．全体が部分の総和以上の意味を持つような心理・知覚現象とも換言できる．例えば，昔の小学校の多くでは，音楽の授業の始めと終わりに，音楽の先生が「起立，礼，着席」と言いながら三つの和音を弾いていた（図 1.1）．もしこの三つの和音がそれぞれ独立に弾かれたら，単に和音が一つずつ弾かれたとしか認識できなかったであろうが，三つの和音が連続して弾かれると，三つ目の和音でちょうど音楽の進行が終わったという個々の和音からは絶対に得られないような認識が得られる．これがゲシュタルトという現象である．

次に，**間主観性**という考え方を導入しよう．各個人が世界や事物に対して持つ認識，理解，思考など（主観）は本来異なるものと考えられているが，同じ共同体や場に所属する人々の間では逆に，ある同じ主観が共有されていることがある（同じ主観が共有されるからこそ同じ共同体に所属している，同じ場にいるともいえる）．このように，主観であるにも関わらず，あたかも客観のように他者と同意できる性質を間主観性 (intersubjectivity) という．例えば，音楽の先生が「起立，礼，着席」と言いながら弾いた三つの和音から生じたゲシュタルトは，その小学校に通う生徒たちに音楽の授業の始まりと終わりの認識をもたらしたであろう．実はこの三つの和音の連鎖は童謡でも演歌でも，それからベートーヴェンの『喜びの歌』の終わりの部分[20]でも見られるごくありふれたものである．にも関わらず，それ以外の認識を抱いた生徒はほとんどいなかったであろう．連続して弾かれた和音に対する認識は人それぞれであっても不思議ではないのに，このようにほぼ全

[19] 音高と音価の属性を持つ独立した音響．音楽を構成する個々の音や和音など．

[20] 交響曲第 9 番第 4 楽章 第 247-248 小節 "...Himmlische, dein Heiligtum!"，ただし図 1.1 の和音はすべて二長調に移調される．

† （ダガーと読みます）ダガーのついた語は「付録 A 音楽学の基礎知識」を参照という意味です．

1.3 音楽のゲシュタルト的理解

員が同じ認識に到達するようなケースがある．このようなケースでは間主観性が成り立つという．

このゲシュタルトあるいは間主観においては**階層** (layer) という考え方が伴うことになる．すなわちゲシュタルトとして表出される，ある意味を持った対象を上位の層と考え，意味を持たなかった個々の部品を下位の層と考えるわけである．ところが，この下位の層の1個の部品にもさらに下位の層から見ればその組合せとして意味を帯びることがある．したがって，この上位・下位の層は多段になる場合がある．

この階層への分離は二通りの見方ができる．一つは上に述べたようにゲシュタルトの働きに因るという見方である．もう一つは，複雑なシステムを理解する代表的な考え方である**還元主義**的アプローチの一つという見方である．還元主義的アプローチとは，今対象としているシステム全体が理解できなくても，それを適切に細かな要素に分割・分解するという作業を段階的に行えば（還元），いつか理解できる程度にまで単純な要素に到達し，するとそこから逆にシステム全体を組み上げていけばシステム全体が理解できるという考え方である．ある意味，還元主義は近代科学の精神そのものである．物質の成り立ちや性質を調べるには化学的なプロセスによってその物質をより小さい構造に分解し，その組成によって理解することができる．小さい構造はさらに小さい単位，つまり分子への分解とさらに原子の組成にまで遡ることができる．すなわち物質科学は中世の錬金術が長年にわたる試行錯誤をした末に，その不可能性を説明する過程において成立したものである．

音楽においても階層分離は議論を混同させない効用を生む．我々は本章で感性，嗜好，芸術性の要素を排除した音楽の意味を形式化しようとしている．感性や嗜好は多分に主観的なものであり，複数の人に同じ音楽を聴いてもらっても異なるエフェクトを得るものである．これに対して，楽譜に書かれた音楽は客観的であり，すべての人に公平である．前者の感性の層に対して後者の層，すなわち音楽の構造や性質を扱う普遍的な階層を独立して扱えば，音楽という対象を選んでおきながら，感性，嗜好，芸術性を扱う階層は依然厳然と存在し，その音楽特有の要素を損なうことがない[21]．むしろ，このような階層の分離なしで音楽の認識や生成の形式化を試みると，そこから得られる理論は（そもそも理論とは呼べないものと思われるが），適応領域が狭く（限定的），状況（文脈）依存性が高く（不安定），観測との一致度が低く（不正確）なってしまう [11, 12]．階層を分離していない既存の音楽

[21] そもそも，音楽の聴取，作曲，演奏などに関する学問分野に，音楽認知のような科学的なアプローチや音楽美学のような哲学的なアプローチが同時に存在しているという事実から，異なる階層ではそれに相応しい異なる方法論が採用されていることが示唆される．

応用システムのいくつかは上記の欠点を補うために，適用範囲の制限，機能の制限，ヒューリスティクスの導入などを行うが，残念ながら，満足のいく機能まで到達するのは一般に難しい．

このような階層を分離する考え方が一般的であることを間接的に示す証拠もある．それは，システム使用に関する**柔軟性と使い勝手のトレードオフ** (flexibility-usability tradeoff) として知られている原理である．あるシステムが使用される場面において，そのシステムを使用者の意図どおりに精緻に制御することと，使いやすいシステムを実現することの間には必ずトレードオフが存在すると主張する．つまり，精緻に制御しようとすると多数のパラメータを微妙に変更しなければならないが，その作業は複雑で理解や習得が難しい．逆に，単純で理解や習得が用意なシステムが与えられた場合，そのシステムを意図どおりに精緻に制御することは難しい．現実のシステム使用において，このトレードオフに対処する際の判断基準は，例えば嗜好，習慣，法律など，技術以外の尺度や制約であることが多い．この柔軟性と使い勝手のトレードオフの原理は，下位に物理法則のような絶対に従わざるを得ない階層があり，上位に技術以外の主観的な階層があるという構造の元で記述されているわけである．この原理が一定の説得力を持っているのは，普遍的な事柄を扱う下位の階層と主観的な事柄を扱う上位の階層との分離を暗黙の内に仮定しているからである．

1.4 記号論による旋律の意味づけ

記号というと何を思い浮かべるだろうか．例えば地図上にはさまざま「記号」が現れ，それが警察署だったり都道府県庁だったり，あるいは畑だったりする．気象図には高気圧と低気圧，前線を表す記号が現れる．化学を勉強すると各元素に対応した元素記号，H, C, O, . . . などが出てくる．占星術には各星座に対応した黄道十二宮の記号がある．電気回路の図には and 回路や or 回路の記号が出てくる．ポンド (£) やユーロ (€) など通貨の単位も記号で書かれる．家紋も記号である．トイレの表示も記号である．さまざまな会社が会社のロゴを定めているが，これも記号であろう．何よりも記号の宝庫は数学である．「+」「÷」も積分のインテグラルも記号である．そしてまた楽譜も記号の羅列であり，音符「♪」も休符も調号もト音記号もその名のとおり記号である [4].

注目したいのはこのうちのかなり多くが文字として日常の文書に入り込むことができることである．そして何よりも文字そのものが記号である．古代エジプトの象形文字 (hierogriph) は実際に存在する動植物，例えばハゲワシや葦の葉を模して文字とした．中国における漢字の成立にはさまざまな伝説があるが，殷墟から発掘される甲骨文字は象形文字である．「日」「月」「山」などの漢字がそれぞれ太陽，月，山の視覚イメージであることは周知のとおりである [5, 6]．

記号をさらに敷衍して「**表現**」一般に拡張すれば，「＋」や「〒」のような図形や絵文字だけでなく，「あ」「本」のような文字，さらにはこれら紙の上の図形パターンが何らかの意味と結びつけられることで，記号（表現）は真に記号として機能する．例えば「○」という表現に「良い」という概念を結びつけることで，表現「○」は記号となり「良い」を意味するようになる．米国の哲学者・論理学者であるパース[22]の**記号論** (semiotics) では，記号の意味は，1. 表現あるいは記号，2. 表現が指し示すもの（表現の対象，結果），3. 表現の結果に対する意識的な観察者，の3要素から生み出されると考える．例えば「○」は記号（表現）であり，「良い」は表現が指し示すものであり，「○」と「良い」を結びつけるのが観察者である．記号が意味づけされる時に観察者が関わることで，図象的表示，物理的指示，象徴の3種類が生じる．それぞれ**イコン (icon)**，**インデックス (index)**，**シンボル (symbol)** と呼ばれる．イコンはその名のとおり肖像であり，指す対象に類似していることあるいは模したものをもって記号とする．例えば象形文字やトイレのマークの男女の絵などはイコンである．インデックスは対象の物理的関係や因果関係を用いて類似性を抽象したものであり，イコンより記号と対象の間の恣意性が強まっている．例えば数値化されて表示される記号はインデックスの典型であり，温度計，気圧計，時計，スピードメータの表示などがインデックスに該当する．元職，前職，現職は，時間順序を残して他の要素を捨象した対象を指し，インデックスとみなせる．最後のシンボルは慣習によって定められ，社会で共有されているものの指す対象とは直接の関係が見い出せない．つまり記号と対象の結びつきは恣意的である．例えば八分音符「♪」の記号にはこれが1小節の中の1/8の時間の音であるという情報はない．モールス信号やアルファベットのABC…などの文字はシンボルである．

また，記号の意味作用は時間とともに常に変化する．その一例として，

[22] Charles Sanders Peirce, 1839-1914

米国のSF映画『バック・トゥー・ザ・フューチャー』(1985) に出てくるタイムマシンを思い出していただけるであろうか．そのタイムマシンには，1981 年に米国自動車メーカーであるデロリアン社から発売された DMC-12 という車種が使われている．DMC-12 の発売当初，「DMC-12」という記号はデロリアン社から発売されたあの車という意味作用を持っていた．それが『バック・トゥー・ザ・フューチャー』のヒットによって「DMC-12」はタイムマシンという意味作用を持つように変化した．さらに映画 PART2 の未来舞台でありかつシリーズ 1 作目公開 30 周年記念である 2015 年には，当該映画の関連イベントが世界各地で開かれ，その多くに「DMC-12」が登場した．そこでは「DMC-12」は，タイムマシンだけでなく，映画『バック・トゥー・ザ・フューチャー』そのものという意味作用も持つに到っている．

　記号論を使って，まず，旋律に関して何が記号となり，その意味づけがどうなっているのかを考えてみよう．例えば，ドレミファドレミファ…というフレーズ（音列）があるとする．このようなドレミファの繰返しを何度か聴けば，ゲシュタルトによりドレミファという単位が認識され，それがまた次に現れるのではないかと期待するだろう．また同時に，これまで聴かされてきたドレミファと全く同じであることも認識するだろう．聴者は心の中で，今聴いている音列が今まで聴いた音列のどこかに何か関連（同型，類似など）していないだろうかと記憶の中を常に探索しており，聴者が関連を見い出した時に音列どうしの参照関係が認識される．また同時に，聴者は今まで聴いた音列から次にどのような音列が聴こえるか常に予測しており，予測通りの音列が聴こえた時や予測が外れた時も参照関係が認識される[23]．つまり，音楽における参照は聴者の記憶と予測から生じ，未来に生じるフレーズの推測および過去に聴いたフレーズの認識は，それぞれ今聴いているフレーズから未来のフレーズへの参照および過去のフレーズへの参照と見なせる．この時，今聴いているフレーズ（ゲシュタルトによって分節されたドレミファという音列）が記号（表現）に対応し，未来に生じるフレーズの推測および過去に聴いたフレーズが表現の対象や結果に対応し，聴者が観察者に対応する．この**参照関係が旋律の意味づけ**の正体である．

　旋律中では，ゲシュタルトによって分節されたピッチイベント列が，記号として働くと同時にそれが表現の対象や結果としても働いている．例えば，ドレミファという音列の繰返しの中で，あるドレミファという繰返しの 1 回分は，記号として他のドレミファを参照していると同時に，他のドレミ

---

[23] このような参照関係の認識は，後述するモリノの三分法における感受や，スペルベル (Dan Sperber, 1942-) とウィルソン (Deirdre Wilson, 1941-) の関連性理論 [41] に通底する考え方である．

ファからも参照されている．一つの対象が同時に複数の記号から参照されることもあれば，一つの記号が同時に複数の対象を参照することもある[24]．さらに，記号と対象の参照対には強い結びつきと弱い結びつきがある．例えば，ドレミファドレミファのように出現の直後に繰返しがあると，先行するドレミファと後続のドレミファの参照対の結びつきは強い．しかし，記号のピッチイベント列と対象のピッチイベント列が時間的に離れて出現しているとその結びつきは弱い．このように，ゲシュタルトにより分節されたピッチイベント列は記号と対象の参照ネットワークを構成し，比較的強く結びついたネットワーク部分が一つのグループとして認識されるのである．さらに，グループどうしの比較的弱い結びつきが上位のグループを形成し，旋律の階層構造として認識されるのである．

[24] 音楽には指示代名詞が存在しないがゆえに生じ得る関係性である．

ここまで，ゲシュタルトによって分節されたピッチイベント列が記号や表現の対象として働くと書いてきたが，実際の楽曲中では，和音，リズムパターンなども記号や表現の対象として働いている．

聴者がゲシュタルトによって音楽を理解する時，ピッチイベントの**階層的グループ化**[25]とピッチイベント間の**参照によるネットワーク化**という2種類の認識メカニズムが働いていることが分かった．すると，この2種類のメカニズムに基づいて楽曲分析を行うのが自然であろう．前者のピッチイベントの階層的グループ化の立場から音楽を分析するのが音楽理論 Generative Theory of Tonal Music (GTTM)[26]である．後者のピッチイベント間の参照によるネットワーク化の立場からが暗意-実現モデル[27]である．

[25] cf. 1.3 節

[26] cf. 第6章

[27] cf. 第5章

1.5 音楽の意味の分類

旋律の記号論をベースに音楽の意味について考えよう．その前に，本書では，音楽における**情動 (emotion)** を次のように定める．今聴いている音楽的事象が過去の経験に基づいて期待されていたものと同じか異なるかを推論し，その結果生じる驚き，不安，安定，緊張，弛緩などの心理的変化を情動と呼ぶ．情動は一時的ですぐ消える間主観的な心理現象であり，審美的な要素を含まない[28]．前章では旋律やフレーズどうしの参照関係について議論したが，米国の音楽学者であり哲学者でもあるメイヤー[29]は，その参照関係から情動が生み出されると主張した．聴者は，あるフレーズを聴くと将来にどんなフレーズが聴こえてくるか意識的にあるいは無意識的に予測を行

[28] 比較的永続的で安定した個人的現象は気分 (mood) と呼ばれる．

[29] Leonard B. Meyer, 1918-2007

う．もしその予測どおりのフレーズが聴こえてきたらそのフレーズは聴者の情動に影響を及ぼさず，予測が外れると影響を及ぼすのである．予測は，暗意 (implication) あるいは期待 (expectation) とも呼ばれる．

さて，音楽において記号論の3要素に対応するものは何だろうか．まず，記号表現に対応するのは楽曲を記した楽譜あるいは演奏であろう．次に，記号表現が指し示すものに関して，メイヤーはそれを2つの観点から分類した：一つ目は表現の指し示す先が**内在的**か**外在的**かという観点，二つ目は表現の目的が情動か**形式**かという観点である [26]：

表現の指し示す先：

内在的	音楽の意味はその音楽に内在する．
外在的	音楽以外の指し示された世界に存在する．

表現の目的：

情動	情動的経験をもたらすもの．
形式	表現そのものが作る抽象的な形式．

内在的と外在的はそれぞれ具現的な参照（音楽自体を指し示す）と指示的な参照（音楽とは異なるカテゴリの事象を指し示す）に対応づけられる．もう一つの観点では，意識的な観察者にとって，表現と結果の参照から生み出される情動的経験が目的なのか，記号表現自体の形式が目的なのかに分けられる．

内在的情動とは，上で述べたように，ゲシュタルトにより分節されたピッチイベント列どうしの参照関係が期待や推測をもたらし，その予測の当たり外れが情動を引き起こし旋律を意味づけることに対応する．音楽の意味は音楽を聴くその過程に限定的に内在しており，絶対音楽として音楽を聴いても情動的意味が現れると考える立場である．後の章で議論するように，計算論的な立場での意味との整合性が高い．**外在的情動**とは，標題音楽のように，音楽以外の事象や概念とその音楽を結びつけ，参照された内容を理解できるかどうかが情動的表現を左右すると考える立場である．これは「Darling, they are playing our tune 現象」[7][30]と呼ばれるものであり，計算論的な意味の追究から考えると不安定かつ曖昧なためあまり重要ではない．**内在的形式**とは，楽曲の持つある旋律，和声，リズムの形を楽曲内の他の旋律，和声，リズムの形と関連づけること（同じものや少し変形したものを繰り

---

[30] 人はしばしば特定の楽曲を，人生の中の個人的な物事，状況，エピソードなどに結びつけたがるものである．

図 1.2: 外在的形式の例：ドビュッシー：アラベスクの冒頭

返したりする）で意味が現れると考える立場である．例えば，**ミニマル音楽**[31]や和音が一つしかないような **R&B 音楽**[32]などを聴いて，例えば「この形式はとても単純なので価値がある」と認識することである．特に 1970 年にリリースされたジェームス・ブラウン[33]の楽曲『Sex Machine』は，ほぼ $E\flat_7$ の和音のみから構成されており，特定のリズムパターンを繰り返すだけでポピュラー楽曲が成立することを示した記念碑的な作品である．

外在的形式の立場の例には，現代音楽作曲家クセナキス[34]のある種の作品があてはまるだろう．『ピソプラクタ』では音響信号が確率的な挙動を定義した数式に従って生成されるが，その出力が数式に従うという事実（だけ）が重要であり，実際に音響信号を聴取した結果聴者が認識したことは重要ではない．したがって，この楽曲は人に情動を生じさせることを目的にしているわけではない．

単純に並べるわけにはいかないが，旋律の概形がモスク壁面装飾に見られるアラベスク模様にたまたま類似していることから『**アラベスク**』と呼ばれるようになった楽曲がある[35]．図 1.2 に示した譜例はドビュッシーのアラベスク第 1 番ホ長調である．これらは旋律概形がアラベスク模様となることが目的で作曲されたわけではなく，聴者に内在的情動を起こさせることを目的とした曲であるが，その結果として「たまたま」同時にアラベスク模様という外在的形式を伴ったと考えるべきだろう．

本節の議論と問題意識を同じくする学問分野は**音楽記号学 (music semiology)** とも呼ばれている．

1.6 簡約仮説とシェンカー分析

オーストリアの音楽学者ハインリッヒ・シェンカー[36]は，楽曲はゲシュタルトに基づく意味（ゲシュタルト意味）を持っており，楽曲はより簡単な構造に簡約できるという**簡約仮説** (reduction hypothesis) を提唱した．**簡約 (reduction)** とは，段階的に重要な音（ピッチイベント†）を残し重要でない

[31] ほぼ同じ音型，リズムパターン，サウンドをひたすら繰り返しながら，少しずつ旋律，和声，リズムなどを変化させていく表現スタイルあるいはジャンル．ミニマル音楽を聴いて，なぜ同じフレーズの繰り返しを延々と聴いても飽きないのだろうと感じたり，なぜリズムパターンが変化していたことに気づかなかったんだろうと感じることは，音楽を聴いて認知科学的な興味を覚えることなので，外在的情動に分類できるだろう．

[32] リズム・アンド・ブルース; Rhythm and Blues. 1940 年代にジャズ，ブルース，ゴスペルが混じりあって生まれたアフリカン・アメリカン音楽．リズミカルなビートとシャウトが特徴であり，後にソウル音楽，ファンク，ブラック・コンテンポラリーなどと称されるようになるジャンルの源流である．

[33] James Brown, 1933-2006

[34] Iannis Xenakis, 1922-2001

[35] 『アラベスク』の有名曲にはブルグミュラー (Johann Burgmüller, 1806-1874) の 25 の練習曲第二番，シューマン (Robert Schumann, 1810-1856) の作品 18 ハ長調，ドビュッシー (Claude Debussy, 1862-1918) の二つのアラベスクなどが知られる．

[36] Heinrich Schenker, 1868-1935

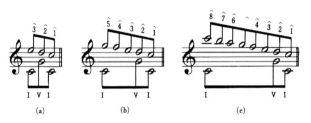

図 1.3: シェンカー理論における楽曲の基本構造

音を削除し，楽曲の骨組に相当する構造[37]を抽出する操作である [22][38]．そして，この簡約仮説の適用によって得られる**基本構造** (fundamental structure; Ursatz) こそがその楽曲の音楽的な意味であると考え，簡約仮説の適用を分析法として具体化した．シェンカーは，楽曲におけるゲシュタルト意味の現れに対応する音楽的概念として延長[39]という用語を導入した．例えば，あるピッチイベントが鳴るとその後しばらくの間その音は心理的に鳴り続けており後方の音型や進行に作用する．その後方の音型や進行は先行したピッチイベントの延長の支配と協和する関係にあると考え，この関係からゲシュタルト意味が現れる．

シェンカーによれば，楽譜に書かれた音楽は表面上多数のピッチイベントからなるが，これを**前景** (Vordergrund) とし，重要な音に関心を絞るためにそこに含まれる音を間引きすることで**中景** (Mittelgrund) を経て，**後景** (Hindgrund) と呼ばれる楽曲の基本構造に到達するとした（図 1.3）．前景と後景は始まりと終わりなので一つずつしかないが，中景は一般に複数段存在する．この音を間引く操作が簡約である．楽曲の基本構造の上声部には**声部連結** (voice leading) の原理に支配された**基本線** (Urlinie) が現れ，下声部には対位法 (counterpoint) の原理に支配されたバスが現れるという．この上声/下声が音楽の進行する方向を定め，基本線は与えられた調の中で三度音，五度音，あるいはオクターブからトニック†へと下降進行する．下声部は基本構造のうちハーモニーを構成する要素であり，トニックからドミナント†へ (I-V) 五度上昇したのちに，ドミナントからトニックへ (V-I) 五度下降する．シェンカーはこの楽曲構成を，生物が各組織の有機的結合から構成される様にたとえ，楽曲の進行とは生物学的衝動によって推進される動作であると説明した．

簡約と逆方向に，後景から前景に向かって音を増やす操作は**装飾，精緻化 (elaboration)** と呼ばれる．シェンカー分析における装飾は特に**線形化**を意

---

[37] 音楽を支える潜在的な構造 (underlying structure) とも言う．

[38] 音楽理論において，簡約は階層 (hierarchy) と同義に使われることが多い [19]．情報学や数理論理学における簡約とは項をより単純な形に書き換える操作のことである．

[39] Prolongation; 日本語に対応する適切な音楽用語がないため，本書では字義そのままで延長と書くこととする．

図 1.4: 音楽家，楽譜，聴者の関係

味し，I-V-I のバス声部の動きに一致させて後景の構成和音を時間方向に分散させることである．線形化によってアルペジオ†や**線形進行** (linear progression) が生成される．すなわち，後景から前景への線形化とは，I-V-I の間に勝手な和音や和声音を生成させることではなく，I-V-I の進行を保存するための和音や和声音を間に差し挟む操作である．前景に向かうのを**和音の水平化**（線形化）とすれば，後景に向かうのは**旋律の垂直化**（簡約）と見なせる．

シェンカー分析のプロセスは，簡約，装飾，延長，線形化など直感的な言葉では説明できるもののアルゴリズムとして正確に記述するのは難しく，これが同分析の計算機処理を難しくしている理由でもある．

1.7 旋律の逆行に対する音楽分析

音楽の意味が深く関わってくるのは，音楽を創出する行為と音楽を感受する行為である．創出とは，その楽譜あるいは演奏から，音楽家が作曲や編曲をした際の音楽的構造や意図を抽出することである．感受とは，**聴者**[40]が認識した情動や想起した感情を抽出することである．創出と感受の二つの行為における意味を抽出する作業を音楽分析という．本節では，スイス出身の記号学者であるジャン・モリノ[41]の**三分法** [28] に基づき，旋律の逆行に対する音楽分析を考えてみよう（図 1.4）．

モリノの三分法では，記号（象徴形式），その発信者，受信者の三つの要素を考え，それらの間の関係から記号の意味が生み出されると考える．記号は作品の形式や内容に関わる複雑な創出過程の産物であり，また送ろうとしたメッセージを再構成する複雑な受容過程の出発点である．つまり，記号は創出過程が生み出した物理的痕跡であり，それは作品の内部にある構造を表現していると見なすことができる．よって，記号の意味を分析するには，**創出過程**，**受容過程**，**痕跡**を扱うべきと主張する．また，創出過程と受容過程は必ずしも一致するとは限らないので，発信者から受信者へメッセージが

[40] 音楽理論書で用いられる聴者という言葉は，18世紀から19世紀にかけての西洋調性音楽に十分慣れ親しんだ耳と知識を持ち，音楽を分析的に鑑賞できる人のことを指す．音楽の訓練を受けていない非専門家の人は含まれない．文献 [21] では "experienced listener" と呼んでいる．我々20世紀後半以降の音楽文化に慣れ親しんだ耳よりも，旋律に関する感受性，識別性が高いと思われる．

[41] Jean Molino

正確に伝わるかどうかは保証されず，記号はコミュニケーションを目的としたものではないと考える[42]．図 1.4 において，楽譜または演奏は作品に関する物理的痕跡であり，客観的な分析対象とすることができるという意味で重要である．それゆえ，モリノは作品に関する物理的痕跡を**中立レベル**と呼んだ．モリノの三分法では聴者から中立レベルへと矢印が伸びており，これは，聴取して得られる意味は能動的な知覚過程によって構成されることを表している．

ここで例として旋律の逆行をとりあげ，創出と感受という二つの行為において，音楽の意味がどのように現れているかを見ていこう．**旋律の逆行**とはその名のとおり最初に現れた旋律を同曲中で（時間的に）逆順に辿る技法であり，中世・ルネサンス時代に**定旋律 (cantus firmus)** に適用されたのが嚆矢である（図 1.5）．逆行は楽曲構成を拡張するための秘儀的な (esoteric な) 手段の一つであったが，長い旋律ではただ聴いただけで逆行と理解されることはなく，かつ鑑賞に耐え得るとも限らない．したがってこの技法として使うならどうしても短い単純な旋律になってしまう．ところが，J. S. バッハにはこの技法を用いた例外的な傑作がある．『音楽の捧げもの』(The musical offering)[43]がそれである．この中の二声の逆行カノン，通称『蟹のカノン』では 18 小節に及ぶ曲が回文のように対称構造をなしており，9 小節を境として上声・下声が逆転した上で逆行が元の楽曲と一致する．『捧げもの』から 200 年の時を経てシェーンベルクは 12 音技法 (dodecaphony)[18] を提唱し，オクターヴの中の 12 音を均等に出現させることによって調性感を徹底的に排除することを企図した．この技法において，基本旋律は 12 音を全部かつ 1 回ずつ出現させることとし，この基本旋律を**移高** (transposition)，**反行** (inversion)，**逆行** (retrograde)，**逆反行** (retrograde-inversion) した旋律によって楽曲を構成する．この構成法によって 12 音が同数回現れることが担保され，調性に代わる新たな音楽の規範となる．逆行を作成する際，休符の扱いには二通りあり，図 1.5 中 (1) のように元の旋律の休符の位置を保存する場合と，(2) のように休符も含めて逆行を作成する場合がある．

ベートーヴェンのピアノソナタ第 29 番[44]変ロ長調 第 4 楽章では主題の逆行によるフーガが聴かれる（図 1.6）．変ロ長調であった主題の逆行において，リズムは保存されているが変ロ短調に移調されている．ベートーヴェンは意図的に逆行を挿入したが，そのような予備知識なくこの部分を聴取しても容易には逆行とは分からない（少なくとも音楽家としての訓練を受けて

[42] しかし，スイスの数学者・音楽学者のゲリーノ・マッツォーラ (Guerino Mazzola, 1947-) らは，音楽における音楽家と聴者との間のコミュニケーションを説明するためにモリノの三分法を用いている [25, p.13, Fig. 2.1]．

[43] 独 Musikalisches Opfer

[44] 『ハンマークラヴィーアソナタ』(Hammerklavier Sonata)

1.7 旋律の逆行に対する音楽分析　17

図 1.5: 旋律の逆行の例

図 1.6: ベートーヴェンのピアノソナタにおける逆行の例（○数字は第4楽章冒頭からの小節数．上16小節目から主題が始まる．下152小節目からがその逆行．図中の青数字1〜5が対応する小節を表す）．`http://imslp.org/`より，編集 ハインリッヒ・シェンカー，出版 Vienna: Universal Edition, (ca.1920).

いない者にとっては）．多くの聴者は楽譜を見ることで初めてそこに逆行があることを認識できるようになる．つまり，図 1.4 中，左端の音楽家の考える音楽的構造や意図は，右端の聴者のそれと一致するとは限らない．しかし逆に聴者の方が，音楽家が意図しなかったような構造や意図を能動的に創出する場合もある．

聴者によって感受される構造は人の**短期記憶**の影響を受ける．人の短期

記憶は 7 ± 2 個の**チャンク**[45]を数秒から十数秒間記憶できると言われている [40]．この記憶時間を拍に換算すると，80**BPM** (beat per minute; 1 分間の拍†数)，4/4 拍子の場合はおおよそ 10 拍から 20 拍，つまり 2.5 小節から 5 小節程度に相当する．複数のピッチイベントが短期記憶に同時に保持されることで，ピッチイベントどうしのチャンク形成が生じるので，人は 4 小節程度の長さの楽句†，楽節†というまとまりを分節し認識することができると考えられる．

　もし音楽理論が，聴者が感受できる音楽的な構造を分析対象としているのであれば，この短期記憶の制約から楽曲の長さはせいぜい楽句や楽節程度どまりであろう．ところが，ある音楽理論の本には，20 小節から 40 小節を超える旋律が一つの構造として分析される例が現れる [21, p.250]．短期記憶の保持時間を超えて生じるピッチイベントどうしの識別や同一性の判断はどうしても曖昧になる．短期記憶に収まりきれない程の長い旋律を聴取する時は，短い旋律を聴取している時とは異なる認知的仕組みが働いていると考える方が自然である．よって，長い旋律の構造は，聴者ではなく，音楽家や作曲家が創出する際に想定している音楽的構造・意図に対応すると考えた方が妥当であろう．先のモリノの三分法で解釈すると，ベートーヴェンはピアノソナタを作曲した際，ある意図をもってそこに逆行の旋律を採り入れた．一方，当該楽曲の演奏を初めて聴いた聴者の多くはそこに逆行の旋律が含まれていることに気づかずに楽曲を理解し鑑賞した（感受した）であろう．一部の聴者は逆行の旋律が含まれていることを知った上で聴取することで，さらに異なる楽曲理解をすることになるであろう．

1.8 言語になぞらえた音楽の理解

　音楽の意味を探るため，あるいは科学的な興味から，言語と音楽の間のさまざまな共通点や差異が比較され，議論されてきた [1, 9, 17, 38, 29, 15]．言語では，表層の記号と単語や文の意味との区別が明確に意識されるため，表層の記号とその意味がどのような関係にあるかを説明する理論が古くから多数提案されている．

　先のパースの記号論においては，記号の指し示す対象についての峻別が行われた．これによって，我々は楽曲におけるピッチイベント（およびその列）は，楽曲の他の部分（ターゲット）を参照する記号（トリガー）である

---

[45] 短期記憶における記憶のひとまとまりのこと．複雑な対象でも，何らかのグルーピングや関連づけによってひとかたまりとすることができれば（チャンク化），比較的簡単に認識・記憶することができる．

と考えた．この考え方においてはスイスの言語学者であるソシュール[46]の**記号学 (semiology)** に言及する必要がある．ソシュールにおいては語彙や文法など，言語の共時社会的な運用を**ラング (la langue)** と呼び，個人的な言語運用**パロール (la parole)** と区別する．ラングとは記号 (signe) の体系であり，**シニフィアン (signifiant, 記号表現 = 表しているもの)** と**シニフィエ (signifié, 記号内容 = 表されているもの)** という二つの構成要素から成るとした．例えば，「リンゴ」という文字列あるいは発音が記号表現にあたり，「リンゴ」という単語を聞いた時・読んだ時に頭に思い浮かべる赤くて丸い果物が記号内容にあたる．人が言語を使ってコミュニケーションする時，他と区別された「リンゴ」という記号表現や言葉と他と区別されたリンゴの記号内容や認識が恣意的に結びつけられてリンゴという実体や意味を相手と共有する．よって言語はこのように記号を用いて固有の体系を作ると主張した．

概念の共有とコミュニケーションをめぐってはオーストリアの哲学者ヴィトゲンシュタイン[47]の考察を顧みる必要がある．まず人間は有限個の例からルールを推測する．幼児に有限個の「リンゴ」を見せれば，その子は「リンゴ」とそうでないものを区別でき，この言葉によって世界を分節することができる．こうした語彙獲得は人間社会の中で共通ルールの理解であると考えられるが，その学習プロセスが個人個人の中で行われるために，語彙が社会で絶対的に共有されているかは証明できない．まずその子によって何個のリンゴを見せれば概念を獲得できるのか不明である．十分な数のリンゴを見せた後に，もう1個のリンゴがリンゴと認識できるかどうか分からない．極端に言えば「赤」「青」といった色は人によって全く異なるかも知れないにも関わらず，それはコミュニケーションを行う上での共通プロトコルとなるのである[48]．ヴィトゲンシュタインは後期になってこうしたルール形成が絶対的な契約とはみなせないことに気づき，言語の運用とはあたかも子供がいい加減なルールでゲームをするように，ルールは動的に変化するかも知れないものとして，**言語ゲーム**と呼んだ．社会のコミュニケーションは言語ゲームそのものである．矢向 [44] はこうした言語ゲームによる視点から音楽を追求している．

言語学に真に革命をもたらしたのはチョムスキー[49]の生成文法[50]である．チョムスキー生成文法の枠組では，人が文を生成するまでに表層構造，深層構造，論理構造が関係していると主張する．まず，言語コミュニケーション

[46] Ferdinand de Saussure, 1857-1913

[47] Ludwig Wittgenstein, 1899-1951

[48] ヴィトゲンシュタインによるこのような感覚共有に関する考察はさらに進み，例えば「他人の痛いという感覚は自分の痛いと同一のものだろうか」と考えた．「痛い」という事態は少なくともどの個人も同じ生体反応であるという医学的根拠があるが，依然「どのくらい痛いのか」「どのように痛いのか」を共有すべき手段はない．

[49] Noam Chomsky, 1928-

[50] cf. 第3章

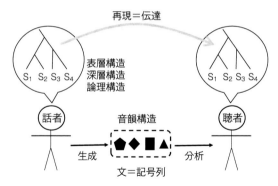

図 1.7: チョムスキー流の言語コミュニケーション

において話者が聴者に何か意味のある内容を伝えようとするシチュエーションを考えよう（図 1.7）．話者は伝えたい内容を発想し，語彙を選び，まずは心の中で**深層構造**を組み立て，そしてそれは文法の規範を受けて**表層構造**となり音韻構造となる．聴者はこの音韻を受け取り，文として受理するために文法構造を分析し，その中から意味内容を取り出そうとする．この過程においては，聴者（文構造の分析者）が話者（文構造の生成者）と同じ構造を再現できた時，そのメッセージ内容は伝達されたと考える[51]．図中，表層，深層，論理の三つの構造は，木構造としてチョムスキー以降長年論じられてきている [19, 14, 43, 10]．文の分析は図 1.8(a) に示すように進み，モリノの三分法で言えば感受の方向に対応する．一方，文が生成される方向は，図 1.8(a) に示した分析とは逆の方向になる．発話意図は意味要素によって表現され，深層構造，表層構造と変形されていき，これら構造の変形が意味を与えていくことに相当する．

　音楽理論 GTTM でも，音楽を聴取した人が分析によって木構造を階層的に構成することで音楽を理解すると主張している（図 1.8(b)[52]）．GTTM でも楽曲を生成する操作は，シェンカー理論に同じく，装飾，精緻化（あるいは具体化，elaboration）と呼ばれる．対比のため，図 1.8(c) にシェンカー理論における分析の流れを示した．シェンカー理論の基本構造は GTTM の木構造に対応することが分かる．

　図 1.8 に示したように，与えられた文や楽曲を分析して木構造を得るという意味で，文の分析も楽曲の分析も同じ枠組に沿っている．しかし実際には，チョムスキー生成文法による文の分析と音楽理論 GTTM による楽曲の分析には大きな違いがある．チョムスキー生成文法では表層の文を生成する

---

[51] 生成意味論という考え方では，意味は話者の発想した内容であり，伝えたいことの意図であるとする．これに対して概念意味論では，意味は表層の発話に対して聴者が与えることができる解釈であると考える．この生成意味論・概念意味論の対比は，発話者の意図した木構造・聴者の解釈した木構造という対比になぞらえることができる（cf. 第 3 章）．

[52] 図中のタイムスパン木と延長的簡約木については 6 章を参照のこと．

1.8 言語になぞらえた音楽の理解

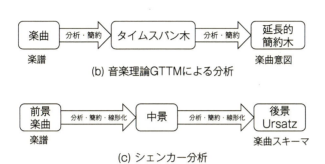

図 1.8: 文と楽曲に与えられた意味を理解する仕組み

文法規則を使って分析を行う．これに対し，GTTM では旋律の参照関係を木構造で表現し，文法規則をその木構造の生成に使う．GTTM の提唱者であるレアダールとジャッケンドフ (Fred Lerdahl と Ray Jackendoff) は次のように述べている：

> 我々（レアダールとジャッケンドフ）が見い出したことは，音楽の生成理論は言語の生成理論とは異なり，一つの楽曲に複数の構造を割当てるという点と，好ましい解釈としてその構造に重みをつけたり軽くしたりすることで一貫性を保ちながら各々の構造を区別させられるという点である．…音楽分析結果を生成する選好規則[53]が重要な役割を果たすのに対し，言語の生成文法には対応するものが存在しない．この選好規則の有無が，音楽の生成理論と言語の生成理論の大きな違いである．（筆者訳，抜粋 [21, p.9]）[54]

この言語と音楽の差はどこに由来するのであろうか．言語の場合は生成的な文法規則の存在により，一般に虚辞，相槌音，間（ま）のような削除可能な重要でない要素が少ない．したがって言語では音楽ほど簡約の概念が重要ではない．また，一つの文には一つの木構造が対応する[55]．これは，木構造の終端記号や途中ノードに付与されているカテゴリあるいは型が，妥当な木構造を生成する際の制約として機能するからである．よって，表層構造で

[53] 分析結果の候補となる複数の木構造の内，いずれがより好ましいかを選び出す規則．

[54] 現代音楽作曲家クセナキスは "I do not think that any attempt to consider music like a language can be successful. The sub-structure of music is much closer to the sub-structure of space and time. Music is purer, much closer to the categories of the mind" と語っている [24, p.89]．

[55] 一つの文に二つ以上の木構造が対応する場合もある．例えば "I saw a girl with a telescope" という文を考える．望遠鏡を持った少女を見たのか，望遠鏡で少女を見たのかという二つの解釈が可能であり，それぞれの解釈に対応する構文木は互いに異なる．

ある文はそれを直接操作あるいは計算するのに十分な情報量を持っていると考えられる[56]．これに対して音楽では，木構造の終端記号や途中ノードに十分なカテゴリあるいは型が付与されていないため，妥当な木構造が複数通り生成され（選好規則によって選ばれ），一つの楽曲には一般に一つ以上の木構造（意味や意図）が対応する．つまり，GTTMの「擬」生成規則は言語より遥かに自由度が高い構文を生み出す．それゆえ，表層構造である楽譜・楽曲は直接操作するには情報が非確定的であり，より重要でない枝を削除する簡約という操作が意味を持つと考えられる[57]．

1.9 認知的リアリティ

ある概念やモデルを用いると認知的あるいは心理的な現象を合理的に説明できる時，その概念やモデルには認知的なリアリティ (cognitive reality) があるという（あるいは知覚の普遍性ともいう）．さらに強い主張もあり，脳の機構に基づいて発現した心理的な現象であることをもって認知的なリアリティという場合もある．例えば，人の脳には短期記憶というハードウェアが備わっており，比較的短いピッチイベント列の認識に利用されるというのはよく知られている [40]．そして，調の認識や和声の認識は比較的安定しておりかつ一貫性があるが，なぜそうなのかは短期記憶の存在を仮定すると合理的に説明でき，実際に短期記憶の存在が確認されている．この時，短期記憶には認知的なリアリティがあると言う[58]．

我々は，安定かつ一貫性のある音楽分析を実現するためには，認知的リアリティを重視してその手順や仕組みを構築しなければならないと考えている．イギリスの音楽認知学者であるウィギンス (Wiggins) らも類似の主張をしている：

> Systems which aim to encode musical similarity must do so in a human-like way; 音楽的な類似度の実現を目指すシステムは，人がするように類似度を実現しなければならない．（著者訳）[42].

我々は音楽分析の結果得られる木構造にも認知的リアリティがあると考えている（ただし，音楽ジャンル，スタイルなどの特性を適切に限定した上での話である）．実際，いくつかの研究が木構造には認知的リアリティがある

---

[56] 自然言語処理で機械学習が非常にうまく機能している理由の一つは，この点にあるのではないだろうか．

[57] この点に起因する曖昧さがGTTMに基づく分析やシェンカー分析の計算機処理を難しくしている要因である．

[58] 接地（グラウンディング）は，認知的リアリティと関連深い用語である．記号システムの中で用いられている記号と，その記号が参照している実世界の対象や概念との間の関係が，システムが動作したり状態が遷移した後でも正しく維持されている時，記号が正しく接地（グラウンディング）されていると言う．特に，記号が認知的あるいは心理的現象を表現している時に，その記号が正しく接地されていることと記号システムが認知的リアリティを持つことはほぼ同義である．

と主張している．例えば，DOPモデルでは，人が言葉を聞いた時に木構造を生成するように人は音楽を聴く時も木構造を生成するという仮説に基づき，そのプロセスをモデル化し，旋律断片を記憶するメモリとルールシステムを組み合わせている [2]．レアダールとジャッケンドフも，人が音楽を認識する時は脳内に階層構造（タイムスパン木と延長的簡約木）が生成されると主張する [21, p.2, pp.105-112, p.332][59]．実際に，そのタイムスパン木が認知的リアリティを持つことを確認する実験が行われ [10]，調性音楽におけるピッチイベントはかなり厳密に階層的な順序で聴取されることを見い出し，内部表象としてのタイムスパン木は十分に認知的リアリティを持つと結論づけている．そしてウィギンスらは音楽における木構造に関する議論を重ね，次のように述べている:

[59] cf. 1.8 節

> the tree structures generated by generative language theories in music are more about semantic grouping than they are about syntactic grouping: the syntax serves the semantics; 生成言語理論によって生成された音楽の木構造は，統語論におけるグルーピングについてではなく，意味論におけるグルーピングを表わしている．つまり，音楽では統語は意味に奉仕する．（著者訳）[43].

　我々は，計算機上のプログラムとして実行可能な音楽理論を構築を目指している．それは，入力された楽譜や演奏を分析し，その意味を木構造として出力するような音楽システムである．ここまで，そのような音楽システムを実現するために鍵となる概念，音楽の構造や意味を探求する試み，自然言語との対比などを紹介し，我々の考えを述べてきた．音楽とは何かという大きな問いに対する答えはまだ見つかっていないが，その答えに近づく一つの道筋は見えてきたのではないだろうか．以下，本書では，それら概念や試みをさらに深く追究していこう．

第 1 章　関連図書

[1] Rita Aiello, 音楽と言語―類似点と相違点, リタ・アイエロ編, 大串健吾監訳,『音楽の認知心理学』, pp.46-71 (1998).

[2] Bod, R.: A Unified Model of Structural Organization in Language and Music. *Journal of Artificial Intelligence Research* 17, 289-308 (2002)

[3] Cadwallader, A. and Gagné, D.:『調性音楽のシェンカー分析』, 音楽之友社, 角倉一朗（訳）(2013).

[4] 江川清, 青木隆, 平田嘉男（編）.『記号の事典』, 三省堂 (1999)

[5] 町田和彦（編）.『世界の文字とことば』, 河出書房新社 (2009)

[6] 東京外語大学アジア・アフリカ言語文化研究所.『アジア文字入門』, 河出書房新社 (2005)

[7] John B. Davies, *The Psychology of music*, Hutchinson (1978).

[8] David Cope, *Experiments in Musical Intelligence*, A-R Editions (1996).

[9] Nicholas Cook, 知覚-音楽理論からの展望, リタ・アイエロ編, 大串健吾監訳,『音楽の認知心理学』, pp.72-110 (1998).

[10] Dibben, N.: Cognitive Reality of Hierarchic Structure in Tonal and Atonal Music. *Music Perception* 12(1), 1-25 (Fall 1994)

[11] Masatoshi Hamanaka, Keiji Hirata, and Satoshi Tojo, Implementing "A Generative Theory of Tonal Music", *Journal of New Music Research*, 35:4, pp.249-277 (2007).

[12] Masatoshi Hamanaka, Keiji Hirata, Satoshi Tojo, Musical Structural Analysis Database Based on GTTM, *Proceedings of ISMIR 2014*, pp.325-330 (2014).

[13] Keiji Hirata, Satoshi Tojo, Masatoshi Hamanaka, Algebraic Mozart by Tree Synthesis, *Proceedings of Joint ICMC and SMC 2014*, pp.991-997.

[14] 平田圭二, 東条敏, 浜中雅俊, 松原正樹, Beyond GTTMism――音楽の意味論と計算体系,『(社) 情報処理学会 音楽情報科学研究会研究報告』, 2014-MUS-104, No.20 (2014).

[15] 平田圭二, 東条敏：バーンスタインの「答えのない質問」再考：計算論的音楽の理論の枠組みについて,『人工知能学会全国大会（第 28 回）論文集』,

1K4-OS-07a-1 (2014).

[16] 平田圭二，自動作/編曲，『電子情報通信学会知識ベース』，2 群（画像・音・言語）——9 編（音楽情報処理）——10 章 (2012).

[17] Ray Jackendoff, Parallels and Nonparallels Between Language and Music, *Music Perception*, Vol.26, No.3, pp.195–204 (2009).

[18] ルネ・レーボヴィッツ（著），船山隆（訳），『シェーンベルク』，白水社 (1970)

[19] Fred Lerdahl, Genesis and Architecture of the GTTM Project, *Music Perception*, Vol.26, Issue 3, pp.187–194 (2009).

[20] Fred Lerdahl, *Tonal Pitch Space*, Oxford University Press (2001).

[21] Fred Lerdahl and Ray Jackendoff, *A Generative Theory of Tonal Music*, The MIT Press (1983).

[22] Alan Marsden, Generative Structural Representation of Tonal Music, *Jounnal of New Music Research*, vol.35, no.4, pp.249–277 (2006).

[23] Alan Marsden, Keiji Hirata, and Satoshi Tojo, Towards Computable Prodecures for Derivigin Tree Structures in Music: Context Dependency in GTTM and Schenkerian Theory, *Proceedings of the Sound and Music Compuring Conference 2013 (SMC2013)*, pp.360–367.

[24] Nouritza Matossian, *Iannis Xenakis*, Kahn and Averill (1986).

[25] Guerino Mazzola, *The Topos of Music——Geometric Logic of Concepts, Theory, and Performance*, Birkhäuser Verlag (2002).

[26] Leonard B. Meyer, 音楽における情動と意味, リタ・アイエロ編，大串健吾監訳，『音楽の認知心理学』，pp.3-45, 誠信書房 (1997). *Emotion and Meaning in Music*, University of Chicago Press (1956) 翻訳.

[27] Leonard B. Meyer, Meaning in music and information theory, *The Journal of Aesthetics and Art Criticism*, 15(4), pp.412–424 (1957).

[28] Jean Molino, Fait Musical et Sémiologie de la Musique, *Musique en Jeu 17* (1975)

[29] Jean Molino, 『音楽の進化と言語の進化, 音楽の起源（上）』，第 11 章，pp.165–176, Nils L. Wallin, Björn Merker, Steven Brown（編），山本聡（訳），人間と歴史社 (2013).

[30] 中村隆一，『大作曲家 11 人の和声法（上）（下）』，全音楽譜出版社 (1993).

[31] Eugene Narmour, *The Analysis and Cognition of Basic Melodic Structures: The Implication-Realization Model*, The University of Chicago Press (1990).

[32] Gerhard Nierhaus, *Algorithmic Composition: Paradigms of Automated Music Generation*, Springer (2009).

[33] Donald Norman, *The Invisible Computer*, The MIT Press (1999).

[34] 岡田暁生，『西洋音楽史——「クラシック」の黄昏』，中公新書 (2005)

[35] Bruce Richman, How Music Fixed "Nonsense" into Significant Formulas: On Rhythm, Repetition, and Meaning, *The Origins of Music*, (Eds) Nils L. Wallin, Björn Merker, Steven Brown, Chapter 17, pp.301–314 (2000).

[36] David Rizo Valero, *Symbolic Music Comparison with Tree Data Structure*. Ph.D. Thesis, Universitat d'Alacant, Departamento de Lenguajes y Sistemas Informaticos (2010).

[37] Curtis Roads，アルゴリズム作曲システム（18 章），アルゴリズム作曲の表現と技法（19 章），『コンピュータ音楽——歴史・テクノロジー・アート——』，青柳龍也，小坂直敏，平田圭二，堀内靖雄，後藤真孝，引地孝文，平野砂峰旅，松島俊明（編訳），東京電機大学出版局 (2001). ISBN4-501-53210-6

[38] John Sloboda, *The Musical Mind - The Cognitive Psychology of Music*, Oxford University Press (1985).

[39] Satoshi Tojo and Keiji Hirata, Structural Similarity Based on Time-span Tree, *Proceedings of CMMR 2012*, pp.645–660. Also in *From Sounds to Music and Emotions*, Lecture Notes in Computer Science Volume 7900, pp.400–421 (2013).

[40] Bob Snyder, *Music and Memory*, The MIT Press (2000). 邦訳：『音楽と記憶——認知心理学と情報理論からのアプローチ』，音楽之友社 (2003).

[41] D. スペルベル，D. ウィルソン，『関連性理論＜第 2 版＞——伝達と認知』，研究社 (1999).

[42] Wiggins, G.A.: *Semantic Gap?? Schematic Schmap!! Methodological Considerations in the Scientific Study of Music*. In: 2009 11th IEEE International Symposium on Multimedia, 477–482

[43] Wiggins, G.A., Müllensiefen, D., Pearce, M.T.: *On the non-existence of music: Why music theory is a figment of the imagination*. In: Musicae Scientiae, Discussion Forum 5, 231–255 (2010)

[44] 矢向正人．『音楽と美の言語ゲーム——ヴィトゲンシュタインから音楽の一般理論へ』．勁草書房 (2005)

第2章　白鍵と黒鍵の数学

「何か質問はありませんか？」講師は聴衆に聞いた．一人の有名なピアニストが手を挙げた．「なぜピアノの白鍵と黒鍵はあのように配置されているのですか」[6, p. 1]

この質問に答えるためには古代ギリシアまで遡らなければならない．**ピタゴラス**（まれにピュタゴラス）は紀元前 580 年ころエーゲ海のサモス島に生まれたとされる古代ギリシアの哲学者である．もちろん今のジャンル分けで言えば数学者であろうがこのころ数学者という職業はなかった．学者はすべて今でいう哲学者，数学ですら哲学の一つの考え方だったのである．何と言ってもピタゴラスと言えば**ピタゴラスの定理**，いわゆる**三平方の定理**が有名であるが，ピタゴラス派と呼ばれる人たちには「すべての数は整数の比で表現可能である」という教義があった．今日よく知られているとおり，三平方の定理は平方根（ルート）すなわち無理数なしでは定理は一般に成り立たない．

ピタゴラスの定理があまりに有名なため，ピタゴラスが音階の創始に深く関わったと知る人は少ない．ピタゴラスは金槌で音を出す鍛冶屋の前を通った時に，その音に完全四度†と完全五度†およびオクターヴ†の音程に気づき，そこで長さの等しい 4 本の弦に異なる重さのおもりをぶら下げて音楽の音階を支配する音程を定めたと言われる．しかしこのような伝承の常として実話かどうかの信頼性は薄い [25]．

2.1 「2」と「3」の音階

古代よりある楽器と言えば管楽器，打楽器，そして弦楽器である．そこで弦をはじいて音を出すことを考えよう．ピタゴラスは複数の長さの違う弦を同時に鳴らしてその調和の具合を考察した．ある長さの弦とちょうどその半分の長さの弦を同時に鳴らすと非常によく融けあって聞こえるがこれはな

ぜだろう．弦をはじくことによって空気の振動を起こす．はじかれた弦は高速で中心線を挟んでを行ったり来たりする運動をするが，その弦の位置を横に時間軸をとって示すとそのまま**サインカーヴ（正弦波）**になる．その何百分の1秒のことを考えよう．弦が真ん中の位置からはじかれて一番上にまで膨らみ，さらに縮んで最初の真ん中の位置まで戻り，そこを通過して一番下まで膨らみ，さらに戻って元の位置を通過するところまでが弦の一往復である．これがサインカーヴでいうところの一周期に相当する．サインカーヴの揺れ幅が音量，周期の長さが波長でその逆数が振動数になる．すなわち，振動が細かい時は高い音，振動がゆったりの時は低い音となる．さらに多数のサインカーヴが組み合わさって複雑な波形となったものが音色である．いくら多数重なってもでき上った波形には基本の振動数というものがあり，したがって音色の異なる同じ高さの音がいくらでも作れることになる．

　複数の弦を同時に鳴らせば複数のサインカーヴができる．その節になるところ，すなわち x 軸を通過するところが，時刻的に一致すれば，この複数の音は調和して聞こえる．張力の同じ弦をちょうど半分の長さで鳴らせば節は2回に1回一致する．これがオクターヴの正体である．波の周期は逆数を取ればそのまま時間当たりの**振動数**になる．すなわち長い弦は波の周期が長いが，振動数は小さくなり，これは低い音に相当する．短い弦は周期は短いが，振動数は大きくなり，これは高い音に相当する．1オクターヴとは振動数の比が1:2になるところをいうのである．そしてこの振動数2倍の音を **2倍音** と呼ぶ（図2.1）．

　周期の比ははじかれる弦の長さの比であって，その逆数の振動数も同じ簡単な整数比である．音がよく調和するところというのは，弦の長さが簡単な整数比のところなのである．さて1:2の2倍音に続いて **3倍音** は，振動数比1:3だからこれまたよく調和する音に違いない．これが1オクターヴ上の「ソ」である．まず1:2（1オクターヴ上）は同一の音とみなし同じ名を与えることにする．この名をピッチクラス[†]という．例えばある高さのドと一オクターヴの上のドは同じピッチクラスCに属する．3倍音を1オクターヴ内に閉じ込め同じとみなすには，その振動数を2で割ればよい．ピタゴラスは1:2に次いで1:1.5 = 2:3を調和する比率の基本と考えた．次にこの音を再び1.5倍するが，振動数2倍を超えて高くなり過ぎるのでその半分のところ（振動数1/2倍）に置いて「レ」とした．よって「レ」の高さ（振動数）は「ド」に較べて

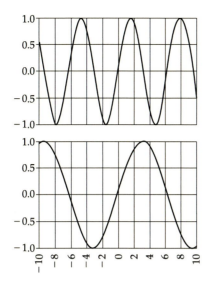

図 2.1: 2 倍の振動数を持つ波（上図）は 2 周期ごとに元の振動数（下図）を持つ波の 1 周期と x 軸で交わる．

$$1 \times \frac{3}{2} \times \frac{3}{2} \times \frac{1}{2} = \frac{9}{8}$$

倍である．以後 3/2 倍してみて，元の 2 倍のところ（1 オクターヴ）を超えたらオクターヴ内に収まるまで 1/2 倍するという手続きを繰り返す．「レ」の次を「ラ」，「ラ」の次を「ミ」と名づけて以下に振動数比を並べてみよう．「ミ」の音は最初のオクターヴ内に収めるために 1/2 倍を 2 回している．

ド： 1
ソ： $1 \times \left(\frac{3}{2}\right)^1 = \frac{3}{2}$
レ： $1 \times \left(\frac{3}{2}\right)^2 \times \frac{1}{2} = \frac{9}{8}$
ラ： $1 \times \left(\frac{3}{2}\right)^3 \times \frac{1}{2} = \frac{27}{16}$
ミ： $1 \times \left(\frac{3}{2}\right)^4 \times \left(\frac{1}{2}\right)^2 = \frac{81}{64}$
⋮

まずはとりあえず 3 倍と 1/2 という考え方に限って最初の 5 音を作り出してみたが，実はこの 5 音があれば簡単な歌を作るには十分である．この五音階は世界各国に存在する．日本ではドレミファソラシドと並べた時の第四音ファと第七音シを欠いているという意味で**ヨナ抜き五音音階**として知られ

る．

実はピタゴラスとほぼ時期，漢の**京房**[1]は竹を 3/2 の長さに切って吹き鳴らすと元の音と共鳴する音が出ることに注目した．これはまさに振動数 3/2 = 1.5 倍，「ソ」の音である．また 1/3 の長さの竹を元に継ぎ足して長さ 4/3 とすると，これまた調和する音が出る．これは振動数 4/3 倍の「ファ」の音である．この操作を同様に繰り返して 5 つの音を作る方法を**三分損益法**という．

京房は 5 音作ったところでやめてしまったが，ピタゴラスはこの操作，すなわち 3/2 倍の音を作ってはオクターヴ内に収めるという操作をもう少し続けた．毎回適宜 1/2 倍するわけであるから，すなわち 2^n 倍はすべて同じ音とみなすわけであるから，最初から $(3/2)^n$ 倍といわず 3 の倍数の数だけ区別して，$(1/2)$ 倍の数は無視すればよい．この 2 の倍数の同一視を '≡' を用いて書き直したのが下記である．2 の右肩の * はオクターヴ内 ($0 < 3^n/2^* < 2$) に収めるための適当な数を表す．ついでに「ドレミファ」はもうやめて CDEF … を使おう．

$$
\begin{aligned}
&\text{C:} && 3^0 = 1 \\
&\text{G:} && 3^1 \equiv 3/2 \ (< 2) \\
&\text{D:} && 3^2 \equiv 3^2/2^3 = 9/8 \\
&\text{A:} && 3^3 \equiv 3^3/2^4 = 27/16 \\
&\text{E:} && 3^4 \equiv 3^4/2^6 = 81/64 \\
&\text{B:} && 3^5 \equiv 3^5/2^7 = 243/128 \\
&\text{F}\sharp\text{:} && 3^6 \equiv 3^6/2^9 = 729/512 \\
&\text{C}\sharp\text{:} && 3^7 \equiv 3^7/2^* \\
&\text{G}\sharp\text{:} && 3^8 \equiv 3^8/2^* \\
&\text{D}\sharp\text{:} && 3^9 \equiv 3^9/2^* \\
&\text{A}\sharp\text{:} && 3^{10} \equiv 3^{10}/2^* \\
&\text{F:} && 3^{11} \equiv 3^{11}/2^*
\end{aligned}
$$

このやり方で 12 番目の音を作り出した時，すなわち 3 を 12 回かけ合わせて，適宜 1/2 倍を何度かした時，

$$
1 \times 3^{12} \times \left(\frac{1}{2}\right)^{18} = \frac{531441}{262144} = 2.0278652954101562\cdots
$$

倍となる．オクターヴ（2倍）は微妙に超えてしまったが，とにかくほぼ

[1] 紀元前 77 年–紀元前 37 年

2 になることが分かる．ならばこの音を 1 オクターヴ上の音とみなしてしまえ，というのが 12 音の音律である．ここでまた 2 を超えたからといって 1/2 倍して… という操作を繰り返しても通常の人間の耳には識別できない微妙な差の音ができるだけである．かくしてオクターヴの中の 12 個の音はオクターヴの中を識別する最初の妥協点である．

ところで大前提に戻るが，振動数 2 倍の音は元の音とよく調和して響く．それならばこの 2 つの音を同じ名前にしてしまえというのがピッチクラスという発想である．C という音のその 2 倍の振動数を持つ音も C という．D という音の 2 倍の振動数を持つ音も D という．つまり 12 個の音を一巡りしたら元に戻るというのが音名をつける時の基本的な方針である．

しかしながら $2 \approx 2.027865\ldots$ というあやかしは後にツケが回ってくる．この微妙な差がいろんな 2 音の音程で不協和を作り出すことになる．ピタゴラスの 12 番目の音は振動数 2 倍のところより微妙に高いところにあり，この差異，すなわちオクターヴを超えた振動数比 2.027865… の 2 に対する比，

$$\frac{531441}{262144 \times 2} = 1.013643265\ldots$$

を**ピタゴラスのコンマ**という．そしてこのコンマを解消して音階として使いものになるようにするためにはもう少し準備が必要である．

3 と 2 は互いに素であるから 3 の累乗と 2 の累乗は互いに素で，これは割り切れない数である．3/2 倍の音を作っては適宜 1/2 倍でオクターヴ内に折り返すという作業はいくらやってもオクターヴ（振動数 2 倍）とは一致しない．

$$\left(\frac{3}{2}\right)^m \cdot \left(\frac{1}{2}\right)^n \neq 2$$

しかし調和する音を納得するまでオクターヴ内に求めたいというのであれば好きなだけ音を増やせばいい．1 と 2 の間には無限に

$$1 < \frac{3^k}{2^l} < 2$$

の形の数がある．12 音の音階では，

$$\frac{3^{12}}{2^{18}} = 2.0278652954101562\ldots$$

を 2 とみなすのであるが，それではラフ過ぎるというのなら次にもっと精

度の高い接近は

$$\frac{3^{53}}{2^{83}} = 2.0004180628082172345\ldots$$

である．3の53乗ということは53回目の音が（オクターヴ内に納めるために83回2で割ったあげく）元の音の2倍近い音になるということであり，1オクターヴの中に53個の音が存在する音階となる．これはもう人間の耳の認知の限界をはるかに超えていると思われるが，実際に53鍵を持つ鍵盤楽器が作られている [20]．それでも不十分というのなら納得いくまでオクターヴ内の音の数を増やせばよい．次のもっと良い近似には665鍵が必要である．

2.2 ピタゴラス音律の修正

さてピタゴラスの音律は振動数3倍する（適宜1/2倍を繰り返すが）操作の連鎖である．半音の音名は便宜上♯に統一して表記する．

$$C \underset{\times \frac{3}{2}}{\to} G \underset{\times \frac{3}{2}}{\to} D \underset{\times \frac{3}{2}}{\to} A \underset{\times \frac{3}{2}}{\to} E \underset{\times \frac{3}{2}}{\to} B \underset{\times \frac{3}{2}}{\to} F\sharp \underset{\times \frac{3}{2}}{\to} C\sharp \underset{\times \frac{3}{2}}{\to} G\sharp \cdots$$

これをこのまま続けて

$$G\sharp \underset{\times \frac{3}{2}}{\to} D\sharp \underset{\times \frac{3}{2}}{\to} A\sharp \underset{\times \frac{3}{2}}{\to} F$$

とすると，最後にできたF（ファ）とC（オクターヴ上のド）の間が狭くなってしまう．より正確に言えばFから3/2倍した音は，ピタゴラスのコンマ分オクターヴ上のCを追い越してしまうわけであるから，それを無理やりオクターヴ上のCだとみなすと，FとCの間が3/2倍より小さくなってしまうのである．これは好ましくない．Fと（上の）CはCから見て3/4倍（Fから見て3/2倍）でよく協和する音であってほしい．というわけでピタゴラスの音律を音階として使いものになるようにするためにG♯まで作ったら，後の音はオクターヴ上のC（振動数2倍）から逆に2/3倍するという操作で作り出す．

$$D\sharp \underset{\times \frac{2}{3}}{\leftarrow} A\sharp \underset{\times \frac{2}{3}}{\leftarrow} F \underset{\times \frac{2}{3}}{\leftarrow} C$$

前のG♯までの音とつなげて12音ができるが，ピタゴラスのコンマ分のツケはG♯とD♯の間に追いやられてしまったわけである．つまりこの間は振

動数 3/2 倍に満たない．なぜ G♯-D♯ 間かというのは慣用の問題であって理屈上の必然ではない．この間の協和があまり求められないからというだけである．

$$C \xrightarrow{\times \frac{3}{2}} G \xrightarrow{\times \frac{3}{2}} D \xrightarrow{\times \frac{3}{2}} A \xrightarrow{\times \frac{3}{2}} E \xrightarrow{\times \frac{3}{2}} B \xrightarrow{\times \frac{3}{2}} F\sharp \xrightarrow{\times \frac{3}{2}} C\sharp \xrightarrow{\times \frac{3}{2}} G\sharp \underset{(狭い)}{\leftrightarrow} D\sharp \xleftarrow{\times \frac{2}{3}} A\sharp \xleftarrow{\times \frac{2}{3}} F \xleftarrow{\times \frac{2}{3}} C$$

下記の表では♯のない各音が 3/2 を何回かけ合わされてできたものかを示している．F のところだけ −1 乗というギミックを用いている．その下向き矢印で，それをオクターヴ内に収めるために 1/2 乗を何度かした結果を示す．

C	D	E	F	G	A	B	C
1	$(\frac{3}{2})^2$	$(\frac{3}{2})^4$	$(\frac{3}{2})^{-1}$	$\frac{3}{2}$	$(\frac{3}{2})^3$	$(\frac{3}{2})^5$	2
	$\times \frac{1}{2} \downarrow$	$\times (\frac{1}{2})^2 \downarrow$	$\times 2 \downarrow$		$\times \frac{1}{2} \downarrow$	$\times (\frac{1}{2})^2 \downarrow$	
	$\frac{9}{8}$	$\frac{81}{64}$	$\frac{4}{3}$		$\frac{27}{16}$	$\frac{243}{128}$	

こうしてできた音階を**ピタゴラス音階**という．この音階は各音間で次のような振動数比率を持つ．

C	D	E	F	G	A	B	C
1	$\frac{9}{8}$	$\frac{81}{64}$	$\frac{4}{3}$	$\frac{3}{2}$	$\frac{27}{16}$	$\frac{243}{128}$	2
$\times \frac{9}{8}$	$\times \frac{9}{8}$	$\times \frac{256}{243}$	$\times \frac{9}{8}$	$\times \frac{9}{8}$	$\times \frac{9}{8}$	$\times \frac{256}{243}$	

この音階では全音（振動数 9/8 倍）は半音（振動数 256/243 倍）2 回分でもまだ足りない．

$$\begin{cases} 9/8 = 1.125 \\ 256/243 \times 256/243 = 1.10986\ldots \end{cases}$$

さらに，12 音の半音の間隔は一定ではなく 2 種類できてしまう．12 音を定めていく過程で，既に定めた音を新しく定める音が半音高く追い越す時は，ピタゴラスのコンマのために広い半音となる．また既存の音に新しい音が半音低く隣接する音は同じ理由で狭い半音となる．例えば C と C♯ の間隔を調べると，C♯ は 3/2 倍 7 度めに出てくる音であり，$(3/2)^7 \times (1/2)^4 = 2187/2048 = 1.0679\ldots$ という振動数比となる．一方音階に現れたほうの半音，例えば B と C の間は，基準となった C の音に対して B が半音低い位置に定められるので狭い半音 $256/243 = 1.0535\ldots$ となる．もう一つの E と F

の間は既に高さが定まっているEに対してFが逆に高いほうからコンマを含んで（高いCから2/3倍で）既存の音に迫るのでこの分も狭い半音となる．以上を斟酌して12音全部を並べると，各音の間の半音は次のようになる．

$$
\begin{array}{cccccccccccc}
C & C\sharp & D & D\sharp & E & F & F\sharp & G & G\sharp & A & A\sharp & B & C \\
\times a & \times b & \times b & \times a & \times b & \times a & \times b & \times a & \times b & \times b & \times a & \times a &
\end{array}
$$

ここで $a = 2187/2043$ は広い半音，$b = 256/243$ は狭いほうの半音である．

2.3 純正律——「5」の導入

　ピタゴラスの作った音階というのは2と3という数字だけから構成された音階であった．これは振動数2倍3倍というのが人間の耳には心地よく調和して聴こえるからであった．しかし2倍や3倍なら4倍だって心地よいはず…いやしかし4倍という数字は2倍の2倍($=2^2$)で既にピタゴラスの音階には入っていたのである．すなわち何か新しい倍数を入れようと思うなら既存の数のかけ算になっていないもの，つまり素数でなければならない．というわけで次に5の導入を行う．

　我々の耳が知っているのは（基本単位1のほかに）振動数2倍と3倍という数字だけではない．振動数5倍だってある調和をもって聴こえる．よって音階を作る時に2と3だけではなく，5も使えばよい．ピタゴラス音階の中には5はないが，5に近いものはなかっただろうか．これにはまず

$$\left(\frac{3}{2}\right)^4 = \frac{81}{16} = 5.0625 \simeq 5$$

であることが利用できる．音階の音のうち $3^4/2^4$ を見たら5に置き替えるという作業をすると何が起きるだろう．

　ピタゴラスの作った音階は以下のとおりである．

$$
\begin{array}{cccccccc}
C & D & E & F & G & A & B & C \\
1 & \frac{3^2}{2^3} & \frac{3^4}{2^6} & \frac{4}{3} & \frac{3}{2} & \frac{3^3}{2^4} & \frac{3^5}{2^7} & 2
\end{array}
$$

ここで下段に現れた $3^n/2^m$ のうち $3^4/2^4$ に相当する部分を5で置換すると，

$$
\begin{array}{cccccccc}
C & D & E & F & G & A & B & C \\
1 & \frac{9}{8} & \frac{3^4}{2^4}\cdot\frac{1}{2^2} & \frac{4}{3} & \frac{3}{2} & \frac{3^4}{2^4}\cdot\frac{1}{3} & \frac{3^4}{2^4}\cdot\frac{3}{2^3} & 2 \\
 & & \Downarrow & & & \Downarrow & \Downarrow & \\
 & & 5\cdot\frac{1}{2^2} & & & 5\cdot\frac{1}{3} & 5\cdot\frac{3}{2^3} & \\
 & & \parallel & & & \parallel & \parallel & \\
 & & \frac{5}{4} & & & \frac{5}{3} & \frac{15}{8} & \\
\end{array}
$$

となる．5を導入したことによって，これは2倍3倍の振動数に加えて5倍の振動数に関しても調和する音階となる．この音階の各音の間の比率が振動数として何倍になっているかを計算してみよう．

$$
\begin{array}{cccccccc}
C & D & E & F & G & A & B & C \\
1 & \frac{9}{8} & \frac{5}{4} & \frac{4}{3} & \frac{3}{2} & \frac{5}{3} & \frac{15}{8} & 2 \\
\times\frac{9}{8} & \times\frac{10}{9} & \times\frac{16}{15} & \times\frac{9}{8} & \times\frac{10}{9} & \times\frac{9}{8} & \times\frac{16}{15} & \\
\end{array}
$$

この音階は各音程が以下のような振動数比を持つ．

C : E	4 : 5
E : G	5 : 6
F : G	3 : 4
C : G	2 : 3
C : A	3 : 5

そしてオクターヴは1 : 2である．これは大変調和した響きをもたらす音階である．このようにして得られた音階を**純正律**という．

この純正律でドミソ（ハ長調のIの和音）の和音の振動数比を調べてみると，4 : 5 : 6となる．この第二転回形，すなわちソに対して1オクターヴ上のドとミを重ねる和音の振動数比を調べると3 : 4 : 5となり，より小さい数の整数比であることより，より調和した（感覚的にはより澄んだ）響きを得ることができる．純正律における短三和音の振動数比は10 : 12 : 15となる．

振動数比4 : 5を含む音階は紀元前1世紀の**ディディムス** (Didymus) と紀元後2世紀の**プトレマイオス** (Ptolemios) によって既に示されていた [2]．ピタゴラス音律のC/Eは64 : 81であり，純正律の4 : 5との比，

$$\frac{81}{64}\Big/\frac{5}{4}=\frac{81}{80}$$

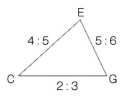

図 2.2: Eitz の記法

のことを**シントニック・コンマ** (syntonic comma) という[2].

さて純正律はこの美しい調和の響きの代償として次の欠点を持つこととなった.

- 全音に 2 種類, 9/8 倍の大全音と 10/9 倍の小全音が生じてしまう.
- 半音を 2 回重ねても ((16/15) × (16/15) = 256/225) もいずれの全音にもならない. 10/9 = 1.111··· < 9/8 = 1.125 < 256/225 = 1.13777··· という関係により半音 2 回はいずれの全音よりさらに大きなもう一つの全音となる.

したがって純正律において 12 音の残りの音の決め方をめぐってはさまざまな提案がなされた.

12 音の間の音律を決める上で, そのうちの 3 音の関係を 2 次元に並べ, 水平方向に完全五度, 右斜め上方に長三度, 右斜め下方に短三度を配置する方法を Eitz の記法という (図 2.2). Eitz の記法においては各音の音律の基本をピタゴラス音律に置き, それに対してシントニック・コンマ何個分の補正を行ったかを右肩に書いて示す. 純正律の E はピタゴラス音律の E に比べて $(81/80)^{-1}$ の補正を行うので E^{-1} と書く. したがって純正長音階は以下のようになる.

$$\begin{array}{cccc} A^{-1} & E^{-1} & B^{-1} & \\ F^0 & C^0 & G^0 & D^0 \end{array}$$

純正律の 12 音の残りをめぐっては, 天体の運行で知られる**ケプラー**[3]やメルセンヌ素数で知られる**メルセンヌ**[4], 数学者の**オイラー**[5]や「むすんでひらいて」の作曲で知られる思想家の**ルソー**[6], さらには**マルコルム**[7], **マールプルク**[8], **キルンベルガー**[9]などといった人々がさまざまに音律を工夫した.

3 と 5 の倍音の音階を表現するのに, 水平方向に 3 倍音 (完全五度), 垂

---

[2] シントニック・コンマとピタゴラス・コンマの比 (53141: 524288)/(81: 80) を schisma と呼ぶ. これを用いてほかにさまざまな音律の差が定義される.

[3] Johannes Kepler, 1571–1630

[4] Marin Mersenne, 1588–1648

[5] Leonhard Euler, 1707–1783

[6] Jean-Jaques Rousseau, 1712–1778

[7] Alexander Malcolm, 1685–1763

[8] Friedrich Wilhelm Marpurg, 1717–1795

[9] Johan Phillip Kirnberger, 1721–1783

直方向に5倍音（長三度）を配した2次元の図を**オイラー格子** (Euler lattice) という．ただしオイラー格子においては2による割り算の情報は省いて並べてある．この図では例えばピタゴラス音階では素数5を用いないため，$5^0 = 1$ の行に現れた横一列の音階になる．一方純正律ではDの音として座標 $(5^0, 3^2)$ を用い $(5^1, 3^{-2})$ のものを使わないが，Eでは5倍音すなわち $(5^1, 3^0)$ のものを用いる．

	$1/3^3$	$1/3^2$	$1/3$	1	3	3^2	3^3
5^2	B	F♯	C♯	G♯	D♯	A♯	E♯
5^1	G	D	A	E	B	F♯	C♯
1	E♭	B♭	F	C	G	D	A
$1/5$	C♭	G♭	D♭	A♭	E♭	B♭	F
$1/5^2$	A♭♭	E♭♭	B♭♭	F♭	C♭	G♭	D♭

2.4 倍音とは何か

$2, 3, 5$ という倍音を発展させて純正律にさらに**7倍音**まで含めてみよう．仮にこの音をB♭と命名するとB♭ : C = 7 : 4 = 1.75, C : E : G : B♭ = 4 : 5 : 6 : 7 となり，これは非常に安定した響きを持つ．一方で純正律のA♯（後に述べる平均律ではB♭とA♯は同一視する）ではB♭ : C = 16/9 = 1.777... となり，不安定な響きを含みトニックの和音へ強く指向する動きを作る．$8 (= 2^3)$ 倍音，$9 (= 3^2)$ 倍音，$10 (= 2 \cdot 5)$ 倍音までは素数 $2, 3, 5$ のベキで済む．したがって $2^n \cdot 3^m$ 倍音の形ならピタゴラス音律・純正律における相当する音があり，また5倍音を含むなら純正律のほうに相当する音がある．このまま倍音の一覧表を作ってみよう．

---

2 倍音　オクターヴ上の C
3 倍音　ピタゴラス音階・純正律におけるオクターヴ上の G
4 倍音　2 オクターヴ上の C
5 倍音　純正律における 2 オクターヴ上の E
6 倍音　ピタゴラス音階・純正律における 3 オクターヴ上の G
7 倍音　2 オクターヴ上の A♯ に近い音
8 倍音　ピタゴラス音階・純正律における 3 オクターヴ上の C
9 倍音　ピタゴラス音階・純正律における 3 オクターヴ上の D
10 倍音　純正律における 3 オクターヴ上の E
11 倍音　3 オクターヴ上の F♯ に近い音
12 倍音　ピタゴラス音階・純正律における 3 オクターヴ上の G
13 倍音　3 オクターヴ上の A に近い音
14 倍音　7 倍音の 1 オクターヴ上の音
15 倍音　純正律における 3 オクターヴ上の B
16 倍音　4 オクターヴ上の C

まず 11 倍音はオクターヴ内に収めると $11/2^3 = 1.375$ であるが，これに近い F♯ はピタゴラス音律では $3^6/2^9 = 1.4238\ldots$，純正律では $64/45 = 1.4222\ldots$ である．13 倍音はオクターヴ内に収めると $13/2^3 = 1.625$ であるが，これに近い A はピタゴラス音律では $3^3/2^4 = 1.6875$，純正律では $5/3 = 1.6666\ldots$ となる．

2.5　中全音律

ピタゴラスの音階で要請されたのは C: G を 2: 3，F からオクターヴ上の C も 2: 3 というように，1.5 倍を保つことであった．一方純正律は 5 倍を取り入れたおかげで C: E の間に 4: 5 という美しい響きを持つようになった．しかしながら 2 と 3 にこだわって音階を作れば 5 という数字は出てこないし，5 を採用して音階を作れば転調不可能な純正律になる．それでも 4: 5 という響きにこだわって，ある程度 2: 3 のほうを犠牲にしつつも部分的に転調できるようにしたのが**中全音律** (mean tone) である．

E の音はピタゴラス音律では 4 回目の 3/2 倍に出てくる音である．したがって C との比は $(3/2)^4 \times (1/2)^2$ であった．中全音律はこの G（ソ）の音の音律（3/2 倍）を変更してでも C: E = 4: 5 になるようにした音階である．ま

ず，

$$\left(\frac{3}{2}\right)^4 \cdot \left(\frac{1}{2}\right)^2 = \frac{5}{4} \cdot \frac{81}{80}$$

であることに注目すると，3/2 を 4 乗した結果は目標とする 5/4 からちょうどシントニック・コンマ一つ分 (81/80) 上回る振動数になる．すると 3/2 の 1 乗あたりで 1/4 シントニック・コンマ分低い音を G に取っておけばよい．これが最も一般的な 1/4 中全音律と呼ばれる方法である．C: D: E を強引に均等に割ると 1: ($\sqrt{5}/2$): 5/4 となる．この間隔は F: G: A，および G: A: B のそれぞれの全音並びも同じにする．この結果，残された二つの半音の振動数比が計算できる．この半音の振動数比を x と置くと，半音 2 乗分と全音 5 乗分をかけ合わせてオクターヴ（振動数比 2）になることから，

$$\left(\frac{\sqrt{5}}{2}\right)^5 \cdot x^2 = 2$$

を解くと，$x = 8/5^{\frac{5}{4}}$ と計算される．よってこの中全音律は以下のような振動数比を持つ．

C	D	E	F	G	A	B	C
1	$\frac{\sqrt{5}}{2}$	$\frac{5}{4}$	$\frac{2}{5^{\frac{1}{4}}}$	$5^{\frac{1}{4}}$	$5^{\frac{3}{4}}/2$	$5^{\frac{5}{4}}/4$	2

下記は中全音律の **Eitz 記法**である．純正律と同じく E^{-1} が見てとれる．

$$
\begin{array}{cccccccc}
 & E^{-1} & & B^{-\frac{5}{4}} & & & & \\
C^0 & & G^{-\frac{1}{4}} & & D^{-\frac{1}{2}} & & A^{-\frac{3}{4}} & & E^{-1} \\
 & & & F^{+\frac{1}{4}} & & C^0 & & \\
\end{array}
$$

16 世紀から 18 世紀にかけて，どこに響きの歪みを寄せるかという点で数多くの妥協案が提案された．目標は明らかでなるべく調の移動を自由にすることと，音の間の響きをなるべく単純な整数比に近づけることである．もちろん数学的な解はない．何をもって最適とするかは当時の楽器の性能と人間の主観的聴きやすさに依存する．中全音律の場合特に五度の響きが美しくなく，オオカミのうなりに例えて「**ウルフの五度**」などと呼ばれた．この響きを改善するために前出の**キルンベルガー**，**ヴェルクマイスター**[10]，**ナイトハルト**[11] などのほか，光の干渉で有名な**ヤング**[12] が**ヴァロッティ**[13] の音律に対して調節を行ったりした [2].

[10] Andreas Werckmeister, 1645-1706
[11] Johann Georg Neidhardt, 1685-1739
[12] Thomas Young, 1773-1829
[13] Francescantonio Vallotti, 1697-1780

2.6 鍵盤と楽譜

音楽では曲の途中で曲想を変えるために，**転調**を行う．転調とは調を転じること，例えばハ長調でスタートした曲が途中ト長調に転じるような場合をいう．ハ長調とは鍵盤で言えばCの音から弾き始めて白鍵のみをもちいてドレミファソラシドと弾く音階のことである．ト長調とはGの音から弾き始めてドレミファソラシドと聞こえるように白鍵と黒鍵を選んで弾く音階である．音楽の曲の中ではハ長調で最初に出てきたメロディを雰囲気を変えるために全くそのまま平行移動してト長調で現れることがある．

鍵盤楽器とはさまざまなピッチの音を出す弦をあらかじめ調律しておいて，その弦をひっかいたり叩いたりするスイッチをキーとして並べてある楽器である．もし和音の響きの良さにこだわるなら純正律で調律しておけばよい．すなわちCのキーとDのキーの間隔（振動数比 9/8）はDのキーとEのキー間隔 (10/9) と異なることになる．するとCのキーからドレミファソラシドと弾く時（ハ長調）はよいが，転調してDのキーからドレミファソラシド（二長調）と弾こうとすると最初の2音の間隔がちょっと狭いためにドとレに聞こえない．ハ長調で弾いた時のドレミとニ長調のドレミとは異なる間隔に変わってしまうのである．

純正律の音階にとって調を移動するということは音高の平行移動ではなく，ドレミファソラシドの各音間の間隔まで変えることになってしまう．このことはメロディの雰囲気を大きく変えてしまう．さらにまた，手持ちの楽器や声では楽譜の音高どおりに弾けない（歌えない）ために音高を平行移動する**移調**も不可能になってしまう．そして何よりも，ハ長調でせっかく実現できた美しい響きが転調によって失われてしまうのである

鍵盤楽器の白鍵は音階のドレミファソラシドをそのまま並べたものであるが，黒鍵というのはその補助として半音を出すために「間」に配置されたものである．転調すると黒鍵を選んで弾く箇所があるが，黒鍵の音高が決まらない．ある白鍵とその右上の黒鍵まで振動数 16/15 倍，その黒鍵から右下の白鍵まで 16/15 倍にすると，隣り合う白鍵間の振動数比が 9/8 にも 10/9 にもならない．例えば純正律では半音を 16/15 倍と固定してしまうと，CとDの間で

$$C\sharp = \tfrac{16}{15} = 1.067\ldots$$
$$D\flat = \tfrac{9}{8} \times \tfrac{15}{16} = 1.054\ldots$$

と一つの黒鍵では兼用ができない．これは，DとEの間

$$D\sharp = \tfrac{9}{8} \times \tfrac{16}{15} = 1.2\ldots$$
$$E\flat = \tfrac{9}{8} \times \tfrac{10}{9} \times \tfrac{15}{16} = 1.172\ldots$$

も同様である．

　それでは五度の響きは多少濁っても中全音律にしてしまえばどうか．すると全音の間隔はすべて等分なのはよいが今度は半音が全音の半分ではない．すなわち黒鍵を隣り合う全音二つの間の音に配置してもそれは白鍵の半音（E/Fの間とB/Cの間）とは異なる間隔になる．

　本章冒頭の黒鍵と白鍵の並びに関する質問に正確に答えるためには，ピタゴラスが12音を作ったこと，2音が調和して聴こえるために各音の位置（振動数）をいじる必要があったこと，転調の可能性があることすべてが理由に必要であった．その配置の仕方，すなわち黒鍵の高さと白鍵に対する奥行きの位置などは歴史上いろいろ変化したことであろうし，人間の手の幅を考えると黒鍵・白鍵の幅も試行錯誤がなされたであろう．鍵盤楽器が固定しつつあった17世紀のチェンバロは白黒の色が逆転している．これは人間の手が白に近いため演奏を見るほうにとって見栄えをよくするためであった．しかし演奏者から見たら視認性は悪く不評であったために白黒逆転したそうである．

　結果として，「すべての2音の響きを濁らせてでも転調の自由度を優先した」のが次に述べる平均律である．これは1オクターヴの間を均等に

ド ― レ ― ミ ― ファ ― ソ ― ラ ― シ ― ド
　全音　全音　半音　全音　全音　全音　半音

に分離し，「半」音は全音のちょうど半分になるようにした音律である．図2.3では黒丸で表されたハ長調の音階が，平均律では鍵盤上すべて全音・半音が均等であるおかげで，図の白丸のように弾くだけでニ長調の音階に容易に転調できるようすを示す．

　ついでながら楽譜にも全く不条理な伝統が残された．楽譜というのはある音律に調律された楽器がどのような順序で音を出していくかを指定する音楽

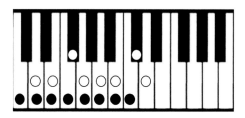

図 2.3: ハ長調（黒丸）と二長調（白丸）

の設計図である．したがって楽譜に必要な情報は音高や音長，音の強さなどであるが，このうち音高を指定する手段として五線譜が現れた．この五線譜に落ち着くまでは線の数が4本だったり6～7本だったりしたようである．とにかく楽器を指定して音の高さを指定するだけなので，線の間隔が均等な振動数比であることなど要請されていない．その楽器が出せる音の高さを高さ順に指定できればそれでよかったのである．ところが平均律が現れて五線譜†の線の間隔は等分であるとみなされるようになった．その結果，ト音記号で書かれた楽譜のうち基本的には線・間の音程は全音であるのに対して第一線（ミ）と第一間（ファ）の間，第三間（シ）と第四線（ド）の間は他と違って半音となり，「不均等」な間隔のところが残ってしまった．

近年世界中のさまざまな民族音楽の音階・音律が研究されるようになった．これらを五線譜に書くという行為は，単に12音平均律に大まかにマップできるというだけであって，その民族音楽の正確な音律を表現しているものではないことに留意すべきである．

繰返しになるが，今ある鍵盤や楽譜の仕組みでは，どこにある全音も全く同一の間隔であり，半音というのはその全音の半分であることを要請している．すなわち今の鍵盤・楽譜は「整数比が美しく響く」という根底を覆す形で，多数決解を得るに至った．多数決解という意味は，今日の鍵盤楽器でほぼ普遍的に用いられているということである．整数比でないことによりあらゆる2音間の響きは濁るものの，完全に自由に転調できる仕組みを実現したのが次に述べる平均律である．

2.7 $x^{12} = 2$ を解く

平均律とはドからドまでの1オクターヴが振動数2倍になっていることのみを遵守して，他の2音の間の関係はいくら濁ろうともドレミファソラ

シドの各音の間隔を守るように定められた音律である．まず半音は2回重ねると全音になるという制約を設けると，1オクターヴの間は12個の半音（全音×5+半音×2）であるから，一つの半音の振動数比を x とすると，x は12回かけ合わせることで振動数2倍，すなわち $x^{12} = 2$ を充たすことになる．かくしてここに新しい数の概念を導入する．$\sqrt[12]{2}$ と書いて2の12乗根と読む．これはこの方程式の唯一の実数解であり「12乗すると2になる数」という意味である．

さて平均律とは純正律からどのくらいずれた音なのだろうか．参考までに主たる音の間の比率を比べてみる．

	純正律	平均律
C: E	$5/4 = 1.25$	$\sqrt[12]{2}^{4} = 1.2599$
C: F	$4/3 = 1.333$	$\sqrt[12]{2}^{5} = 1.3348$
C: G	$3/2 = 1.5$	$\sqrt[12]{2}^{7} = 1.4983$
C: A	$5/3 = 1.667$	$\sqrt[12]{2}^{9} = 1.6818$

さらに今度は平均律を中心にしてピタゴラス音律，純正律，平均律を比較するために**セント**という単位を導入しよう．セントは民族音楽学者エリス (Alexander.J.Ellis, 1814-1890) によって導入された音程の単位で1オクターヴを1200セント，平均律の全音を200セント，半音を100セントとする．この数え方によると純正律の大全音は204セント，小全音は182セント，振動数比16/15の半音は112セントになる．またピタゴラス音階の全音は204セント，狭いほうの半音は90セントとなる．

	C/D	D/E	E/F	F/G	G/A	A/B	B/C
平均律	200	200	100	200	200	200	100
中全音律	193	193	117	193	193	193	117
純正律	204	182	112	204	182	204	112
ピタゴラス音律	204	204	90	204	204	204	90

さらにこれを順次積算して音階ごとに各音の音高（振動数）を示す．

第 2 章 白鍵と黒鍵の数学

図 2.4: 12 音の時計

	C	D	E	F	G	A	B	C
平均律	0	200	400	500	700	900	1100	1200
中全音律	0	193	386	503	697	890	1083	1200
純正律	0	204	386	498	702	884	1088	1200
ピタゴラス音律	0	204	408	498	702	906	1110	1200

時計による 12 音表示　12 音均等で一周回るというのなら，円を書いて音律を時計のように表示してみるのがいいだろう．一周 360° で 12 等分，平均律で考えれば全音五つと半音二つで分割すれば半音一つ当たりの角度は 360° ÷ 12 = 30° である．この円を時計盤と思うと都合いいことに 12 時（0 時）から 1 時間刻みで 12 等分は，1 時間 = 1 半音 = 30° と見立てることができる．いま 12 時の位置にドを置いて，以下全音の幅を半音の 2 倍の幅となるように配置すると，図のようになる．平均律は 12 音でちょうど一周するというのだから円を書いてみるのがいいだろう．一周 360° で 12 等分，平均律で考えれば全音五つと半音二つで分割すれば半音一つ当たりの角度は 360° ÷ 12 = 30° である．この円を時計盤と思うと都合いいことに 12 時（0 時）から 1 時間刻みで 12 等分は，1 時間 = 1 半音 = 30° と見立てることができる．いま 12 時の位置にドを置いて，以下全音の幅を半音の 2 倍の幅となるように配置すると，図 2.4 のようになる．

　ドの 2 倍の振動数の音を再びドとし，2 倍が 360° というならこの 30° という角度は振動数何倍なのだろう．360° : 30° = 2 倍 : x 倍と考えると x = 1/6 倍？　これは大間違いである．音が高くなっているのに振動数 1/6 倍ということはない．音の高さというのは何か基準になる音の振動数があって，その何倍という概念が生じるのである．すなわち比が問題なのである．我々

は五線譜を見てあるいは鍵盤を見て半音・全音の違いには気をつけるものの，音が「均等に並んでいる」という．この均等の意味は「足し算」のイメージになっている．すなわち我々は「半音 + 半音 = 全音」と考える．ところが背後にある振動数から見たら，ある振動数と別の振動数を足しても次の高さの音の振動数になったりはしない．鍵盤の一つの鍵にはある決まった振動数がある．二つ並んだ鍵と鍵の間にある関係は「振動数の一定の比率」である．だから隣どうしの鍵の音の振動数は「元の音 × 一定比率 = 隣の音」という掛け算の関係なのである．

螺旋 円を一周することで音高が2倍の高さになることを可視化するために，円筒を用意し，それに直角三角形を巻きつけて「2倍の高さ」を演出してみよう．ここで直角三角形の底辺の長さは円筒の円周と同じにしておく．これは一周回って音の高さがちょうど三角形の高さ分高くなったというアナロジーである．この同じ直角三角形を何度でも繰り返して巻きつけてみよう．これは円筒の表面上を1オクターヴで一周昇る螺旋となる (図2.5)．この螺旋を真上から覗くといろいろな高さのCの音，Dの音，Eの音，…が重なって見える．これがピッチクラス（Cの音全部同一視）という発想である．図2.5では30度反時計回りに進むと平均律の半音の上昇となる．この半音分の高さの差は100セント，振動数比で言うと $\sqrt[12]{2}$ 倍である．12音360°で一周すると，高さが1200セント（1オクターヴ分）上昇する．

この高さが1で高さ1ぶん高くなったことが（元の）2倍の意味であるなら先ほどの半音1個分の高さはどのくらいになっているだろうか．これは底辺（円一周分の長さ）を12等分したその一目盛り分である．スタートの音から半音分高くなった高さは $1 \times \frac{1}{12}$ となっている．平均律の作り方からすると半音1個の上昇は $\sqrt[12]{2}$ 倍であったから，これから $\frac{1}{12}$ を取り出すには log（対数）を取ればよい．

$$\log \sqrt[12]{2} = \frac{1}{12} \log 2$$

この log 2 という単位こそ振動数2倍を高さに翻訳した結果である．円筒に巻きつけた三角形を考えて高さ2倍（もしそういう言い方をするなら）という時の2は振動数比に log をかませた数なのである．log というのは掛け算の関係を足し算に翻訳してくれる．

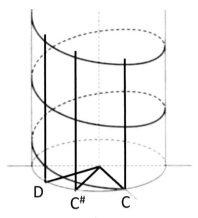

図 2.5: 12 音の螺旋

$$\log(m \times n) = \log m + \log n$$

もちろん我々の意識では元の音の振動数なんて考えていない．だから当然 log なんていう翻訳の関数も意識には上らない．これまで音律を考えるためにしかたなく振動数と振動の調和を考えたがこれはあくまで舞台裏の話で，我々は直観で半音「+」半音とか「3」半音分上の音などのように音の高さを「足す」ことができるのである．

2.8 12音平均律の対称性

対称性と群　**対称**であるとは，目の前に図形に置いて，ある操作（変化）を加えても元の図形と区別がつかない性質のことである．対称というとまず真っ先に頭に思い浮かぶのはきっと左右対称のイメージであろう．図形の真ん中に 1 本の直線を引いて，その線を境に左右をひっくり返しても同じであるのが左右対称である．中学の数学ではこれを**線対称**と言った．この直観的な解釈が**裏返し**である．裏返して元の図形と区別がつかなければこの図形は線対称であるという．紙の裏地が表地と違う，なんていう反論はしないでおこう．紙は現実的なものであるが，図形は抽象的な平面に描かれるものとし表・裏の区別はない．

ある図形を見せてそれが線対称であるか点対称であるか，両方であるかどちらでもないか，というのはよく数学の授業で行われる小テストであるが，線対称・点対称だけでは粗すぎる．もっと対称「度」を測れないものだ

ろうか．ということで，線対称であれば対象軸の数を比べよう．二等辺三角形は対象軸が1本しかないが，正三角形は3本ある．野球のホームベースの五角形は対象軸が1本であるが，正五角形は5本ある．点対称であれば回転する角度に差をつけよう．点対称は180度の回転のみに限定したが，何度の回転であってもよいとする．すると，正六角形は30度，60度，180度，210度…の回転対称である．ところが回転対称を導入すれば今度は線対称は一種類に限られる．線対称の軸の違いは回転させた後裏返しできるか否かの区別だけになる．

裏返し可能性と回転対称可能の度数がたくさんあれば，より対称度の高い図形であると考えることができる．そしてどの図形にもその図形固有の「対称性を保存する操作」の集まりというのが定義できる．

	裏返し	回転対称の度数
正三角形	可	60度の倍数
長方形	可	180度の倍数
正方形	可	90度の倍数
不等辺三角形	不可	360度の倍数

逆に考えれば，こうした「対称を保つ操作の集まり」が，その図形を特徴づけていると言える．すなわち，対称を保つ操作の集まりを与えると図形の種類が決まる．さらに言えば，図形でなくてもいいのである．ある操作の集まりがある図形の対称性と一致すれば，例えば「××（何だかまだわからないが）は正三角形と同じ対称性を持つ」という言い方ができる．

すなわち回転して同じになる図形は点対称である．線対称と点対称は二つの図形を見比べた時に生じる考え方であるが，今度は一つの図形を線対称・点対称を繰り返した末に同じにできるかどうかという考え方をしてみよう．一つの図形を点対称の位置，線対称の位置に持っていく操作を考える．このような操作をいくつか（一つでもよい）連結させてできる操作を集めたグループは次のような性質を持つ．

1. ある操作とある操作を連結させた操作は再びこのグループに属する．
2. 三つの操作 σ, τ, υ を連結する時，$\sigma\tau$ を先にやって υ を次にやる $(\sigma\tau)\upsilon$ と，σ をやった後（先行してやってあった）$\tau\upsilon$ の結果につなげる $\sigma(\tau\upsilon)$ は同じ結果を招く．

3. 何もいじらないというのも操作の一つと考える．
4. どの操作に対しても，それを逆に戻す操作がある．

このような操作のグループはその名のとおり，数学用語で**群** (group)[14] という．まず一つの操作を群の要素と考え，操作の連結は要素間の合成である．そしてそれは掛け算に相当する．

さてこの群の定義であるが，このほかにまだいろいろな数学的性質が考えられだろうになぜこの四つに限定して定義するのだろうか．実はこの群の定義こそが，先に述べた対称性を表す概念になっているのである．すなわち操作を加えて，あるいはいくつかの操作を連結させて，「同じ」図形にもっていけること，これが群の概念なのである．数学にはいろいろなところで群が現れる．また数学に限らずともこの世の中にはあらゆるところで群が存在している．

平均律の作る巡回群　1オクターヴ12音を低音から並べて順番に円を作り，ピッチ・クラスという考え方を用いてドはオクターヴ上下のドと同一視する群の例を見よう．まずはこの円は半音という単位で12等分された円である．先ほどと同じように「何もしない」という操作を e で表し，「半音上げる」という操作を ρ と表記する．また ρ の繰返し適用を $\underbrace{\rho\cdots\rho}_{n} = \rho^n$ と書くことにする．最初の音をCとすると，

$$e(C) = C \quad \rho(C) = C\sharp \quad \rho^2(C) = D$$
$$\rho^3(C) = D\sharp \quad \rho^4(C) = E \quad \rho^5(C) = F$$
$$\rho^6(C) = F\sharp \quad \rho^7(C) = G \quad \rho^8(C) = G\sharp$$
$$\rho^9(C) = A \quad \rho^{10}(C) = A\sharp \quad \rho^{11}(C) = B$$
$$\rho^{12}(C) = C$$

となり，$\rho^{12} = e$ という循環を形成する．このただ一つの元 ρ とその整数ベキから生成される群を巡回群という．また $\rho^n = \rho\rho^{n-1}$ であるから，例えばGの音を例に取ると，

$$\rho^7(C) = \rho^6(C\sharp) = \cdots = \rho(F\sharp) = G$$

のように低い音から見て何半音上げた音であるかが ρ の右肩の数字で瞭然

[14] 群の概念は五次方程式の一般解の公式を求める歴史に関連して発見された．まず三次方程式の解は15世紀北イタリア，**ダル・フェッロ** (Schipione dal Ferro, 1465-1526)，**フォンタナ**（Niccolo Fontana, 1500（一説には1499）-1557，またの名を**タルタリア** (Tartaglia)），**カルダノ** (Girolamo Cardano, 1501-1576) といった人たちによって解かれた．さらに**フェラーリ** (Ludovico Ferrari, 1522-1565) はこの一般形を示すとともに四次方程式の解をも示した．五次方程式は18世紀になっても解かれなかった．そしてついに18世紀の終わりころ，実は五次方程式には一般解の公式がないということを**ルッフィーニ** (Paolo Ruffini, 1765-1822) が示す．しかしこの証明にはささやかな欠陥があり，完全な証明を示したのが夭折の天才**アーベル** (Niels Henrik Abel, 1802-1829) である．同じく夭折の天才**ガロワ** (Évalist Galois, 1811-1832) は解の置換操作において群の概念を提示し，五次以上の方程式は「なぜ解けないか」を説明した [7, 11, 13, 22, 27]．

となる．さらに同じピッチクラスという考え方を使うと G は C を 7 半音上げた音であると同時に，5 半音下げた音である．

$$G = \rho^7(C) = \rho^{-5}(C)$$

同様に E は G を 3 半音下げた音であると同時に 9 半音上げた音である．

$$E = \rho^{-3}(G) = \rho^9 G$$

つまり 12 を周期とするということはいま任意の音 x に対して，

$$\rho^n(x) = \rho^{-(12-n)}(x)$$

が成り立つ．言い換えれば，

$$\rho^m(x) = \rho^{-n}(x)$$

では常に $m + n = 12$ である．また ρ の右肩に乗る数字は 12 より大きくてもかまわない．

$$\rho^{54}(x) = \rho^{12\times 4+6}(x) = \rho^6(x)$$

である．つまり x の音を 54 半音上げるという操作は円を 4 周した後 (12×4)，6 半音進んだのと同じだというわけである．このように 12 で割った余りだけが問題になるような数体系は，**12 を法として合同**であるという．合同には '≡' の記号を用いる．また法とは 'modulo' の訳語であって '*mod*' の記号を用いる．上記のような半音の上げ下げの動作は ρ の右肩の数字に注目して次のように式に書くことができる．

$$7 \equiv -5 \ (mod \ 12)$$
$$-3 \equiv 9 \ (mod \ 12)$$
$$n \equiv -(12 - n) \ (mod \ 12)$$
$$m \equiv -n \ (mod \ 12) \ (0 \leq m, n < 12) \ ならば，\ m + n = 12$$
$$54 \equiv 6 \ (mod \ 12)$$

この世界では例えば 13 という数は 12 で割った時の余り 1 と同一視する．同様に -1 という数も 12 で割った時 1 足りない数，すなわち 11 と同一視する．したがってこの世界では $\{0,1,2,3,4,5,6,7,8,9,10,11\}$ の 12 個の整数だ

けですべての整数を代表させることができる．

$$0 \equiv \ldots -12, 0, 12, 24, 36, \ldots$$
$$1 \equiv \ldots -11, 1, 13, 25, 37, \ldots$$
$$2 \equiv \ldots -10, 2, 14, 26, 38, \ldots$$
$$3 \equiv \ldots -9, 3, 15, 27, 39, \ldots$$
$$4 \equiv \ldots -8, 4, 16, 28, 40, \ldots$$
$$5 \equiv \ldots -7, 5, 17, 29, 41, \ldots$$
$$6 \equiv \ldots -6, 6, 18, 30, 42, \ldots$$
$$\vdots$$

この数体系を $\mathbf{Z}/12$ と表記する．優れた表記は理解を助けることと思う．この表記は整数全体を $\mathbf{Z}$ を 12 で割ったものとなっていて，要するに割った「余り」だけを気にしているのである．一般に

$$\mathbf{Z}_{/p} = \{0, 1, 2, \ldots, p-1\}$$

であり，その要素の個数は p 個である．また上記の ρ という表記に戻ると

$$\rho^a \rho^b = \rho^{a+b} = \rho^b \rho^a$$

という関係があるから二つ ρ^n があったらその順序は交換してよい．このような群は**可換群**または**アーベル群**と呼ばれる．

音楽の中の群 音楽理論の中には群＝対称性が数多く登場する [16, 19]．まず代表的なものは五度圏[†]であろう．これは平均律の 12 個の調を近親調に移調する際，構成音が一つずつ変わっていくように属調・下属調をそれぞれ右側・左側に配して円周上に並べた巡回群である．図の外側は長調名，内側は短調名を記載している．五度圏は 12 音平均律の半音ごとの並びを完全五度ごとに並び替えただけで群としては同一のものである．

次に，音程[†]が群を形成する．音程とは二つの音高の差であるが，どういう起源か同音を 0（ゼロ）度ではなく一度と数える．下記の度数はいずれの和も足して九度（1 オクターヴ）になるという意味で和に対する補元であり，それぞれのペアは位数 2 の群である．

完全四度	⇔	完全五度
長二度	⇔	短七度
長三度	⇔	短六度
増二度	⇔	減七度
増三度	⇔	減六度

12音平均律は完全五度†・長三度†・短三度†の間隔†がどこも等距離である．長三度3回で，あるいは短三度4回でオクターヴになることを考えると12音は図2.6のような**トーラス**を形成する．このトーラスでは長三度上＋短三度上と辿ると完全五度上になる．また長三度上＋短三度下と辿ると半音上の音に到達するよう配置されている．

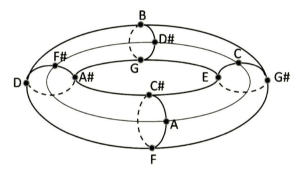

図2.6: 12音のトーラス

三和音の転回形†も位数3の巡回群を形成する．CEGの和音は下からこのCEGの順に構成されるが，Cを1オクターヴ上にあげたEGCの形を第一転回形†という．さらにEも1オクターヴ上にあげてGに比べてCとEを1オクターヴ上にある形を第二転回形†という．すなわちハ長調のIの和音であればCEGという音の順序を保ってEGCとしてもGCEともハ長調のIの和音である．さて原形→第一転回→第二転回ときて，もう一回転回をすれば原形に戻る．いま「転回」という操作をσで表せば，三回の転回操作の結合$\sigma\sigma\sigma = \sigma^3$は「何もしない」すなわち$e$という記号で表される．よって転回の操作の集合$\{e, \sigma, \sigma^2\}$はどのように操作を組み合わせてもこの集合から抜け出すことはない．この例は図形の120°回転を思い浮かべればよい．どんな図形でも360°回せば一致する．右回りに2回120°×2＝240°回すのはマイナス方向すなわち左回りに120°回すことに相当する．一方ハ長調には

ハ短調という同名調がある．ハ短調で CE♭G とすると短三和音になる．この転回形 E♭GC, G もハ短調の i の和音である．原形→第一転回形→第二転回形の操作と長調・単調の変換は裏返しを含む正三角形と同じ対称性を持つ．

全音音階は六つの音の間隔がすべて全音である音階である．ドビュッシー[15]はこの音階を用いてわざと調性感を崩し，曖昧模糊とした雰囲気を作った．

[15] Claude Debussy, 1862-1918

$$C - D - E - F\sharp - G\sharp - A\sharp - C$$

は全音音階の例である．この音階は「開始音を音高を全音分上げる」という操作に対して対称である．すなわち D から開始して上記の並びの音を拾っていっても，元と同じ音階（各音の間が）全く同じ間隔の音階ができ上る．この操作は 6 回で一周するので正六角形と同じ対称性を持つ．

最後に，第 1 章で述べたシェーンベルクの 12 音技法について述べよう．12 音技法とはまず基本旋律として 12 個全部の音を一度ずつ使った旋律を作る．その旋律の中でも隣り合った音の進行でも調和ある響きは避け，なるべく無関係な（響きの悪い）音どうしを隣り合わせる．こうした作った旋律**セリー** (フランス語 série = 英語の series) は音高を平行移動したり，音価†（音の長さ）を伸ばしたり縮めたりのは自由であるほか，基本形の維持，逆行（基本形を時間的に逆順に演奏する），反行（基本形を水平線を線対称に上下ひっくり返して演奏する）を行う．結果として，反行の逆行も現れる．さてこの四つの変形は群をなす．そのままの形は e，反行を σ，逆行を τ とする．反行の逆行は $\sigma\tau$ であるがこれは $\tau\sigma$ に等しく可換群となる．反行を二回施せば元に戻るので $\sigma^2 = e$，逆行も二回施せば基本形に戻るから $\tau^2 = e$．よって σ, τ の逆元はそれぞれ σ, τ 自身である．ついでに反行かつ逆行を二回繰り返せば，結合則すなわち元の順序さえ変えなければ結合する順序は任意であることより，

$$(\sigma\tau)(\sigma\tau) = \sigma(\tau\sigma)\tau = \sigma(\sigma\tau)\tau = (\sigma\sigma)(\tau\tau) = ee = e$$

より基本形に戻ることが分かる．

2.9 平均律の音楽史——J. S. バッハとシェーンベルク

最後に音階と音楽史についてまとめておこう．ピタゴラスの音階以後，

2.9 平均律の音楽史―J. S. バッハとシェーンベルク

ヨーロッパ中世においては9世紀ごろから**グレゴリオ聖歌**が現れる．この特徴は無伴奏・単旋律 (monophony) であるということである．この後，**オルガヌム**という技法が現れる．これは主旋律に対する対旋律であり，複旋律†(polyphony) の嚆矢である．ただし音の重ね合わせは四度・五度に限られるなど単純であった．このころの音階はいわゆる**教会旋法**†である．正格・変格合わせて計8種類の旋法が用いられた．作曲家が現れ楽譜が作品として残るのはゴシックの頃 (12-3世紀) と言われ，**ノートルダム楽派**が現れる．その後**アルス・ノーヴァ**[16]による**ギョーム・ド・マショー**[17]などを経てルネッサンスの時代に**フランドル楽派**の作曲家として**ジョスカン・デ・プレ**[18]が名を残し，ルネッサンス後期には**パレストリーナ**[19]**ヴェネツィア楽派**の**モンテヴェルディ**[20]らが登場する．

まず中世の教会の祈りは言葉を伝えることが主目的であり，言葉を伴わずして音楽は存在しない．中世からルネサンスにおいては祈りはラテン語であったが，ラテン語のアクセントは長短で表され，それを変えては言葉が意味をなさなくなってしまう．したがって「歌い方」はラテン語の歌詞に既に強く規制されていたと思われる．ところが聖書がドイツ語に翻訳されるようになってグーテンベルクが活版印刷を始めた後，**ハインリッヒ・シュッツ**[21]がミサをドイツ語で書き始めると事態は一変する．ドイツ語のアクセントは強弱であり，この強弱が一定のリズムで拍子の位置に来れば長短・抑揚には圧倒的に自由度が増した．したがってミサがラテン語からドイツ語で歌われるようになると，その唱和に用いられる音楽は大幅に拡大した [23]．また宗教改革によって教会が小型化し天井が低くなったおかげで残響音が短くなり，これまで和音の変化によって濁って聞こえた音も受け入れられるようになって和音進行の技法が拡大したとの説もある．

17世紀には**イタリア・バロック**が開花し，著名な作曲家を輩出する．バロック末期，ちょうどJ. S. バッハ[22]と同時期にあたるラモー[23]によって和音と調性の理論が体系的に整備された．このころになってようやく和音が次の和音を導くという機能の考え方が確立し，音楽の形態も変化する．一本の旋律に和声的なサポートを加える音楽を**ホモフォニー**†(homophony) といい，今日よく聞かれる音楽のスタイルとなる[24]．同時にバッハをもってポリフォニー†の隆盛も終わる．そしてこの頃，**中全音律**の改善から**平均律**に至る．バッハの平均律クラヴィーア曲集は24の長調・短調の音階をすべて使って新しい作曲の地平を拓いた革命であった[25]．バッハは平均律クラ

[16] 『Ars Nova（新技法）』．リズムの分割や記譜法を論じた14世紀フランスの理論書．
[17] Guillaume de Machaut, 1300頃-1377
[18] Josquin Des Prez, 1450/55-1521
[19] Palestrina, 1525-1594
[20] Claudio Monteverdi, 1567-1643

[21] Heinrich Schuütz, 1585-1672

[22] Johan Sebastian Bach, 1685-1750
[23] Jean-Philippe Rameau, 1683-1764
[24] 一つの旋律が異なる楽器や声部で演奏される場合を**ヘテロフォニー** (heterophony) という
[25] 昨今の研究ではバッハが用いたのが今の12音平均律であったのかあるいは中全音律の改善音階であったのかはわからないらしい．

ヴィーア曲集を二巻著したが，そのバッハへのオマージュとして，後にショパン，ブゾーニ，ラフマニノフ，スクリャービン，ショスタコーヴィチなど，多くの作曲家が 24 の調を巡る曲集を創った．『音楽の捧げもの』ではフリードリッヒ大王のハ短調の主題は B♭ を除く 11 音が使われる[26]が，同曲中その変奏においては一旋律の中で 12 音すべてを使っている．また『平均律クラヴィーア曲集第一巻』第 24 番ロ短調のフーガの主題は 12 音すべてを使った旋律であり，同曲集の最終曲においてまさしく平均律の意義を誇示したものである．

バッハを最後にバロック音楽は終わり，やや間をおいて 18 世紀半ばよりウィーン古典派（ハイドン，モーツァルト，ベートーヴェン）の活躍が始まる．ベートーヴェンがロマン派への道を拓き，初期ロマン派（シューベルト，シューマン，ショパン）から後期ロマン派（ワーグナー，ブラームス，マーラー）に至る．そして機能和声の崩壊が始まる 19 世紀の終わりころまで，わずか 150 年の間にいわゆるクラシックの有名作曲家が集中する．この限定的な時期でのクラシック音楽の充実を，ここでは音楽の**カンブリア爆発**[27]と呼ぼう．その最初の引き金は 12 音平均律の認知とそれによる鍵盤楽器の完成ではなかっただろうか．

20 世紀の足音が聞こえるころ，まずフランスのドビュッシーは 1 オクターヴの中の 12 個の半音のうち全音の幅だけの音を拾って**全音音階**†を作って作曲した．これははるかに調性感が薄く，ある調和を持って旋律を進行させようとしても次に来る音が何であれ安心感が希薄になる．その曖昧模糊とした感じが新たに幻想的な雰囲気を作り出す．ハンガリーの**バルトーク**[28]は当時までの伝統あるドイツ・オーストリア地域の長調・短調の音階を離れ，中欧（ハンガリー，スロヴァキア，ルーマニア）の**五音音階**†による民謡を収集する．バルトークはこれらの旋律・音律を伝統的なクラシック音楽の枠の中に取り入れることで独自の力強さと抒情に満ちた斬新な響きを作りだした．ロシア（のちスイスから米国）の**ストラヴィンスキー**[29]は複調と変拍子によって原始主義と呼ばれる．

このように近代への動きはフランス，中欧，ロシアから起こる．長らくクラシック音楽の中心地域であったドイツ・オーストリアのそのまた本丸ウィーンではそのころどんな動きが起きていたか．シェーンベルク[30]はバルトークより早く生まれ長く生きた．若いころはウィーンの伝統に基づいて『浄められた夜』『グレの歌』など大変ロマンティックな曲を書いているが，

[26] ハ短調であるから B には♭がつくが，なぜかそこにはナチュラル (♮) がついている．

[28] Bartók Béla, 1881-1945

[27] カンブリア紀の 5 億 4〜3000 万年前に生物の種類が爆発的に急増するが，なぜこの時期だけそのような急増が起きたのかはなぞである．

[29] Igor Stravinsky, 1882-1971

[30] Arnold Schönberg, 1874-1951, 渡米後名前を英語風に Schoenberg と改名．

その後『月に憑かれたピエロ』など無調の時代を経たのち，オクターヴの中の 12 音の立場を全く均等に扱った **12 音音楽**†を提案し，弟子のベルク[31]とウェーベルン[32]とともに新ウィーン楽派を形成する．そしてその影響は当時のバルトーク，ストラヴィンスキー，後にはロシアのショスタコーヴィチ[33]など第一線級の作曲家に多大な影響を与える．

シェーンベルクは言った．「21 世紀になれば人々は 12 音音楽で口笛を吹いていることだろう」しかしその予言は全く当たっていない．むしろ 12 音音楽こそは西洋音楽カンブリア爆発の終わりの始まりだったと考えるほうが妥当に思える．なぜそうまでしてこれまでとは違う音楽を書かなければならなかったのか．ウィーンにあるシェーンベルクセンター (Arnold Schoenberg Center)[34]に彼の残した言葉が掲げてある．"Der Mittelweg ist der einzige Weg, der nicht nach Rom führt."「中道を選ぶ限り，ローマには至らない」．12 音技法はその後ウェーベルンが音高以外にも音価や音量にも規律を与えようと試み (total serialism)，ブーレーズ[35]らによってセリー音楽 (musique sérielle) への道を拓くことになる．この過程でのブーレーズの有名な言葉が「シェーンベルクは死んだ．ウェーベルン万歳！」である．

教会旋法は 1960 年代においてジャズの世界で復活する．現在のジャズのモードとして使われている旋法[36]である．いずれもピアノの白鍵のみを用いて，開始点を違えた音階とみることができる．この中でイオニアン†は長調に，エオリアン†は短調に相当する．

さてそれ以降は音楽は発展したのか．およそ大衆離れした芸術音楽を別にすれば，平均律とコード進行による音楽の枠組みは依然クラシックの時代のままであり，映画やアイドル歌手など視覚メディアとの商業的結びつきが唯一最大の変革であったと考えられる．

[31] Alban Berg, 1885-1935
[32] Anton Webern, 1883-1945
[33] Dmitri Shostakovich, 1906-1975
[34] http://www.schoenberg.at/index.php/en/
[35] Pierre Boulez, 1925-2016
[36] イオニアン†Ionian, ドリアン†Dorian, フリジアン†Phrygian, リディアン†Lydian, ミクソリディアン†Mixolydian, エオリアン†Aeorian, ロクリアン†Locrian.

第2章 関連図書

[1] M. Baraban, K. Epioğlu, and O. Laske. *Understanding Music with AI: Perspectives on Music Cognition*, The AAAI Press (1992)

[2] D. Benson. *Music: A Mathematical Offering*, Cambridge University Press (2007)

[3] L. D. Brasius. *Schenker's Argument and the Claims of Music Theory*, Cambridge Studies in Music Theory and Analysis (1996)

[4] J. P. Clendinning, E. W. Marvin. *The Musian's Guide to Theory and Analysis*, Norton (2005)

[5] W. B. Hewlett (ed.). *Melodic Similarity, Concepts, Procedures, and Applications*, The MIT Press (1998)

[6] T. A. Johnson. *Foundation of Diatonic Theory*, Scarecrow Press, Inc. (2008)

[7] M. Livio. *The Equations which couldn't be solved*, Simon & Schuster (2005)（邦訳：斎藤隆央訳．『なぜこの方程式は解けないか？』，早川書房 (2007)）

[8] O. Jonas (ed.), H. Schenker. *Harmony*, The University of Chicago Press (1954)

[9] S. G. Laitz. *The Complete Musician*, Oxford University Press (2015)

[10] D. M. Meredith (ed.). *Computational Music Analysis*, Springer (2016)

[11] J. Rotman. *Galois Theory, 2nd Edition*, Springer (1998).（邦訳：関口次郎訳．『改訂新版ガロア理論』，Springer (2000)）

[12] A. Schoenberg. *Structural Functions of Harmony*, Faber and faber (1954)

[13] I. Stewart. *Galois Thoery*, 3rd Edition. Chapman and Hall/CRC Mathematics (2003)（邦訳：鈴木治郎、並木雅俊訳．『明解ガロア理論 [原著第3版]』，(2008)）

[14] D. Temperley. *The Cognition of Basic Musical Structures*, The MIT Press (2001)

[15] アイエロ，R.（大串健吾 訳）．『音楽の認知心理学』，誠信書房 (1998)

[16] 新井朝雄．『美の中の対称性-数学から見る自然と芸術』，日本評論社 (2009)

[17] 大蔵康義．『音と音楽の基礎知識』，図書刊行会 (1999)

[18] 岡田暁生．『西洋音楽史』，中公新書 (2005)

[19] 岡本和夫，薩摩順吉，桂利行．『数学 理性の音楽』，東京大学出版会 (2015)

[20] 小方厚. 『音律と音階の科学』, 講談社ブルーバックス (2007)

[21] キャドウォーラダー, A., ガニエ, D.（角倉一朗 訳）. 『調性音楽のシェンカー分析』, 音楽之友社 (2013)

[22] 草場公邦. 『ガロワと方程式』（すうがくぶっくす）, 朝倉書店 (1989)

[23] ゲオルギアーデス, T. G.,（木村敏 訳）『音楽と言語』講談社学術文庫 (1994)

[24] 田村和紀夫. 『文化としての西洋音楽の歩み』, 音楽之友社 (2012)

[25] チェントローネ, B.（斎藤憲 訳）. ピュタゴラス派——その生と哲学——, 岩波書店 (2000)

[26] 橋爪大三郎. 『はじめての言語ゲーム』, 講談社現代新書 (2009)

[27] 原田耕一郎. 『群の発見』, 岩波書店 (2001)

[28] 長谷川良夫. 『対位法』, 音楽之友社 (1955)

[29] 波多野誼余夫, 『音楽と認知』, 東京大学出版会 (1987)

[30] 中島匠一. 『代数方程式とガロア理論』（共立叢書現代数学の潮流）, 共立出版 (2006).

第3章　言語から見た音楽

　我々は「小鳥は歌う」と言うが，これは単なるメタファーであり，鳥から見れば立派な言語コミュニケーションである．実のところ，これはオス鳥がメス鳥に向かって求婚の言葉を発しているのであるが，我々がそれを歌と聞くのは，その声に抑揚やリズムを感じるからである．鳥は鳴管（咽喉に相当する器官）を使って発声し，耳で聞く．鳥は変形しない嘴（くちばし）を持っているために，発声にバラエティを持たせるための手段は音の強弱と高低に限られるが，今日の我々のように柔軟に動く舌や口唇を使ってさまざまな母音・子音を作り出すことができれば，そのバラエティは一層増すこととなる．

　音声コミュニケーションを行う高等動物の言語を歌というのはメタファーに過ぎないが，逆に歌が言語と独立に存在しえたかどうか．まず間違いなく否であろう．今日我々がいうところの歌が，進化の過程において日常言語と同じルーツを持つものと考えられる [20]．音楽の起源は言語が未発達な時期でのコミュニケーション法であり，その意味で言語の出自は音楽である．

　かのダーウィンは下記のように述べている[1]．

> … 音楽はたしかに楽しみを与えてくれるものだが，音楽を生み出す能力は，日々の生活に直接役立つものとは言い難い．人間の持つ能力のうちでもとりわけ神秘的なものである．どんな人種にもどんな未開人にも音楽はある．いたって未熟なもの，原始的なものであるかも知れないが，ともかく音楽は持っている．

> はるかな過去には，男も女も，言語によって自らの愛を明確に表現することはできなかったであろう．その代わりに使ったのは音楽ではないか．旋律とリズムの力によって愛する人を惹き

[1] Charles Darwin: "The Desent of Man" (1871). (P. Ball. The music Instinct, Vintage Books (2010))（邦訳：夏目大．『音楽の科学』，河出書房新社 (2010)）より引用．

つけようとしたのではないだろうか．…

今なお，言語と音楽には不可分の関係がある [25]．シャンソンはフランス語で歌われないとそうは聞こえない．**カンツォーネはやっぱりイタリア語でなければいけない**．ベートーヴェンは Muss es sein? Es muss sein!というドイツ語の会話の語調をそのまま楽曲にした[2]．自然言語は言語によって**アクセント**を作り出す方法が異なり，音の強弱による方法，高低による方法，長短による方法がある．そして，これら強弱，高低，長短とはまさに音楽の概念である．するとある言語がその地域で歌われる歌・音楽と親密な関係にあるという主張もこれまた自然なことと思われる [9]．

楽譜は音符と休符が読む方向に（時間軸に沿って）並べられているという意味で，自然言語のテキストと同様なシンボル列と考えられる．もしそれがある規則によって並べられたシンボル列ならば自然言語の構文解析の手法を援用してみようという発想が生まれる．例えば遺伝子の中の DNA の配列も同じようにシンボル列であり，その解析にも自然言語の解析技術が応用されたことがあった [18]．さて，では自然言語処理のプロセスで，どこまで音楽へのアナロジーが通じるだろうか．例えば形態素解析（意味を持つ最小限の文字列の認識）は近隣の音符を集めた楽句認識に相当すると考えられる．しかし文という単位のない音楽にも構文解析という考え方が成り立つだろうか．すなわち楽句と楽句の間に何か有意味な関係を見い出す操作が定義できるだろうか．

3.1 チョムスキーの生成文法とその展開

第1章で述べたように，ソシュールやヴィトゲンシュタインの言語研究は，その後チョムスキーの登場によって大きく発展する．ここではまず彼の言語理論を顧みることにしよう．まず，彼の言語理論は大きく5期に分けられる [22, 32]．

初期理論　1950年代**チョムスキー**が現れるころのアメリカ学派と呼ばれる人たちの言語理論は IC (Immediate Constituent) 分析から構成される句構造文法であった．**IC 分析**とはある単語・句がすぐ隣り合った単語・句を直接支配することによって構文が作られるという考え方である．この IC 分析

---

[2] 弦楽四重奏曲第16番の第4楽章の主題．

を定式化し，隣り合った要素がさらに大きな構成要素としてまとまる規則を述べたものが句構造文法である．チョムスキーの Syntactic Structures[3] における主張では，言語は有限個の語彙と有限個の規則から，再帰的な規則の適用で無限種類の文を作れること，音素の配列を決める音韻規則は文法規則とは分けるべきであることが主張される．さらに，自然言語には IC 分析に基づく句構造文法では捉えきれない特徴があることに注目する．例えば

"What did you buy yesterday?"

においては直接の支配関係にある buy と what が離れている．これらはもともと隣接された位置で作文されたはずであるが，疑問文を作る必要上離れた位置に行ったもので，疑問形・否定形など平叙文に対する**変形**という考え方が必要であるとする．従来的な IC 分析による句構造文法においては，等位接続詞や従属接続詞で文を接続するメタな規則が存在する．また，疑問文や命令文の構成規則まで独立した句構造規則にするといかにも煩雑になる．このことが IC 分析に対して，それを改善し，**変形文法**を主張する論拠となった．しかしながら変形文法は文の構造情報を音韻部門に送る強力な装置であり，よって変形の影響の甚大さに対する批判も生じた．

この期のチョムスキーは，さらに人間は生得的に言語を獲得する能力を持っているという大胆な仮説を立てている．

標準理論　チョムスキーの**標準理論** (standard theory)[4] は 1960 年代半ばの理論である．この中核をなすのは，変形操作を受ける前と後を峻別するために，句構造規則によって生成される**深層構造**とその後の変形規則によって生成される**表層構造**の二層構造の提案である．

さらに，[3] で提案された生得的な言語獲得に関しては，その脳機能は**言語獲得装置** (Language Acquisition Device; **LAD**)，その生まれつきの文法は**普遍文法** (Universal Gramamr; **UG**) と命名された．

また自然言語文には再帰的に他の文を埋め込むことができる．そこで，文の**埋め込み** (embedding) を表示する記号を導入し，変形操作が埋め込まれた文にも再帰的に適用できるとした．

拡大標準理論　1970 年代の**拡大標準理論** (extended standard theory; 1970–1978) においては，標準理論における句構造規則と変形規則の定式化

において，**Xバー理論**の導入を行いすべての統語カテゴリー（カテゴリー）は

$$\overline{\overline{X}} \to Spec\ \overline{X}$$
$$\overline{X} \to X\ Comp$$

のように書けるとする[3]．ここで X とは**ヘッド**（句構造規則において同じ高さに並んだカテゴリーのうち，上位構造の主たる構成要素）とする．またバーが多いほど，より上位のカテゴリーであるとする．$Spec$ (specifier) はヘッドの修飾語，$Comp$ (complement) は X の補語である．例えば，冠詞 (Determiner; Det) を伴う名詞句 (Noun Phrase; NP) の構成規則

$$NP \to Det\ N$$

は，名詞 (Noun; N) のほうがヘッドと考えるならば，N が X，Det が $Spec$ であるとして，

$$\overline{N} \to Det\ N$$

と書くことができる[4]．目的語を伴う動詞句 (Verb Phrase; VP) は，他動詞 (Transitive Verb; TV) を用いて

$$VP \to TV\ NP$$

であるが，Xバーの書き方では，V が X，NP が $Comp$ であるとして，

$$\overline{V} \to V\ NP$$

と書くことができる．

このヘッドと補語の語順は，普遍文法を個別文法に特定化する際，パラメータによって設定される．

また変形規則においては以下の精緻化を行った．まず**移動変形規則**は一様に「Move α」としてまとめられた．一般に述語動詞が支配する格は，述語名に対する引数 (argument) で表され，述語とその引数の並びは格構造と呼ばれる．ある名詞・代名詞が変形操作によって他の位置へ移動した場合は **A-移動**，引数以外の位置への移動した場合は **A'-移動** と呼ばれ，この二つを峻別した．A-移動の典型は受動変形であり，目的語は受動動詞から格を得られないために主語の位置に移動する．A'-移動の典型は *wh*-疑問詞であ

---

[3] Xバーはバーの代わりにプライム (') を用いて $X'' \to Spec\ X'$, $X' \to X\ Comp$ とするのがチョムスキーの本来の記法であった．

[4] ただし，構文上名詞句は冠詞のほうがヘッドであると考えたほうが規則化が容易である．

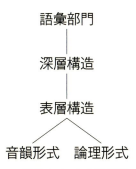

図 3.1: GB 理論における統語論の構成

る．**wh-移動**は空所 (**gap**) を残す．また音声を得られない語彙項目（補文の主語 **PRO**，ラテン系言語の省略された主語 **pro**，移動したことにより消失した**痕跡** (**trace**)）を導入した．

この時期，統語の問題が整理されるにつれ，意味の問題が議論されるようになった．レイコフ[5]が否定や量化の及ぶスコープや話者の前提・焦点は深層構造より抽象化された構造により表示されるとする**生成意味論**を提示した．これに対し，ジャッケンドフ[6]は表層構造に対して意味解釈規則を適用すべきであるとする**概念意味論**を主張した [22, p.41].

[5] George Laykoff, 1941-

[6] Ray Jackendoff, 1945-

統率・束縛理論　Government and Binding, 通称 **GB 理論** [5] は拡大標準理論の総括と形式化である．統語論とは図 3.1 のような構成をなす．ただし表層構造は Complementizer（疑問詞など補文標識）を含む文 $S \to Comp\ S'$ と純粋な主語–述語構造の文 $S' \to NP\ VP$ の二層に分離する．

この結果，統語論は**境界理論** (bonding theory)/**統率理論** (government theory)/**主題理論** (θ-theory)/**束縛理論** (binding theory)/**格理論** (case theory)/**コントロール理論** (control theory)/**投射の原理** (projection principle) の 6 理論 1 原理にまとめられた．

ミニマリスト・プログラム　(Minimalist Program; 1993, 1995) 言語は音声と意味のインターフェースであると考える．するとミニマリスト・プログラムとはこのインターフェースに課せられる条件を最小限に満たすシステムであるとする．原理自体はこのようにきわめてシンプルであるが，これは言語理論というよりは言語哲学であり，理論上のどのような実装がなされたかについては専門書 [6] に譲ることとする．

3.2 形式言語とオートマトン

チョムスキー階層 (Chomsky Hierarchy) とはチョムスキー[7]が 1956 年，まさに自然言語の構文に最初にまとまった理論を確立しつつある時期に提示した形式言語の複雑さの階層である．形式文法は，左辺の文字列が右辺のどのような文字列に書き換えられるかという生成規則の集合で書かれる．一つの文字 S (sentence) をスタート地点としてこのような書き換え規則の連鎖から生成された文字列が文であり，文法というのはこのような規則の集まりのことである．ある文字列がこの規則群によって生成可能ならば，それはこの文法に適った文である．**生成文法**はこのように機械的な操作を定めるものであるから論理式やプログラミング言語などのような形式言語の文法を定めるのに用いられる．生成文法は複雑度においてチョムスキーの定義したチョムスキー階層をなす．そのうち最も簡易な正規文法 (Regular Grammar; RG) は有限状態オートマトン，次に複雑な文脈自由文法 (Context Free Grammar; CFG) はプッシュダウン・オートマトンと呼ばれる計算機のモデルでその動きを模倣できる．

有限状態オートマトン まず**有限オートマトン**とは，有限個の**状態**とその間の**遷移**からなる仮想機械である．まず図 3.2 においては，状態が丸で表され，遷移が矢印で表されている．状態は 0〜3 の数字で名前がつけられた四つである．また遷移とは，1 文字の入力（a または b）に対して，状態が遷っていくことを意味する．一番左の矢印が**スタート状態**を表し，一番右の二重丸も状態であるが特に**終了状態**と呼ばれる．このオートマトンに $abaa$ という文字列を入力すると，文字列を左から 1 文字ずつ読んでいって，まず最初の a という文字で，$0 \to 1$ という状態遷移が起こり，b という文字で $1 \to 1$ と同じ状態に停滞し，… という過程を経て 4 文字目の a によって二重丸の状態 3 に到達する．この時，入力文字列を文といい，文 $abaa$ はこのオートマトンによって**受理**されるという．すなわちスタート状態から終了状態に到達できる文がこのオートマトンによって受理できる文であり，受理できる文の集合はこのオートマトンが受理する**言語**であるという[8]．

このオートマトンにおいては，

---

[7] Noam Chomsky 1928-

[8] 有限オートマトンの正式な定義は $(Q, \Sigma, \delta, s, F)$ の組で与えられる．Q は状態の有限集合，Σ は入力文字の集合，$\delta : Q \times \Sigma \to Q$ は**遷移関数**で今いる状態 (Q) と 1 文字 (Σ) のペアを引数として次の状態を出力する．$s \in Q$ が初期状態であり，またいくつかの受理（終了）状態の集合 F を Q の部分集合として決めておく．したがってこの例では $Q = \{0, 1, 2, 3\}$, $\Sigma = \{a, b\}$, $s = 0$, $F = \{3\}$ で，$\delta(0, a) = 1$, $\delta(1, a) = 2$, $\delta(2, a) = 3$, $\delta(3, a) = 3$, $\delta(0, b) = 0$, $\delta(1, b) = 1$, $\delta(2, b) = 2$, $\delta(3, b) = 3$ で定義される．

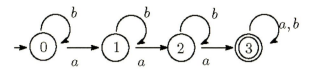

図3.2: 決定性有限状態オートマトン

aaa, aaba, abbbabbbabb, ...

などが受理可能な文である．しかし *bba* や *aa* はどうやっても最終状態に到達することができない．したがってこれらは受理不可能な文である．実際，このオートマトンが受理できる文は *a* を 3 個以上含む任意の文ということになる．

オートマトンを表すのに，毎回状態と矢印を図示するのは大変なので，以下のように簡略した書き方が用いられる．ここで，縦軸は状態，横軸は次の入力文字 1 文字を表し，矢印がスタート状態，*F* が終了状態を表す．

	a	b
→ 0	1	0
1	2	1
2	3	2
3F	3	3

ある有限状態オートマトンが**決定性**を持つ (deterministic) であるとは，ある状態から 1 文字の入力に対して行き先の状態が一意に限られることを言う．複数の行き先があるオートマトンは**非決定性**を持つ (non-deterministic) という．任意の非決定性有限状態オートマトンは全く同等な言語を受理する決定性有限状態オートマトンに書き換えることができる[9]が，一般に状態数は著しく増大する．すなわち**非決定性オートマトン**は非決定性というハンディを負うが表現がコンパクトになる．注意すべきは，非決定性オートマトンにおいては行き先一つ選んで受理されなくてもそこであきらめてはいけなくて，可能性のある行き先をすべて試してみて受理の可能性を検査する必要があることである．すなわち非決定性オートマトンにおいては一通りでも受理の可能性があれば，受理である．

[9] **サブセット構成**という方法により，複数の行き先状態を集合にまとめ，その集合を新たに一状態とみなす．

正規言語 いま α を何か 1 文字とし，$\alpha_1 \alpha_2$ と書いたら 2 文字の連鎖，$\alpha_1 +$

α_2 と書いたらどちらか 1 文字の選択，α^* と書いたら α の 0 回以上の繰返し[10]としよう．いま α として $\{a, b\}$ を許せば，

$$ab^*a$$

は最初の一文字が a，その次に何個でも（0 個でも）b が来てよくて，最後の 1 文字が a であるような文の集合

$$\{aa, aba, abba, abbba, abbbba, \ldots\}$$

を表す．この言語の表示を**正規表現** (regular expression) と呼び，正規表現によって生成可能な言語を**正規言語** (regular language) という[11]．

先の有限状態オートマトンで受理する言語は，正規表現を用いて

$$b^*ab^*ab^*a(a+b)^*$$

のように書くことができる．このように任意の有限状態オートマトンは正規表現で，任意の正規表現は有限状態オートマトンで書くことができる．証明は省くが，直観的には，オートマトンの遷移の連鎖が正規表現の文字の連鎖に対応し，正規表現の '+' はオートマトンでの同一矢印上の文字を，'*' はオートマトンの同一状態への回帰を表すと考えればよい．

正規言語は文の集合と考えた時**正規集合**という言い方もされる．すると集合としての扱いができる．いま Σ を文字の集合とする時 Σ^* はその文字の任意個の連鎖を表し，$A \subset \Sigma^*$ が正規集合なら A の（Σ^* における）補集合も正規集合，$A, B \subset \Sigma^*$ が正規集合なら $A \cap B$ も $A \cup B$ も正規集合である．

文脈自由言語　いま N は**非終端記号**（変数）の有限集合，Σ は**終端記号**（定数）の有限集合とする．文脈自由文法の**生成規則**とは

　　非終端記号 → 終端記号または非終端記号の（一つ以上有限個の）並び

の形をしており，矢印 (→) 左辺の記号が右辺の記号列に置換できることを示している．この規則の左辺において非終端記号が単独で現れるということ，すなわちその記号の前後がいかなる記号であってもよいことを「文脈に依存しない」と言い，この規則を文脈自由規則と呼ぶ．N の中の一つ S は開始 (start) 記号である[12]．

[10] この $*$ は **Kleene star** と呼ばれる．

[11] 正式には，空文字 ε と，長さ 0 の空列 ϕ を合わせて，この正規表現は
$\alpha ::= \phi | \varepsilon | a | b | \alpha_1 \alpha_2 | \alpha_1 + \alpha_2 | \alpha^*$
と表される．'|' は生成規則の選択 (or) を意味する．

[12] いま P を文脈自由規則の集合とすると文脈自由文法 は (N, Σ, P, S) の 4 つ組で与えられる．

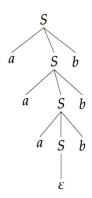

図 3.3: 文脈自由規則による構文木

例えば $\Sigma = \{a, b\}$ とし，生成規則を

$$S \to aSb$$
$$S \to \varepsilon$$

とすると，開始記号 S はまず aSb かあるいは空文字 (ε) に展開され，続いて真ん中の S が再び aSb（かあるいは空文字）に展開され，…と続き，結局 a と b が同数続いて連鎖する文を構成する．文 $aaabbb$ を導出する過程は図 3.3 のような**構文木** (parse tree) で表すことができる．

任意の文脈自由文法は次の標準形に変換できる．ここで a は終端記号，A, B_i ($i = 1, 2, \ldots$) は非終端記号である．

- **チョムスキー標準形**: すべての規則が右辺が 2 個の非終端記号か，あるいは 1 個の終端記号．

$$A \to B_1 B_2 \text{ または } A \to a$$

この文法では空列は生成されない．

- **グライバッハ標準形**: すべての規則が右辺が 1 個の終端記号に続いて 0 個以上有限個の非終端記号．

$$A \to aB_1 B_2 \ldots B_k \text{ または } A \to a$$

ある文脈自由文法から生成される文の集合を**文脈自由言語**という．正規言語の時と同様，Σ を終端記号の集合，Σ^* をその任意長の文字列とする時，$A, B \subset \Sigma^*$ が文脈自由言語の時，$A \cup B$，A^* も文脈自由言語である．また Σ

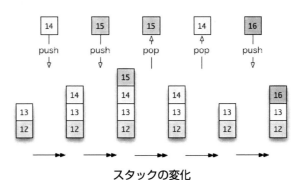

スタックの変化

図 3.4: スタックの動き

上の正規言語（正規集合）は文脈自由言語である．一方，$A \cap B$ および A の（Σ^* における）補集合は文脈自由言語とは限らない．

プッシュダウン・オートマトン プッシュダウン・オートマトン (Push-Down Automaton; **PDA**) とはプッシュダウン・スタック（図 3.4）による記憶領域を伴ったオートマトンである[13]．スタックとは何か記憶する単位を上に積んでいき，記憶を取り出す（記憶領域から解放する）時も上からのみ取り出せるという制限のついた記憶装置である．この記憶するプロセスを push，記憶を解放するプロセスを pop という．

PDA は有限状態オートマトンと同様に一列に並んだ文字列を順次 1 文字ずつ入力していって，その都度状態を遷移し同時にスタックに記憶を行う．したがって遷移関数 δ は有限状態オートマトンに比べてもう一つ引数が増え，（いまいる状態，入力 1 文字，スタックトップの 1 文字）の 3 つ組を入力とし，（遷移先の状態，新しいスタックトップの文字列）を出力とする．出力先のスタックに文字「列」と書いたのは一遷移でスタックに複数個の記号が積み上がる可能性があるからである．

PDA がある文を受理するとは，スタックが空になった時と終了状態に行き着いた時と二つの場合が考えられる．しかしこの二つは相互に同等となるオートマトンを構成できる[14]ことから，受理の定義を一致させることができる．問題は，文字列を「途中まで」読み込んだ段階でスタックが空，あるいは終了状態に行き着いてしまった場合をケアする必要があることである．このため，遷移には非決定性があることとし，あらゆる可能性を尽くした結果，ちょうど文字列を読み切った時にスタックが空あるいは終了状態に行きつく場合があるかどうかで受理を判定する必要がある．このような PDA

---

[13] PDA の正式な定義は $(Q, \Sigma, \Gamma, \delta, s, \bot, F)$ の 7 つ組で与えられる．ここで Q は状態の有限集合でこのうち s を初期状態，ある $F \subset Q$ を終了状態とする．Σ は入力記号の有限集合，Γ はスタック文字の有限集合で $\bot \in \Gamma$ は初期スタックである．δ は $Q \times (\Sigma \cup \{\epsilon\}) \times \Gamma$ から $Q \times \Gamma^*$ への遷移関数である．

[14] スタック空で受理を判定するオートマトンに対しては，そこから空文字で終了状態に行く遷移を付加した新しいオートマトンを構成する．終了状態で受理を判定するオートマトンに対しては，その状態に留まってスタックを掃除する遷移を付加したオートマトンを構成する．

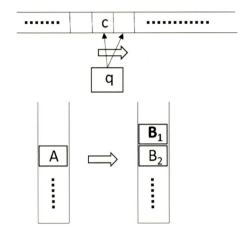

図 3.5: 文字 c を読み込み，A を pop し $B_1 B_2$ を push する遷移

を**非決定性のプッシュダウン・オートマトン**(Non-deterministic Push-Down Automaton; **NPDA**) と呼ぶ．

任意の NPDA は同等の言語を受理する状態数 1 の NPDA に変換できる[15]．つまりスタックさえあれば状態の存在は無視してよい．任意の状態数 1 の NPDA が受理する言語は文脈自由言語である．これは直観的には次のように理解できる．文脈自由文法はグライバッハ標準形に書き直すことができるため，例えば次の形をしている．

$$A \to c B_1 B_2$$

いま非終端記号 A, B_1, B_2 をスタックに積む記憶のための記号，c を次に来る入力の一文字とする．するとこの規則はスタックトップが A の時に文字 c を読み込んだら，スタックから A を解放して（pop して）代わりに $B_1 B_2$ を (B_1 を上にして) 積め（push せよ），という遷移規則，すなわち

$$\delta(q, c, A) = (q, B_1 B_2)$$

であると読み替えることができる（q は固定の唯一の状態である）．図 3.5 はこの遷移関数の動きを表している．逆も同様で，δ の一つ一つの遷移動作に対して，それぞれ対応するグライバッハ型の文脈自由規則を書くことができる．よって両者の言語は同等である．

チョムスキー階層 形式言語には以下の階層がある．例えば文 $a^n b^n$ (a, b 同

[15] このためには辿る状態名をスタック記号の中に潜り込ませればよい．例えば $\delta(p, c, A) = (q_0, B_1 B_2)$ に対しては，p, q_0 の後 q_1, q_2 を辿るなら $\delta(\_, c, \langle pAq_2 \rangle) = (\_, \langle qB_1 q_1 \rangle \langle q_1 B_2 q_2 \rangle)$ とする ('$\_$' は一つ残した状態)．一つの遷移に対して辿る状態の経路は一般に複数あるため，スタック記号は組合せ的に増え遷移規則数は増大するが，状態の遷移は不要になる [13]．

数個の並び) や wcw^R (回文: 例えば $w = ab$ とすると $w^R = ba$, 文全体は $abcba$) などに対しては，それらのみを受理する言語を正規文法で書くことはできないが，文脈自由文法でならば書くことができる．すなわち 0 型に近づくほど文法の規制が強まり複雑な文を生成できるし，3 型に近づくほど文法規則は単純化され，生成される文も単純な制約に基づくものとなる．

0 型文法　句構造文法 $\iff$ チューリングマシン
1 型文法　文脈依存文法 $\iff$ 線形拘束オートマトン
2 型文法　文脈自由文法 $\iff$ プッシュダウン・オートマトン
$$\begin{cases} A \to aB_1B_2\ldots \\ A \to a \end{cases}$$
3 型文法　正規文法 $\iff$ 有限状態オートマトン
$$\begin{cases} A \to aB \\ A \to a \end{cases}$$

3.3　人間の言語の階層

　さてでは我々の言語はチョムスキー階層のどのくらいに位置するのだろう．岡ノ谷らの研究 [26] によればジュウシマツの歌には文法があり，それは有限状態オートマトンで表現されることから正規文法をなす．この時，オートマトンの一つの遷移に関わる入力文字はジュウシマツの発声する 1 音素である．それに対して人間の言語はほぼ文脈自由文法になっている．このことを以下に説明しよう．

　形式言語の定義においてはオートマトンの遷移に関わる入力は 1 文字であると考えてきたが，人間の言語の認識においては 1 単語が入力単位であると考える．例えば「渋谷に映画を観に行く」という文を考えてみよう．「渋谷に」は「行く」わけであるし，「映画を」「観る」わけであるからこれらの名詞句と述語の関係には係り受け関係がある．日本語はこの係り受け関係が交差しないこと，すなわち，「係り」から「受け」に矢印を引くと矢印が交わらないことが原則である．よって「渋谷に行って映画を観る」はOKでも「渋谷に映画を行って観る」は不自然だというわけである（図 3.6）．この係り受け関係を敷衍して，「単語間の依存関係は交差しない」ということは，我々の言語の重要な特徴の 1 つである．係り受けの矢印の始点・終

図 3.6: 係り受けの制限

点を括弧の開く・閉じるに対応させると，係り受け非交差は，「直近に開いた括弧が閉じないうちに，それ以前の括弧を閉じない」ことと同じことになる．今度はプッシュダウン・スタックというメモリ領域を考えてみよう．これは情報を一列に並べて貯蔵する縦置きの筒で，筒の上端の開口部のみから情報を積み込んだり取り出したりできるものと考えればよい．括弧を開くという操作は，いつかそれが閉じられる必要があることを「宿題」として記憶する必要がある．よってこの情報をスタックに上の口から押し込んで (push) 記憶し，括弧を閉じるという操作はスタックからこの記憶を取り出して (pop) 宿題を片づけることと考えられる．スタックは上の口だけ開いているので取り出すことのできるのは一番上に載っている宿題のみである．プッシュダウン・スタックをメモリ領域に持つ計算機のモデルがプッシュダウン・オートマトンである．以上より，次の3つの条件は同等である．

- 係り受け非交差
- 括弧の開閉がバランス
- プッシュダウン・オートマトンで受理可能 = 文脈自由言語

これは英語の一部を例にとれば

$$S \to NP\ VP$$
$$VP \to IV$$
$$NP \to Det\ N$$
$$VP \to TV\ NP$$
$$N \to dog, cat, man, girl, apple, house, \ldots$$

などと書ける．まず文 S (Sentence) は主語となる名詞句 NP (Noun Phrase) と述語となる動詞句 VP (Verb Phrase) の連鎖を要請する．NP は冠詞などの限定詞 Det (Determiner) と名詞 N (Noun) の連鎖を要請する．同様に VP

は自動詞 IV (Intransitive Verb) であるか，あるいは他動詞 TV (Transitive Verb) の場合目的語の名詞句 NP を伴うことを意味する．いずれの規則も矢印 (→) の左辺，すなわち書き換え対象が独立した一つの変数であり，その変数の出現箇所が何か別の文字に挟まれている（文脈に依存している）ことはない．繰返しになるが，(a)〜(d) はすべて同等な概念である．

ただし自然言語には例外的に文脈自由でないような文もある．例えばオランダ語の従属節における動詞の後置については係り受け交差することが知られている．

> Hij zegt dat ik Fred Henry de nijlpaauder zag helpeu voeren.
> (he said that I Fred Henry the hippos saw help feed.)
> 彼は「私が「Fred が『Henry がカバにえさをやる (voeren)』のを手伝う (helpeu)」のを見た (zag)」と言った．

同じ意味の文をドイツ語では係り受けを交差しないように「私「Fred『Henry〜えさをやる』手伝う」見た」の順に動詞が後置される．またフランス語の人称代名詞が動詞の前に置かれる時，紹介する先が「あなた」と「彼」では語順が交代している．

- Je vous la présente.(Je la présente à vous.) 私はあなたに彼女を紹介する．
- Je la lui présente.(Je la présente à lui.) 私は彼に彼女を紹介する．

直接補語がより動詞に強く結びつくと考えれば 'vous la' の並びは自然であるし，間接人称補語が動詞と強く結びつくと考えれば 'la lui' のほうが自然である．しかしフランス語ではおそらくは語呂のためこの一貫性が取れていない．さて自然言語文の構文を見てみると，一つの係り受け関係が文の中で句としてまとまった意味となる部分木を作り，文全体はこうした部分木どうしを接合してさらに大きな木構造を作っている．ここに部分木から全体木への階層が生まれる．プッシュダウン・スタックは人間の脳の中の一時記憶装置であり，耳で聞いた単語が一時的に蓄えられ，いつかそれと係り受けする単語が来ることを予測する仕組みである．逆に言えば生物進化のうちに人間だけがこのような記憶装置を具備することによって階層構造を持つ文を理解するようになったとも言えよう．

さて一度このような記憶装置を身につけてしまったら，耳が音楽を聴く時

に活用されないということは逆に考えにくいのではないだろうか．すなわち人間は音楽を聴く時も，ある楽句の記憶を元にそれと関連する楽句を予測するような聞き方をしていないだろうか．さらには，短期記憶をプッシュダウン・スタックとして用いることから音楽にも「予測から帰結へ」という文脈自由文法と同様な構造があるのではないだろうか．

3.4 和声進行規則の言語クラス

カデンツの文脈自由性 一般にカデンツ†とは，ドミナント†機能を持つ和音によってもたらされた緊張をトニック†機能を持つ和音に進行してリラックスさせ，楽曲の終息感をもらたす和音の動きである．与えられた調においては，Vの和音（ドミナント）での緊張はIの和音（トニック）への進行によって「解決される」という．この進行は完全五度†下方への進行

$$I \sim\sim V - I$$
$$I \sim\sim IV - V - I$$

である．ここで～は元の調から近親調への移調を含むが，ある程度自由な経過句を許容する．カデンツには下方へ完全四度（上方への完全五度）進行（plagal cadence; 通称アーメン終止†）

$$I \sim\sim IV - I$$

も用いられる．またこの進行は繰返しや埋込みなどの方法により，自然言語の文脈自由文法同様の方法で広義のより大きなカデンツ構造を作る．Vの和音がドミナントの機能を持つ時は，そうであるとはっきり分かるように三和音以外の音が加えられ，しばしば七の和音†が用いられる．

　ところでカデンツの制約は有限状態オートマトンで表現できるだろうか．もしこれが可能ならばカデンツを司る文法が正規文法であるということになる．しかし楽曲は通常トニックの和音で始まって，途中ある程度自由な経過句を許容し，最後にドミナント-トニックという進行をもって終わる．よって音楽のための文法を書こうとするならば，このような埋込み経過句を許容するようなものでなければならない．特に経過句はある程度自由とはいったものの，トニックから進行して自然に感じる和音は自ずと限られる．

　楽曲の開始の仕方は耳の記憶に残る．耳に残ってしまえば，その終止（カ

デンツ）の仕方に制約が生まれることがわかった．我々は実際に音楽を聞いてこのように遠隔に働く依存構造を認識している．V→I という進行は先に述べたように終止感を表すが，この V を導くためにさらに V をあたかもトニックと見立ててこの臨時トニックに対するドミナントを先行させることがある．これが二重ドミナント†(doppel-dominant) であり V/V と表記される．ソの完全五度上の音はレであるから ii (DFA) の和音の F の音を半音上げた長三和音 II (DF♯A) がこれに対応する．これは V→I という終止形においてさらに V の中にも V/V→V という終止形を再帰的に潜り込ませた形になっている．これはカデンツの中へのカデンツの埋込みであり，まさにプッシュダウン・スタックの動きそのものである．よって自然な和音進行というのは文脈自由文法を形成する．音楽においてこのように遠隔に働く依存関係はカデンツだけではない．隣り合う音符どうしの近接作用的な楽句認識に対して，楽句の記憶を用いたより大局的・遠隔作用的な音楽認識をここではマクロ構造の認識と呼ぶことにしよう．この最も分かりやすい例はメロディーの繰返しである．メロディーの音列が記憶されれば，我々はそれを再び聞いた時にそれと認識することができる．

　メロディーとともにリズムにも区切りとなる箇所への期待感がある．4 拍子を例に取れば，人間は 4 小節・8 小節でそれぞれリズム的に区切りの感じを持つ．したがってこれらの箇所でメロディーの区切りが来ると心地よく感じるとされる[16]．

16) ところがビートルズの『Yesterday』は 7 小節区切りである．感性に対する制約はある程度寛容に認める必要がある．

Winograd の和声規則　和声進行の規則を文脈自由文法の規則に書こうという試みは [21] 以来，既に多くの試みが行われている．この論文の第一文は衝撃的である．

> Fifteen years ago, linguistics was the private preserve of a small number of anthropologists and philosophers, along with an occasional language teacher or intrepid psychologists.
> 「15 年前は，言語学なんてのは少数の人類学者や哲学者，あるいは思いつきの語学教師か向こう見ずな心理学者の，ごく個人的な研究領域だった」

この論文から遡ると 1950 年代前半，時期的にチョムスキー流の言語学が現れる前の状態を指しているのであろう．もちろん今となっては言語学は重要

な研究領域であるし，計算機による自然言語処理はさらに機械学習とビッグデータを用いて言語学の成果を用いた翻訳や要約の性能を凌駕しようとしている．

さて，この論文 [21] では既に和声進行の規則

$$cadence \to plagal \mid authentic$$
$$authentic \to dominant\ tonic$$
$$dominant \to V$$
$$V \to V_{seventh} \mid V_{triad}$$
$$V_{seventh} \to V_7 \mid V_5^6$$

などの文脈自由規則が記述されている．また調性†(tonality) の分類木，和音の種類の分類木なども書かれ，音階上の各ピッチクラスによる三和音と七の和音の構成音が書かれている．さらには，いくつかのクラシック音楽の曲について和声解析がなされている．すなわち LISP のプログラムに対して音列・和音のピッチ情報が入力と渡されると，調と度数の列が解析されて出力されている．

現在この方法はある意味確立されたものである．すなわち誰でもある程度の音楽知識と文脈自由規則をプログラム化する力があれば，カデンツの規則を文脈自由文法の形で記述し，コード連鎖に対して調と和音度数を推定することができる．しかしカデンツ列は厳格な文法ではないし，調も和音も曖昧なものがたくさんある中，それらの推定の精度が上げられるかどうかは別問題である．

バーンスタインの音楽・言語アナロジー 作曲家にして希代の名指揮者レナード・バーンスタイン[17]†は 1976 年ハーバード大学の公開講義シリーズ "The Unanswered Question"（答えのない質問）の中でチョムスキーの変形生成文法と音楽の構造を対比させている．その中で彼は "John loves Mary." という単純な英文を話しながら，ピアノでさまざまな和音をつけて単純して奏してみせる．すなわち上行音階で終われば疑問のプロソディであり，短三度†の和音をつけて弾けば文は否定的に聞こえる．チョムスキーの変形生成文法によれば，平叙文は最初に想起された根本となる英文であり，疑問文や否定文はそれに対して後から加えられた操作である．バーンスタインの説明では和音や音階の進行を付加することで変形操作がなされ，元の文が否定や

[17] Leonard Bernstein, 1918-1990

疑問に聞こえるという．さらに音楽の繰返し構造には文脈自由文法の再帰規則が働くとし，さらには文の単位，語の単位の音楽のどの単位に相当するかという対比表まで見せている．この中で文の単位が楽章に割り当てられているのは時間的長さから納得できないところもあるが，しかしそれにしても音楽と言語に系統的なアナロジーが存在することを大指揮者が一流大学で講義してみせたということにはそれなりの意義がある．

3.5 確率文脈自由文法

確率文脈自由文法 (Probabilistic Context-Free Grammar; **PCFG**) は文脈自由規則にその規則の尤度を与えるために確率を付したものである．いま N を非終端記号の集合，E を終端記号と非終端記号からなる任意の記号列とする．いま $A \in N$ に対して生成規則が複数ある場合，

$$A_i \to E_i \, [p_i]$$

に対して $[p_i]$ はこのルールが発火する確率であり，$0 \leq p_i \leq 1, \sum_i p_i = 1$ を要請する．

今次の文法を考えよう．

3.5 確率文脈自由文法

S → NP VP	[0.8]	
S → Aux NP VP	[0.1]	
S → VP	[0.1]	(+
		1.0
NP → Pronoun	[0.2]	
NP → Proper-noun	[0.2]	
NP → Det Nominal	[0.6]	(+
		1.0
Nominal → Noun	[0.3]	
Nominal → Nominal Noun	[0.2]	
Nominal → Nominal PP	[0.5]	(+
		1.0
VP → Verb	[0.2]	
VP → Verb NP	[0.5]	
VP → VP PP	[0.3]	(+
		1.0
PP → Prep NP	[1.0]	

また語彙のほうにも出現確率が与えられ，一つの品詞についての総和は 1.0 であるとする．

Det → the [0.6] | a [0.2] | that [0.1] | this [0.1]

Noun → book [0.1] | flight [0.5] | meal [0.2] | money [0.2]

Verb → book [0.5] | inlcude [0.2] | prefer [0.3]

Pronoun → I [0.5] | he [0.1] | she [0.1] | me [0.3]

Proper-noun → Houston [0.8] | NWA [0.2]

Aux → does [1.0]

Pref → from [0.25] | to [0.25] | on [0.1] | near [0.2]| through [0.2]

以上の状況で，"Book the flight through Houston." は以下の二つの木構造で解析できる．

まず図 3.7 の文の生起確率 p_1 を計算すると，

$$p_1 = 0.1 \times 0.5 \times 0.5 \times 0.6 \times 0.6 \times 0.5 \times 0.3 \times 1.0 \times 0.2 \times 0.2 \times 0.5 \times 0.8$$

$$= 0.0000216$$

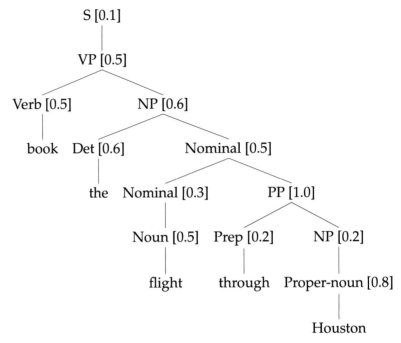

図 3.7: "Book the flight through Houston." の構文木 (1)

次に図 3.8 の文の生起確率 p_2 を計算すると，

$$p_2 = 0.1 \times 0.3 \times 0.5 \times 0.6 \times 0.5 \times 0.6 \times 0.3 \times 1.0 \times 0.5 \times 0.2 \times 0.2 \times 0.8$$
$$= 0.00001296$$

また両者を合わせた生起確率は，

$$p_1 + p_2 = 0.0000216 + 0.00001296 = 0.00003456$$

と計算できる．

この確率文脈自由文法は音楽の和声進行規則にそのまま応用できる．以下は [16] による J. S. バッハの音楽を解析した結果得られた長調における機能和声の出現確率とカデンツの形成確率である．

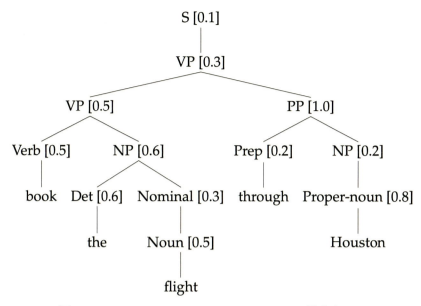

図 3.8: "Book the flight through Houston." の構文木 (2)

$T \to i\ [0.8]\ |\ iii\ [0.1]\ |\ vi\ [0.1]$
$S_1 \to iv\ [0.7]\ |\ ii\ [0.2]\ |\ vi\ [0.1]$
$D \to v\ [0.4]\ |\ v_7\ [0.3]\ |\ vii°\ [0.2]\ |\ iii\ [0.1]$
$M \to iii\ [1.0]$
$S_2 \to vi\ [1.0]$
$F \to T\ D\ T\ [0.7]$
$F \to T\ S_1\ T\ [0.3]$

この確率分布はある意味和声進行上バッハの特徴を抽出したものであり，同じルールセットを与えてもその確率値が違うだけで作曲者のその人らしさが表現できていることになる．同時に，この規則を用いて生成を行えばバッハらしい和声進行が再現できることになる．また作曲家に対する特徴づけではなく，その時代やジャンルの特徴づけとしても解釈できる．

3.6 内部素性とヘッドによる文法

V（GBD の和音）には V_7（GBDF の七の和音）や V_6（BDG）という順の第一転回形などさまざまなヴァリエーションがある．すると一つの和音記

号に対してはその転回形や構成音をどこまで含めるかを表示できる内部素性があると便利である．このような仕組みを実現する文法としてこの節では HPSG (Head-driven Phrase Structure Grammar)[17] について概説する．

素性構造　構文内に現れるさまざまな属性，例えば性，数，格，時制や法などを**素性**（そせい; feature）と呼ぶ．素性構造とは素性とその値のペアを縦に複数並べて角括弧でくくって表現したものである．値が複数の要素からなる可能性がある時は'⟨ ... ⟩'によってリスト表現する．図 3.9 は自然言語文 "A man walks." の構文木を生成した例である．木の各ノードは素性構造になっている．各ノードでは素性 NUM (number) が値 sgl（singular, 単数）であるという情報を持っており，この値が整合的に一致する時のみ木構造を構成する．HPSG では構文中に現れる品詞や木のノードに相当するもの（文脈自由文法の非終端記号）をカテゴリーと呼び，素性構造で表現される．各カテゴリーには**型**が割り当てられる．型名は素性構造の先頭行に配置され '~' に先行されて表わされる．すべての型は**型階層**においてその上下関係が定義される．その際，型階層宣言 '⊑' の左辺は右辺より下位にあり，したがってより一般的な型を表し，左辺の属性構造は右辺の素性構造の部分構造となる．本書では，以降型名を特に表記する必要のない場合は省略する．

また，HPSG では'i'のように記された四角囲みのインデックスによる**ポインタ**を素性構造に付加する（素性構造の角括弧の前に先行させて書く）ことによって，以降そのポインタがその構造全体を指すことができる．ポインタを用いて異なる位置で同一の型や素性構造を共有することを構造共有と呼ぶ．つまりポインタ'i'は構造共有のための変数と見なせる．

異なる二つの素性構造を一つの素性構造に統合する操作を**単一化** (unification) と呼び，属性の値に矛盾のない時に限り可能である．これは文法規則が辞書引きされた語に適用される際，あるいは別の文法規則が複数の句を結びつけてさらに大きな句構造を構成する際に用いられる．単一化の際は型どうしの単一化も求められるため，型階層の上下関係によって方向性がある．

ヘッド　木構造の中では上位構造を親，親を形成するいくつかの語や句を子と呼ぶ．名詞句や動詞句などあらゆる句にはその子の中に必ず中心的な役割を果たす句や語が存在し，これを**ヘッド**（head, 主辞）と呼ぶ．図 3.9 の中

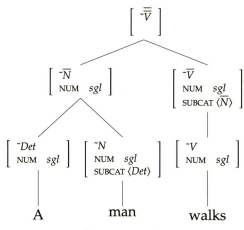

図 3.9: 自然言語文の木構造例

ではヘッドは型名の上にバーを付加して表現されている．'A man' という句を形成する上でヘッドは名詞の 'man' である．'man' の型は N であることにより，'a man' の型は $\overline{N}$ となっている[18]．同様に，動詞句 ($\overline{V}$) を形成するヘッドは (V) であるとし，文全体 ($\overline{\overline{V}}$) は動詞句をヘッドとして形成されるとする．

[18] 意味的には冠詞つき名詞句のヘッドは名詞と考えられるが，構文上は冠詞のほうをヘッドと考えたほうが都合がよい．

文法規則　HPSG の文法規則は ID-スキーマとプリンシプル（原理）の二つから成り立っている．**ID-スキーマ** (schema) とは任意の二つの素性構造から親の素性構造を生成するという，いわゆる構文規則である．HPSG では各々のカテゴリーを素性構造で定義すると同時に，この親子の関係（文脈自由規則の矢印の関係）も一つの素性構造によって表現される．**プリンシプル** (principle) とは親の素性構造が満たさなければならない制約のことである．プリンシプルもまた素性構造によって表現される．

ヘッド素性プリンシプル

$$\begin{bmatrix} \|\text{HEAD} & \boxed{1} \\ \text{DTRS}|\text{HEAD-DTR} & [\|\text{HEAD} \quad \boxed{1}\,] \end{bmatrix}$$

では，構文規則の親の HEAD 素性が，DTRS (daughters) の中から代表となる（ヘッドとなる）子 HEAD-DTR の HEAD 素性と同じであること，すなわちヘッド素性は同じポインタ $\boxed{1}$ によって構造共有されなければならないということが表現されている[19]．

[19] ここでは素性構造を見やすく表示するために，直接関係のない素性は省略する．また，連続する素性の表示は '|' を挟んで '$F_1 | F_2 | F_3$' のように表記し，間に挟まれた素性を省略する際は '$F_1\|F_n$'，最初の部分を省略する際は '$\|F_n$' のように表記する．

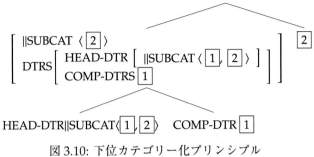

図 3.10: 下位カテゴリー化プリンシプル

下位カテゴリー化プリンシプル　ヘッドとなる子が自分の姉妹を支配して親を形成するプロセスを**下位カテゴリー化** (subcategorization) と呼ぶ．図 3.9 においてはヘッド 'man' と冠詞 'A' との結合，ヘッド 'walks' と 'A man' との結合がこのプロセスである．ある型がどのような型を下位カテゴリー化するかという情報は SUBCAT という素性に持っている．下位カテゴリー化プリンシプルは一人のヘッドとなる子が自分の兄弟（木構造で同じ高さとなる）ノードを SUBCAT ⟨2⟩ で持っているが，この情報はさらに自分自身の子の中でヘッドとなる HEAD-DTR の持つ SUBCAT ⟨1, 2⟩ から受け継がれたものである．1 のほうは孫のレベルで COMP-DTRS 1 によって解決されており（すなわち HEAD-DTR が下位カテゴリー化するパートナーが COMP-DTRS として既に見つかっており），残った解決課題が 2 として木の上位階層に伝えられることを示している (図 3.10)．

　HPSG の構文解析解析とは，主にヘッド素性プリンシプルと下位カテゴリー化プリンシプルによって行われる．すなわち各語彙は辞書引きによって HEAD, DTRS, SUBCAT の情報が入った素性構造となり，任意の二つの隣接する素性構造に ID-スキーマに適用できるなら，親の素性構造をこれら二つのプリンシプルによって構成する．一番の親，文の素性構造が求められた時構文解析は終了し，中に意味表現として**論理表現** = 述語項構造 (Predicate-Argument Structure: *PAS*) が求められる．

楽譜解析の例　HPSG を用いて和音列の構文解析を試みよう．各和音は中の構成音の配置（展開形）などの内部属性を持ち，また隣接する和音との支配・被支配の関係を持つため HEAD などの素性を用いて表現することができる [19]．図 3.11 は C–A_m–F–D_m–G–C という和音の並びがカデンツを構成するためにこの規則から構文木が形成されることを示す [19]．

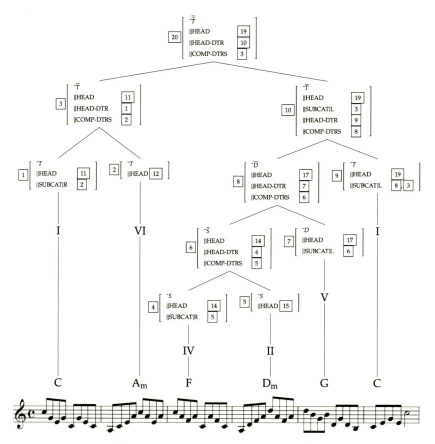

図 3.11: カデンツの HPSG による解析

3.7 組合せカテゴリー文法

　第 1 章で述べたように近代科学の精神の根幹は還元主義 (reductionism) であり，全体のゲシュタルトは個々の構成要素の積み重ねによって生ずると考える．言語学の歴史ではこれは構成性原理 (compositionality) あるいは**フレーゲ**[20]**の原理**という形で現れる．すなわち文全体の意味は個々の単語から組み上げられたものによって決定されるとするものである．イディオムのような反例もあるが，これはあくまで反例であり，言語の大部分の意味は構成要素の意味に帰着され，かつイディオムにおいても個々の単語の例から著しく乖離するようなものは例外的と考えられる．

[20] F. L. Gottlob Frege, 1848–1925

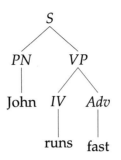

図 3.12: "John runs fast."[1] の木構造

カテゴリーと接合　英語の文 (S) が主語名詞句 (Noun Phrase; NP) と述語動詞詞 (Verb Phrase; VP) から成立することは文脈自由規則として

$$S \rightarrow NP\ VP$$

のように書ける．ここで述語動詞 VP とは隣接する主語名詞句 NP と接合して文 S を構成する．この接合においては隣接する相手を「喰う」[21]側と喰われる側を明示することによってどちらがヘッドかを明示することができる．すなわちこの規則では S を構成する上では VP のほうがヘッドであり，VP と書く代わりに「NP を喰って S となるもの」と書くことにする．いま喰う対象を'/'（スラッシュ）の右側に，喰った結果を左側に書くと述語動詞は'S/NP'となり，この接合の過程は逆向きに書ける．

$$S \leftarrow NP\ S/NP.$$

この S を構成するようすは証明図のように上段から下段への接合操作として書くことができる．

$$\frac{NP\quad S/NP}{S}$$

いま品詞を含めて文の木構造を作る上での，木の接点となるものを**カテゴリー** (category) と呼ぶことにしよう．図 3.12 の木構造においては，S, VP, N, IV, Adv はすべてカテゴリーである．

これらのカテゴリーは e（entity; 個体を表すカテゴリー），t（truth; 文を表すカテゴリー）を組み合わせることで表現できる．例えば固有名詞は個体であるので e となる．自動詞 IV はそれ単体で述語動詞であり，主語の個体を喰って文になるのでカテゴリー t/e となる．動詞につく副詞は動詞を修飾するものであり，動詞句 t/e を喰って動詞句 t/e を返すカテゴリー

[21]「喰う」とは「bite」の訳語である．

$(t/e)/(t/e)$ であると考えることができる.

文	S	t
動詞句	VP	t/e
自動詞	IV	t/e
他動詞	TV	$(t/e)/e$
固有名詞	PN	e
動詞につく副詞		$(t/e)/(t/e)$
文副詞		t/t
接続詞		$(t/t)/t$

このカテゴリーづけでは,他動詞は目的語名詞 e を取ったのちに述語 t/e になる.さらに文副詞は文を喰って文に,接続詞は文二つを喰って文になることが容易に理解されると思う[22].

22) 実はこれは名詞が固有名詞に限った場合であり,一般に普通名詞は個体を喰って文のカテゴリーを返すと考えられるため,名詞および名詞句のカテゴリーづけには raising と呼ばれる操作が必要になる [28, 29].

このカテゴリー接合に方向を与え,喰うほうのカテゴリーが喰われるほうのカテゴリーを右側から取るか左側から取るかで,スラッシュとバックスラッシュを区別する.

$$A \ B\backslash A \to B$$
$$B/A \ A \to B$$

すると図 3.12 の木構造を上下ひっくり返して,カテゴリーの組合せが最終的にカテゴリー t（文）を導くことが,以下の証明図のように記述できる.ただし,個々の語彙および語句の後にコロン (:) を付してそのカテゴリーを記載する.

$$\frac{\text{John}: e \quad \frac{\text{runs}: t\backslash e \quad \text{fast}: (t\backslash e)\backslash(t\backslash e)}{\text{runs fast}: t\backslash e}}{\text{John runs fast}: t}$$

このようにして構成される文法を**組合せカテゴリー文法** (Combinatorial Category Grammar; **CCG**) という.

CCG は**モンタギュー**[23]によって英語（の一部）を一階述語論理に翻訳する言語理論に用いられた [28, 19]. この体系では「every」や「a (an)」をそれぞれ∀「すべての」や∃「ある～が存在して」という**論理量化子** (quantifier) に翻訳し,量化を適切に (proper) 扱う文法 **PTQ** (Proper Treatment of Quantifier) として提示した.これにより,例えば

23) Richard Montague, 1930–1971

"Every man loves a woman."

に対して，every のスコープと a のスコープを入れ替えることにより，二通りの意味：「どの男にとっても愛する女性が 1 人存在する」と「1 人のアイドル女性がいて，男全員彼女を愛する」を導出できる[24]．この文法はさらに様相論理 (modal logic) を用いて内包（可能世界によって異なる対象を指す関数）と外延（可能世界内に実在する対象）の区別を実現している．例えば，

"John seeks a friend."

においては「John は誰か話相手になってくれる人がほしい」という解釈と，「ある友達が実際に存在していて，John は待ち合わせでそいつを探している」という解釈[25]を二通り導くことができる [7]．

24) $\forall x[man(x) \to \exists y[woman(y) \land love(y,x)]]$ および $\exists y[woman(y) \land \forall x[man(x) \to love(y,x)]]$．

25) $seek(john, \hat{\ }\lambda Q \exists x[friend(x) \land Q\{x\}])$ および $\exists x[friend(x) \land seek(john, \hat{\ }\lambda P[P\{x\}])]$．

CCG による楽曲解析　さてここからは CCG による音楽のシンタックスを考えよう．D_{m7} G_7 C には二通りのカデンツの解釈が考えられる．D_m を G の 5 度下と考えると D_m G と G C は連鎖した二つのカデンツであり，D_m は F^6 の代用と考えると，F G C (IV-V-I) の形のカデンツとなる．

もし D_{m7} G_7 が解決される前に，さらに間に A_7 D_{m7} G_7 という進行が挟まれば，この二つは

$$C(D_{m7}\ G_7)(A_7\ D_{m7}\ G_7)C$$

と考えると，同じ最後の C によって解決されることになる．このような例は自然言語文でも見られ，"Keats bought and will eat beets." のように主語を共有する二つの述語のように考えることができる [10, 11]．このようなドミナント連鎖を形成する規則は coordination 規則と呼ばれ '&' で記すことにする．

さて以下では，和音 X がドミナントの機能を帯びる場合は X^D（D は dominant）と書き，カテゴリー文法の記法に従って右側に完全五度上の和音名を記すことにする．その右側の和音 Y はトニックとして解決される場合もあれば，さらに次なるドミナントとして機能することもあると考え，$Y^{D|T}$（$D|T$ は dominant or tonic）と記す．図 3.13 は [10, 11] に掲載された，楽曲の和音連鎖に対するカデンツ解釈の例である．図中では簡単のため一様

```
G♯dim7   Am7    Dm7    A7     E7     A7♭9   D7     Gm7    C7     FM7
―――――   ―――   ―――   ―――   ―――   ―――   ―――   ―――   ――   ―――
 E/A    A/D    D/G    A/D    E/A    A/D    D/G    G/C    C/F    F

                                E/A    A/D
 E/A    A/D                    ―――――――――
―――――――――      A/D     E/D
  E/D     D/G    ―――――――――  &       D/G
  ―――――――――       A/D
     E/G                        A/G
                  ―――――――――――――――  &        G/C
                        E/G                ―――――――
                               E/C          C/F
                              ―――――――――――――――
                                       E/F     F^T
                                      ―――――――――
                                         E - F^T
```

図 3.13: CCG による和声解析

に $X^D/Y^{D|T}$ を X/Y と略記しており，トニックに解決されたもののみ，肩に T を書いて明示してある．

3.8 楽曲解析のアルゴリズム

これまで文法理論という観点から言語理論の音楽への応用を考えてきたが，実際には構文解析のプロセスの中で動くアルゴリズムも本質に関わる重要な問題である．

予測を行うアルゴリズム 本章では人間の認識する言語クラスが文脈自由文法であり，音楽にも同様なクラスが仮定できるとしてきた．もし文脈自由文法であれば，遠隔の依存関係，すなわち離れたところに存在する二つのピッチイベントに係り受け関係が生ずることを考慮する必要がある．これは第 5 章でみる暗意と実現のモデル，すなわちメロディの最初の動きがその後にどのように続くかを予測する人間心理にも関わるし，また第 6 章で現れるタイムスパン木の構成においても関係する問題である．カデンツを例に取ってみると，あるメロディーの開始の和音がトニックであれば，メロディーの終了を感じるためには最後の和音もトニックでなければならない．これはメロディー開始時より我々の脳に働く予測である．

文脈自由文法の構文解析アルゴリズムにおいて，このような係り受け構造を適切に見い出す仕組みを考えよう．再び以下のような簡単な英語の文法規則を考える．

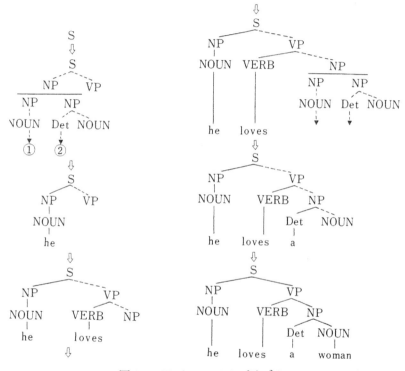

図 3.14: Earley のアルゴリズム

図 3.14 は **Earley のアルゴリズム**と呼ばれる [28]．まず以下では，ある文脈自由規則の矢印の左側の項に対して右側の構成要件がすべて見つかった時，その左辺を「解決した」と呼ぼう．図 3.14 左側ではトップダウンにまず S の解決が求められるが，このために NP の解決，このために Noun の解決とトップダウンにルールが適用される．まず最初に Noun → he が見つかった時，パーサは Noun，NP が解決されたと認識し，次はボトムアップに VP が来ることを予測する．図 3.14 右側では再び VP からトップダウンにプロセスが開始され，Verb → loves の発見によって次の VP → Verb NP

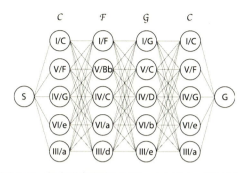

図3.15: 和声進行解析の Viterbi アルゴリズム

を解決するために目的語となる NP を予測する．このようにトップダウン・ボトムアップの交互の予測の動きが音楽認識に同様に存在すると考えられる．図では木の枝が点線の部分が予測プロセスである．

確率的文法との組合せ　これまで遠隔の係り受けに関心を置いて和声解析における文法規則の援用を考えてきた．しかしながら局所的な和音進行の尤度を考えるなら，文脈自由規則である必要は必ずしもない．図 3.15 は和音列 C–F–G–C に対して調と各和音の音階上の度数の推定する問題である．このようなサイズの問題においては調遷移にかかるコストや第 6 章で考察するような和音間の距離を設定することによって，従来的な Viterbi のアルゴリズム，すなわち和音連鎖に隠れマルコフモデル (Hidden Markov Model; HMM) を用いるほうが効率がよい．

　これまでカデンツ解析，すなわち和声進行解析を中心に文法理論の応用を考えてきたが，パーサのアルゴリズムが援用できるという意味ではメロディー進行予測も重要な課題となる．メロディーという単位の局所的な制約を記述するだけなら，N–グラム（N–1 次マルコフモデル）やベイジアンネットワークのほうが有用である．この理由は近年の電子データの蓄積により，対象とする音楽データに対して確率的なトレーニングによって性能を向上できるからである．しかしながらメロディーの繰返しの認識や，あるいは時間的にもっと長いロンド形式・ソナタ形式の認識にはやはり記憶スタックが必要で，ここに確率のみに頼る方法の困難がある．したがって音楽のメロディー・和声進行には局所的な確率に基づく文法と大域的な文脈自由規則をどのように組合せ，どのような構造を解析結果とするかが研究課題となる．

第3章　関連図書

[1] J. Allwood, L. Andersson, and O. Dahl. *Logic in Linguistics*, Cambridge (1977)（邦訳: 公平珠躬，野家啓一．『日常言語の論理学』，産業図書 (1979)）

[2] P. Ball. *The Music Instinct*, Vintage Books (2010)（邦訳: 夏目大 訳．『音楽の科学』，河出書房新社 (2011)）

[3] N. Chomsky. *Sytactic Structures*, Mouton & Co. (1957)

[4] N. Chomsky. *Aspects of the Theory of Syntax*, The MIT Press (1965)（邦訳: 安井稔．『文法理論の諸相』，研究社 (1970)）

[5] N. Chomsky. *Lectures on Government and Binding*, Foris Publications (1981)

[6] N. Chomsky. *Minimalist Program*, The MIT Press (1995)（邦訳: 外池 滋生，大石 正幸．『ミニマリスト・プログラム』，翔泳社 (1998)）

[7] D. R. Dowty, R. E. Wall, and S. Peters. *Introduction to Montague Semantics*, D. Reidel Publishing Company (1981)

[8] M. Hamanaka, K. Hirata and S. Tojo. Implementing A Generative Theory of Tonal Music, *Journal of New Music Research*, 35(4), pp.249-277 (2007)

[9] ゲオルギアーデス, T. G. (1954)（木村敏 訳 1994）『音楽と言語』講談社学術文庫．

[10] M. Granroth-Wilding and M. Steedman. Statistical Parsing for Harmonic Analysis of Jazz Chord Sequences, *Proc. of ICMC2012* (2012)

[11] M. Granroth-Wilding and M. Steedman. A Robust Parser-Interpreter for Jazz Chord Sequences, *Journal of New Music Research*, vol.43, pp.354-374 (2014)

[12] P. N. Johnson-Laird, O. E. Kang, and Y, C. Leong. On Musical Dissonance, *Journal of Music Perception*, vol.30, no.1,pp. 19-35 (2012)

[13] D. C. Kozen. *Automata and Computability*, Springer (1997)

[14] C. Longuet-Higgins. Letter to a musical friend, *The Music Review*, vol.23, pp.244-248 (1962)

[15] C. Longuet-Higgins. Second letter to a musical friend, *The Music Review*, vol.23, pp.271-280 (1962)

[16] S. Perchy, G. Sarria. Musical Composition with Stochastic Context-Free

[17] I. A. Sag, T. Wasow, and E. M. Bender. *Syntactic Theory*, CSLI Publications (2003)

[18] D. B. Searls. Investigating the Linguistics of DNA with Definite Clause Grammars, in *Logic Programming: Proceedings of the North American Conference* (E. Lusk and R. Overbeek, eds.), pp.189-208, The MIT Press, (1989)

[19] S. Tojo, Y. Oka, and M. Nishida. Analysis of Chord Progression by HPSG, in *AIA'06 Proceedings of the 24th IASTED international conference on Artificial intelligence and applications*, ACTA Press (2006)

[20] N. L. Wallin, B. Merker, and S. Brown. (eds.). *The Origins of Music*. The MIT Press (2000)

[21] T. Winograd. Linguistics and the computer analysis of tonal harmony, *Journal of Music Theory*, 12(1), pp.2-49 (1968)

[22] 井上和子．『生成文法と日本語研究』，大修館書店 (2009)

[23] 芥川也寸志．『音楽の基礎』岩波新書 (1971)

[24] 浜中雅俊，平田圭二，東条 敏．音楽理論 GTTM に基づくグルーピング構造獲得システム，『情報処理学会論文誌』，48(1), pp.284-299 (2007)

[25] 小倉朗．『現代音楽を語る』，岩波新書 (1970)

[26] 岡ノ谷一夫．『小鳥の歌からヒトの言葉へ』岩波科学ライブラリー，岩波書店 (2003)

[27] クック，V. J.（須賀哲夫 訳）．『チョムスキーの言語理論 普遍文法入門』，新曜社 (1988)

[28] 東条 敏．『自然言語処理入門』，近代科学社 (1988)

[29] 東条 敏．素性から組み上げられる文の論理構造，『人工知能学会誌』，22(5), pp.605-612 (2007)

[30] 東条 敏．音楽と言語の構造認知，『情報処理学会誌』，49(8), pp.1099-1105 (2008)

[31] 東条 敏．『言語・知識・信念の論理』，オーム社 (2006)

[32] 原口庄輔，中村捷（編）．『チョムスキー理論辞典』，研究社 (1992)

第4章 バークリーメソッド

バークリーメソッドはもともとバークリー音楽院[1]で教えられていた音楽理論である．バークリーメソッドは，主として和声進行†と旋律†の関係を整理・体系化した理論で，記号的に音楽を表現し機械的に操作する方法論を提供している．

音楽は，その歴史の早い内から，要素となる音（音素）を時間と音高から成る2次元の空間に配置したものとして理解されていた．この音素自体の情報と音素を時間×音高の2次元空間に配置する情報を，紙の上の記号としてどのように記述するかという試行錯誤の繰返しが音楽理論と楽譜の発展の歴史であった．**音楽の記号化**とは，楽曲中に現れる旋律，和声，リズム，様式などや音楽に関連して生み出された概念を分節し順序づけ，紙の上の記号として記述すること，あるいはコンピュータで操作可能な形式とすることである [4][2]．本章では，その音楽の記号化という歴史の流れの中からバークリーメソッドを考える．

4.1 音程

二つの音が同時に鳴った場合，倍音列の原理に基づいて協和・不協和度による音程の分類が与えられる（表4.1）．表中，Uni はユニゾン†（同じ音）を表し，Mn は長 n 度†を，mn は短 n 度†を表す．例えば M3 は長三度の意味であり，m3 は短三度の意味である．同様に，Pn は完全 n 度†を表す．そして，「+4」は増四度†を表す．

振動数比が単純であるほどその2音は**協和**して聴こえる（濁っていない）と言われている（表4.1左）．もちろん協和や不協和の感覚には個人差，教育の差，文化の差などがあり，人類全員がこの順序づけに合意するのは難しいだろう．そこで，バークリーメソッドでは表4.1右の**不協和度レベル**を天下り的[3]に公理として与える．バークリーメソッドは，振動数比を古典的な

---

[1] 1945 年ボストンにて，Lawrence Berk が当時のポピュラー音楽であったジャズを教授する全米初の学校として Schillinger House を創設．1954 年に Berklee School of Music へと改称．1970 年に音楽大学に移行し Berklee College of Music へと改称．その卒業生には日本人も多く，秋吉敏子，渡辺貞夫，佐藤允彦，小曽根真，上原ひろみなどが含まれている．

[2] 抽象化，機械化，デジタル化とも呼ばれる．

[3] その値や定義等に関する合理的な根拠は弱いが，そのように設定するとシステムが意図どおりに動作するので，結果的に適切と考える態度のこと．

表 4.1: 音程の振動数比と不協和度

音程	振動数比
Uni	1 : 1
m2	15 : 16
M2	8 : 9
m3	5 : 6
M3	4 : 5
P4	3 : 4
+4	45 : 64
P5	2 : 3
m6	5 : 8
M6	3 : 5
m7	9 : 16
M7	8 : 15
P8	1 : 2

不協和度レベル	程度	音程
1	協和音程	M3, m3, M6, m6
2	無彩色または安定	Uni, P8, P5
3	無機的	P4
4	穏やかな不協和	M2, m7
5	鋭い不協和	m2, M7
6	不安定	+4

図 4.1: バークリーメソッドにおける和音の基本形とオプション部分

和声感覚と呼び，協和度レベルを現代的な和声感覚と呼ぶ．本章での記号化とはある尺度での順序づけも含む概念であることに留意されたい[4]．

[4] 先に 1.4 節で述べたように，パース (Charles Sanders Peirce, 1839-1914) の記号論 (semiotics) によれば，記号と対象が結びついて生じる意味作用にはイコン (icon, 図像的類似性)，インデックス (index, 物理的因果性)，シンボル (symbox, 無契性) の 3 種類がある．本章での記号化は，この内のインデックスに相当する．

4.2 和音

西洋調性音楽の和音にはさまざまな構成法（音の選択と音の配置）が考案されてきた．バークリーメソッドの和音†は次のように定義される（図 4.1）：3 音以上 7 音以下の音が同時に響いているもので，和声音のオクターヴの差異を無視して**ピッチクラス**†だけ考え（オクターヴ差だけ異なる音高どうしを同一視し），一度（根音）から三度（M3 か m3）おきに並べたもの（**三度堆積**）．つまり，和声音のピッチクラスを一度，三度，五度，七度，九度，十一度，十三度の順に並べ直すのである．このようにしてでき上がっ

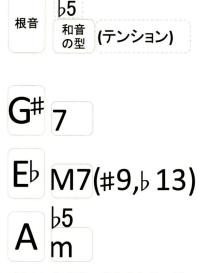

図 4.2: 和音名の書き方とその例

表 4.2: 各和声音の変化と和音の型の主たる表記法

変化	三度	五度	七度
+1		+, +5, aug	
0	[_], Δ, M	[_]	Δ7, M7, maj7, mM7
−1	m, min	♭5, −5, φ	7, m7, min7, φ7

　たピッチクラス列に対して，一度，三度，五度から成る三和音と一度，三度，五度，七度から成る四和音を和音の基本形とする．さらに四和音に対して，九度，十一度，十三度という3音がオプションで追加されることがあり，これらの音は**テンション**と呼ばれる．ピッチクラスが同じでオクターヴが異なる和声音を含む和音を**転回形**†と呼ぶが，バークリーメソッドは転回形をすべて同値類と見なし同じ和音名で呼ぶ．実際のところ，転回形の響きは元の和音の響きとは（若干）異なっているのだが，それを同じ和音名で呼ぶということは，転回形は元の和音と同じ機能を持つと主張している（割り切っている）ことに等しい．

　次に，和音の基本形に記法を与える．和音名の書き方とその例を図 4.2 に示す[5]．まず，根音を左に書き，右下に和音の型を書く．右上の破線で囲まれた領域は，オプションとして♭5や−5を書く時に使われる領域である．和音の型の右隣もオプションとしてテンションを追記する領域である．図

[5] これらは実際に多く用いられている書き方の中の一つの流派であり，これ以外にもさまざまな書き方が用いられている．

4.2 に実際に表記される和音名の例を挙げる．根音のピッチクラス名を書くためには，その和音の出現している調とその前後の和音の情報から，和声音のどれが根音†（一度）かを決める必要がある．つまり，和音名を記述する人が和声分析を行うわけである．しかし，和音名中に表記するのは，根音のピッチクラス名であって，その根音が調の中でいずれの度数なのかまでは記述しない[6]．

イオニア音階†上での三度，五度，七度の和声音（例えばハ長調では E, G, B）を変化ゼロ (0) として，三度，五度，七度の和声音の変化と和音の型との対応を表 4.2 に示す．表中，変化 '+1' は半音上昇を，'−1' は半音下降を意味する．'[_]' は「何も書かない」を意味する．例えば，C, E, G の和声音からなる三和音は C，C_Δ，C_M のいずれかで表記されるし，逆にこの三通りのいずれかの和音名が示されると一意に C, E, G の和声音（ピッチクラス）からなる和音を意味する（実際に演奏する時は転回形があるので複数通りの和声音の配置が考えられる）．七度を含む四和音の表記では，独立に七度の変化だけ表記するのではなく，三度の変化との組合せとして表記される．例えば，三和音 C と C_Δ は同じ C, E, G から成る和音を意味するが，四和音 C_7 と $C_{\Delta 7}$ では，前者の七度は根音から半音 10 個分の音程 (B♭) を意味し，後者は半音 11 個分の音程 (B) を意味する．'ϕ' は**ハーフディミニッシュ**と呼ばれ，三度と五度が同時に −1 だけ変化する和音である．例えば，$C_{\phi 7}$ は C, E♭, G♭, B♭ から成る和音を意味する．

ここまでの規則から，バークリーメソッドにおける和音の基本形では一度，三度，五度，七度の和声音がすべて揃っていることが推測されよう．しかし実際には，例えばある和音を 2 音で構成したり，意図的に三度の音を抜いて長調なのか短調なのか曖昧な響きを作り出す場合がある．七度を抜く場合もある．バークリーメソッドはそのような和音を原理的に表現できない．そこで実際には，和声分析を行い欠けているであろう和声音を推測して和音名をつける（つけられる和音名が複数通りになる可能性がある）．その上でさらに 'omit 3' などの記法に関するヒューリスティクスを導入することもある．逆に，例えば，四和音の和声音がすべて揃っているような場合は，和音名と和声音は 1 対 1 に対応する．

根音が調の中でいずれの度数なのかまでは記述しないので（和声分析による調の同定を留保するので），和音の表記は和声音のピッチクラスにのみ依存して決まり，その和音が出現する調には直接的に依存しない（厳密には，

[6] クラシック音楽の分析における和音名は，根音（一度）を記述する際にその調性における度数†（I, IV, V など）を用いる場合が多い．

表 4.3: 第I群：長調・短調スケール上のダイアトニック和音・機能テンション表（文献 [4, p.165, p.177] より引用．著者一部調整）

和音名	機能	テンション		
		9th	11th	13th
I (I_6, $I_{\Delta 7}$)	T	♮9	[-]	(6th)
I_m (I_{m6}, I_{m7}, I_{mM7})	Tm	♮9	♮11	(6th)
II_{m7}	S	♮9	♮11	[-]
$II_{m7}^{♭5}$	Sm	♮9/Major Key	♮11	♭13
$IIIb_{\Delta 7}$ ($IIIb_6$)	T	♮9	♯11	(6th)
III_{m7}	T	[-]	♮11	[-]
$IV_{\Delta 7}$ (IV_6)	S	♮9	♯11	♮13
IV_7	S	♮9	♯11	♮13
IV_{m7} (IV_{m6})	Sm	♮9	♮11	(6th)
V_7	D	♭9, ♮9, ♯9	♯11	♮13, ♭13
V_{m7}	Dm	[-]	♮11	[-]
$VIb_{\Delta 7}$	Sm	♮9	♯11	♮13
VI_{m7}	T	♮9	♮11	[-]
$VI_{m7}^{♭5}$	Tm	♮9	♮11	♭13
$VIIb_7$	Sm	♮9	♯11/Major Key	♮13
$VII_{m7}^{♭5}$	D	[-]	♮11	♭13
$VII_{\Delta 7}$	D	[-]	♮11	♭13

根音を決める際に調が関係するので，間接的には調に依存している）．したがって，例えば G_7 の和音はいかなる調の中で出現しても G_7 と表記できる．フランス出身でカナダの音楽学者のナティエ[7]はトリスタン和音の解釈例を 33 通り挙げているが [10, pp.275-278]，バークリーメソッドでは根音の調に対する度数表記をしないので，トリスタン和音は $F_{\phi 7}$ という和音名で一意に表記できる．

バークリーメソッドでも，西洋調性音楽の和声分析のように，調性を含んだ解釈を表現したい場合は，根音に音名ではなくその調における度数を表記することができる．例えば，ハ長調における C, E, G の三和音は，I, I∆, I_M のいずれかで表記しても構わない．

[7] Jean-Jacque Nattiez, 1945-

表 4.4: 第 II 群：ドミナントおよびセカンダリドミナント

和音名		機能 (仮トニック)	テンション		
			9th	11th	13th
ドミナント	V_7	D	♭9, ♮9, ♯9	♯11	♮13, ♭13
	IIb_7	D	♮9, ♯9	♯11	♮13
セカンダリドミナント	II_7 など	D (M)	♭9, ♮9, ♯9	♯11	♮13, ♭13
	III_7 など	D (m)	♭9, ♯9	♯11	♭13
	VIb_7 など	D (M)	♮9, ♯9	♯11	♮13
	$VIIb_7$ など	D (m)	♮9	♯11	♮13

4.3 和音名と機能のルール

多くの和声理論に関する教科書や解説書では，前節のような和音の基本的な組立て方についで，和音列についての説明が始まる．そこでは，ドミナントモーション†，代理和音†，テンションなどの概念が導入され，さらに複雑な和音の組立て方や和音の並べ方とそこから得られる心理的効果についての説明が続く．これらの内容は本書の範囲を超えるので，ここでは各和音に割り振られた機能と取り得るテンションについての要約を表 4.3, 表 4.4 に示すにとどめる．その詳細は適切な音楽理論書に譲る（例えば [4] など）．表中，Tm, Sm, Dm はそれぞれトニック短調，サブドミナント短調，ドミナント短調を表す．「[-]」は使用を避けるべきであることを表す．表中の仮トニックとは，そのセカンダリドミナント†が解決する先の仮トニックが長調か短調かを表す．例えば III_7 は四度上の VI に解決するが，ダイアトニック環境†では一般に VI_m なので，D (m) となる．

これらの表で与えられる，取り得るテンションと使用を避けるべきテンションについてのルールは，楽曲のどんな局面でも適用可能である．つまり，将棋の駒のように，いつでもどこでもこのルールに従ってテンションを付加できるのである[8]．

以上見てきたようにバークリーメソッドは基本的に，実際に演奏されている和声音ではなくそのピッチクラスだけで和音や和音列を表現するので，オクターヴの情報を必要とする旋律を表現できない．また，和音名の列だけでは，その和音が現れている調が明記されないので，和音の機能（調に対する

[8] 和声理論の**パズルゲーム化**と呼ばれる [4].

度数）を表記していない．しかし，バークリーメソッドが和声を和音名の列として表記しているのは意図的である．それは，音楽に含まれる旋律と和声を分離するためと，調を特定するための楽曲解釈を音楽家が行う余地を残すためである．そして，この解釈の依存性は音楽家による解釈の多様性を生み出し，同じ旋律に異なる和声をつける**リハーモナイズ**や同じ和声に異なる旋律をつける**アドリブ**といった創作活動の活性化を支えている．

ジャズ音楽におけるモードやクラシック音楽における印象派以降の楽曲など，調性という概念を超越・逸脱した音楽も誕生し，現在では大衆音楽の中に浸透するまでに到っている．これらの音楽における和声は機能の列として表現することが難しいが，和音名の列ならば表現できる場合が多い．これもバークリーメソッドが現在でも一般的に利用されている理由の一つであろう．

4.4 歴史的な意義

日本のジャズ音楽家である菊地成孔[9]と音楽評論家である大谷能生[10]はその著書の中で「（音楽の）歴史の中には音楽が記号になる時期，音楽を記号的に取り扱おうとする時期が何度かある」[4, p.18] と言い，特に **12 音平均律**，バークリーメソッド，MIDI 規格が音楽の記号化における三大イノベーションであると主張している．同書中，音楽の誕生から現在までの歴史の中にそれらイノベーションを位置づけた箇所があるので引用し [4, pp.248-250]，本書の内容に合わせて記述を修正追加してリストにまとめた：

- 音楽が生まれた時は，おそらく，巨大な一つの音響のみで音高は一つしかない．
- 旋律（グレゴリオ聖歌，古代キリスト教徒の民謡）が生まれるが，音律も調性もないアナログな孤立した存在である．細かい節回しや微妙な音高などはあるが，それらは記号化され得ない．
- 旋律が音律・音階によりある種のグリッド上に配置される．
- 四度，五度という和音が生まれる．
- 12 音平均律で自由な転調が可能になる．例えば，『平均律クラヴィーア曲集』（バッハ，1722 年）．

[9] きくちなるよし，1963-
[10] おおたによしお，1972-

- リズムにおいて，最小単位を繰り返すこととアクセントをつけることでグルーブを生み出す技法が確立する．
- コード変化によって音楽を進行させる技法が確立する．
- バッハ以降，後期バロック（17-18世紀）から音楽の大衆化が始まる．記号化により楽譜の入手が容易になり，どんな場所でも同じ音楽が再現できるようになる．
- （バッハからいきなり200年経ち）20世紀のアメリカで機能和声（T, D, Sの三つの機能しかない）に基づくポピュラー音楽が誕生する．バークリーメソッドがポピュラー音楽の大量生産を可能にする．
- ヨーロッパでの和声的な音楽（コーダリティ）に対して，民族音楽経由でモードという考え方が輸入される．
- モードの影響は，1960年代にモードジャズ，1980年代にファンクとして現れる．
- 1981年 MIDI 1.0規格が制定される．コンピュータでも人と同等のシンセサイザ演奏と操作が可能となり，音楽演奏に関する場所と時間の制約が取り払われる．

バークリーメソッドの功績 バークリーメソッド最大の功績は，和声と旋律，特に機能和声と称される和声進行の記号化を徹底的に推し進め，その記号レベルでの編曲技法を確立したことにある．それ以前の和声論や旋律論は，音楽家のための実践的なヒューリスティクスの集まりであり，体系化は不十分であった．一方，バークリーメソッドは，和声論をまるでゲームのルールのように記述し，和声進行の創作をパズル遊びのように変えてしまった．バークリーメソッドは，比較的厳密なルールによって記述されているので，それらルールをコンピュータの上に実装する情報系研究事例も多い [14, 11, 12, 13, 16, 3, 15, 1, 6, 2, 7]．

バークリーメソッドと偶然同時期にニューヨークで誕生した**ビバップ**というジャズ音楽は，作曲や演奏における構成性や言語記述性が高く曖昧な部分が少ないという特徴を持ち，まるで競技規則に従って戦うスポーツのように即興演奏を繰り広げるスタイルを持っていた．ビバップとバークリーメソッドはもともと相性が良かったが，バークリーメソッドはビバップを分析するためにさらに発展し，ビバップはバークリーメソッドを応用してさらに理論性と表現力を増した．こうして，ビバップはジャズ音楽の中で，初めて大学

図 4.3: バークリーメソッド式の譜面例（『jazz Life』No. 146（1989 年 8 月）p. 101，立東社より引用）

で教えるべき理論性がある体系と思われるまでに発展したといわれる．

バークリーメソッドと MIDI 規格　バークリーメソッドと MIDI 規格の二つに共通することとして，その時代の技術力に基づいて**表現力と記述コストのトレードオフ**に対処したという点が挙げられる．自分の意図を楽曲や演奏に反映させるには，その一音一音の細部まで調整する必要があるが，それは一般に手間も時間もかかる．つまり，表現を高めるには記述コストがかかる．一方，抽象的なレベルで出された大まかな指示を機械によって一音一音のレベルの調整に翻訳できれば記述コストを低廉化できるが，質の高い翻訳を実現するのは難しい．つまり，記述コストをかけずに高い表現を実現するのは難しい．ゆえに表現力向上と記述コスト低廉化は一般にトレードオフの関係にある[11]．

11) システムに関する柔軟性と使い勝手のトレードオフ（1.3 節）に対応している．

　バークリーメソッドと MIDI 規格がこの表現力と記述コストのトレードオフをどのように乗り越えたのかを見てみよう．まず，バークリーメソッドの標準的な譜面構成では，1 段の五線譜に単旋律が書かれていて，その五線譜のすぐ上に和音名の列（和声進行）が書かれている（図 4.3 参照）．

　バークリーメソッドはあらゆる楽曲をこの書式で記述する．ピアノ譜であれば 2 段組の譜面に，オーケストラ譜であれば多段組の五線譜に演奏すべき音が一音一音すべて記入されているのと比較すれば，記述コストは大幅に低減されている．そして，演奏者はバークリーメソッドが与えた和音名表記法と和声進行解釈法に基づいて楽曲分析し演奏する．演奏者の楽曲解釈には大幅な自由度が与えられ，演奏にその解釈結果が反映される．しかしもちろん，その和音名表記法と和声進行解釈法を学び会得していなければその自由度を活かすことは難しい．

　MIDI 規格は，鍵盤の打鍵情報（位置，タイミング，強さ）とシンセサイ

ザの制御情報（スイッチ，ボタン，スライダ，イベント時刻，パラメータ値など）をデジタル化し，コンピュータとシンセサイザ間で送受信することを可能とした．従来のピアノ譜やオーケストラ譜では，ミリ秒単位のタイミングや音量の強弱等に関して，物理的に正確に同じ演奏を再現したり記録したりすることは不可能であった．これより，電子楽器の演奏だけでなく譜面情報のデジタル化も可能となり，音響信号としてではなく，演奏情報，譜面情報が初めてデジタル記号化された．MIDI 規格は，これら演奏と譜面の両方の情報をコンピュータ処理可能にしたという意味で，人に新しい表現力をもたらした．こうして，正確な演奏の記録と再現（演奏）のコストが大幅に低廉化された結果，音楽ジャンルで言えばテクノポップ，ダンス音楽が誕生し，大衆音楽が大量生産大量消費されるようになり，音楽の大衆化がさらに進んだ．同時に，大量のアマチュア音楽家も生み出した．

妥当な記号化　妥当な記号を発見することは実は大変困難な作業である．平均律もバークリーメソッドも MIDI 規格も，その概念を知ってしまった後ではとても自然なことに思えるので，あたかも音楽が生まれる以前（！）から存在していたかのように感じてしまう．しかし，いずれも誰かがその概念の種を発想し形に仕上げたからこそ一般に浸透・普及した．コンピュータの存在を前提とした場合，妥当な記号を発見するとは，知識，経験，概念などをコンピュータの上で形式的に表現することを意味する．これは単に動くプログラムを書くということだけではなく，プログラムの動作に認知的リアリティ[12]を持たせることも含んでいる．知識は力なりというスローガンのもと，1970 年代から 1980 年代にかけて推進された知識工学は，コンピュータの上に**形式化**された知識が持つ有用性を示すことはできたが，効率的に知識を抽出し形式化する方法がネックであることも明らかにした．近年，脚光を浴びている深層学習 (deep learning) は，そのネックであった知識を抽出し形式化する部分の自動化に道筋を拓いたという意味で画期的である．

4.5　記号化の功罪

　アリストテレス以来，2 千年以上に渡り，人の知性の一部を記号操作として形式化する試みが連綿と続いてきた．特に西欧の近代は物事を記号に還元し理解するアプローチを追求した結果，科学，芸術，社会，文化等の分野に

[12] *cf.* 1.9 節

おいて長足の進歩・発展を遂げた．音楽においてもしかりで，現代の我々が普段耳にしている音楽の99％以上は**西洋調性音楽**あるいはそこから派生した音楽であろう．もともとは西欧地域における一つの民族音楽に過ぎなかった音楽がここまで覇権を獲得できた理由の一つは，徹底した記号化である．

世界には数えきれないほどの民族音楽があるが，平均律の導入やバークリーメソッドの発明によって，西洋調性音楽の語法で多くの民族音楽を模倣あるいはシミューレションすることが可能となった．その結果，西洋調性音楽は多くの民族音楽の要素や特徴を容易に取り込んで，新しい楽曲，ジャンル，スタイルを生み出すことに成功した．そして徹底した記号化は，音素と楽曲（旋律，拍節）と奏法の分離を経て，西洋調性音楽に効率的かつ汎用性の高い楽譜をもたらした．一般に，音楽の進歩と楽譜の進歩は互いに同時並行なので，西洋調性音楽の汎用性も高まった．例えば，ドヴォルザーク[13]やスメタナ[14]と言った中欧の作曲家が国民楽派として民族色を出せたのもこの地域の旋法を12音平均律にマップできたからである．後にバルトーク[15]はそうした土着の旋法を用いて行き詰った機能和声の音楽に新しい色彩を加えることができた．これらは西洋調性音楽の汎用性に負うところが大きい．一方，インド音楽のような即興の要素が強い音楽では，演奏されるすべての音素を正確に記述するような楽譜が発達しなかったし，音素の表現力を極限まで追究する尺八など邦楽の楽譜では音素と楽曲と奏法が意図的に未分化・暗黙知のままにされている．

このように，音楽の現象や概念を分節・還元し，記号とその組合せ（構造）として理解するアプローチは大変強力である．しかし，ひたすら記号化を推し進め，精密に複雑にしていけばあらゆる音楽的な現象や概念を分析・理解できるのだろうか．例えば，ジャン=ジャック・ナティエ著『音楽記号学』には，ワーグナー作曲『トリスタンとイゾルデ』の冒頭で演奏される**トリスタン和音**の解釈例が多数紹介されている [10, pp.275-278]．『トリスタンとイゾルデ』の初演は1865年であるが，そのトリスタン和音に対して，1879年から1981年に渡り33通りもの解釈が提案され続けてきているのである．これだけ長い間論争が続きいろいろな解釈が可能というのは，記号的な考え方で厳密に表現しようとしても，記号でとらえきれない部分があることの証左であろう．

音楽創作の現場でも，他の作品や主張と差別化するために，ひたすら記号化を推し進める時期が時折出現する．例えば，1950年代のビバップ後期や

[13] Antonin Leopold Dvorak, 1841-1904
[14] Bedrich Smetana, 1824-1884
[15] Bartok Bela Viktor Janos, 1881-1945

1970年代のフュージョンなどでは，演奏が困難になるほどの大量の記号と複雑な構造を持つ音楽が創り出され，中には聴衆が理解するのも困難になるような楽曲も生まれた．菊地と大谷は，「記号化するとは差異の体系を作ることであり，終わりのないゲームである」[4, p.268] と言い，「グルメ化」，「バークリー病」とも表現している．

4.6 仮想化

ここまで記号化という言葉を使ってきたが，計算機科学の観点からは，仮想化と呼んだ方がしっくりくるように思う．一般に**仮想化 (virtualization)** とは，計算に関わる資源（CPU，メモリ，ネットワーク，入出力端末など）の物理的な構造や制約を捨象して論理的な存在・対象にすること，実現における細かい差異を吸収して実質的な機能だけ提供することを意味する．virtualization の訳語として「**実質化**」が当てられる場合もある．仮想化は，物理的実体に基づいてモデル化される点において，架空とは異なる[16]．仮想化の利点は，資源の分割，統合，コピー，変換が容易かつ柔軟になることである．

[16) ゆえに，日本語の仮想現実 (virtual reality) は本来の意味とは異なって誤用されているケースが多い．]

仮想化という概念は，使われる状況や対象によってさまざまな呼ばれ方をしている．例えば，ネットワークプロトコルや部品など**相互運用性 (inter-operability)** を重視するハードウェアに関しては，**標準化，規格化**という言葉が用いられ，対象を制御するために実質的な機能のみ抽出し共通化する意味を持つ．ソフトウェアに関しては，容易な再利用を可能としたりインタフェースと実装を分離するために，**モジュール化，抽象データ型，オブジェクト指向**という用語が用いられる．計算機科学の分野での形式化という言葉と関連が深い．一般に**形式化**とは対象を数理的なモデルあるいはシステムとして表現することであり，形式化の利点は，システムによる識別，推論（シミュレーション），予測の実現である．形式化を行うためには，モデル化のためのパラメータを正しく抽出する必要があり，ここに記号の発見や知識表現と同根の問題が潜んでいる[17]．昨今，よく聞かれる言葉に**クラウド**があるが，クラウドに注目が集まる理由は，必要な計算資源を確保する際，まるで水や電力やガスのように利用者の手元でその質と量が調節できることと利用者の手元で自由に加工（具体化）できることである．これら物理的に存在している計算資源をクラウド化するための操作が仮想化である．

[17) cf. 4.4 節]

音楽における仮想化を考えてみよう．12音平均律とは，音階の各音高を仮想化し半音という基本単位を定め順序をつけることである．音楽的には転調†が容易かつ自由になったという利点がよく挙げられているが，計算機科学的な観点からはそのほかにも様々な利点を挙げることができる．まず，いずれの音高も等間隔に並んだことで，いつでもどこでも誰でもどんな楽器でも同じ楽曲が再現できる．多種多様な楽器や歌との合奏が容易になる．他ジャンルの音楽をシミュレーションすることが容易になる．他ジャンルの音楽を自分の音楽に取り込む（時にはパクる [9]）ことが容易になる．音出しの準備や演奏習得が効率化され楽器演奏が容易になる．リズムの仮想化によって，タクトゥス†は拍とテンポに分節され，クロノス時間（物理学的時間概念）が導入され，小節†や楽句†という繰返し構造と階層構造がもたらされた．バークリーメソッドにおける和音表記の特徴は，調†を考慮しない，ピッチクラスによる表現，三度堆積という基本形の導入，機能による和音の分類であり，これらは和声の仮想化に相当し，和声に12音平均律と同様の利点をもたらした．そして，MIDI規格はもともと鍵盤楽器の仮想化や電子楽器の標準化を意図したものであったが，とても妥当な仮想化であったために，鍵盤楽器だけでなく，弦楽器，打楽器なども仮想化の対象となった．その結果，演奏，録音等に関するほとんどすべての活動がMIDI規格によってコンピュータ制御可能となり，時間や場所の制約を受けることがなくなり，演奏や音楽制作の形態を一変させた．

　コンピュータを発展させるのに大きな役割を果たした仮想化という概念が，西洋調性音楽の発展でも大きな役割を果たしていたというのはとても興味深い．仮想化というのは，人間という不完全な存在が，道具を自由自在かつ効率的に使いこなすために必要な概念なのであろう．コンピュータは人の思考をシミュレーションするための道具であり，音楽は人の情動に影響を及ぼすような表現を生み出す道具である．その道具を使いこなすのに使われる人の知性は，その思考，記憶，認知などの速度，容量，精度に関して物理的な限界がある．だから，柔軟性と使い勝手のトレードオフや表現力と記述コストのトレードオフが生じてしまう．この時おそらく，仮想化がもたらす標準化，抽象化などが人間の不完全さを補っていると考えられる．

4.7 ジャズとクラシックとJ-Pop

　記号化の三大イノベーションである 12 音平均律，バークリーメソッド，MIDI 規格（4.4 節）は，クラシック音楽，ジャズ，ポピュラー音楽のそれぞれにおいて生じた記号化と考えることもできる．では，ほかにもクラシック音楽，ジャズ，ポピュラー音楽に共通に生じたイノベーションはないのだろうか．ここでまず米国のジャズトランペット奏者であるマイルス・デイビス [5][18]に登場願おう．1987 年レイ・チャールズを讃えるホワイトハウス晩餐会で，マイルス・デイビスは隣に座った白人の政治家婦人に向かって「オレは 5 回か 6 回ほど音楽を変えた」"I've changed music five or six times." と言った [17]．本節ではその 5, 6 回の中でも特に重要と思われるモード奏法の提案（1959 年）とロック・R&B との融合（1969 年）に注目する．**モード奏法**とは，旋律や和音が生み出す音のカラーの変化により音楽の推進力（安定状態から不安定状態に遷移したり（緊張），その逆に弛緩すること）を生み出すという考え方である．実際には，使う音階（モード）を変えることによって音のカラーの変化を作り出すが，基本的に音階に含まれるいずれの音を使って旋律や和音を作っても構わない．モード以前は，和音の変化が音楽の推進力を生み出すと考え，和音の内部構造や和音間のつながりという制約に基づいて旋律を作っていた．1959 年のアルバム『カインド・オブ・ブルー』はモード奏法の曲ばかりを収録した記念碑的作品である．このモード奏法によって，音楽家は大きな自由と表現力を手中にした一方で，作曲や演奏の難度は上がった．

　次に，バークリーメソッドから約 25 年，モード奏法から 10 年を経た 1969 年にマイルス・デイビスはアルバム『ビッチズ・ブリュー』によってジャズとロックと R&B の融合を果たす．今の時代の耳で聴けば，やや荒削りだが普通のジャズっぽいインストルメンタル[19]な曲のように聴こえてしまうので，当時ビバップこそジャズと信じていた伝統的なジャズファン全員を敵に回したというのが嘘のように思える．ちなみに，この頃マイルス・デイビスが特に注目していたロック音楽家はジミ・ヘンドリックス[20]であり，R&B（あるいはソウル）音楽家はジェームス・ブラウン[21]であったと言われている．

　ジャズ風なロックやロック風のジャズというのは融合とは言わない．これ

[18] Miles Dewey Davis III, 1926–1991

[19] 歌の入っていない器楽だけの曲．

[20] Jimi Hendrix, 1942–1970
[21] James Brown, 1933–2006

らは，ジャズの語法を崩さずにロックの曲の旋律を弾いたり，あるいはその逆をやるだけである．これに対し，ジャズとロックと R&B の融合というのは，ジャズでもロックでも R&B でもない新しい語法が発明され，その新しい語法でないと表現・演奏できない楽曲が存在することを指す．つまり，新しい語法は古い語法で作曲された楽曲を表現できるが，古い語法は新しい語法で作曲された楽曲を表現できないような時に，それが新しい語法であると分かるのである．例えば，ソフトウェアの**互換性**を思い浮かべていただきたい．あるソフトウェアの第 2.0 版が発売された時，第 1.0 版で動作していたデータファイルが第 2.0 版でも使える時に互換性（特に上位互換性）があるという．ところが往々にして，第 1.0 版のソフトウェアが第 2.0 版のデータファイルでは動作できなくなるような場合がある．このような時，第 1.0 版のソフトウェアは互換性（特に下位互換性）がないという．新しい語法は第 2.0 版のソフトウェアに対応する[22]．ジャズとロックと R&B が融合して新しく誕生したジャンルにはフュージョンやブラック・コンテンポラリーなどがある．この新しい音楽ジャンルにマイルス・デイビスは大変自信を持っていたらしく，Rolling Stone 誌のインタビュー（1969 年 12 月）に "I could put together the greatest rock and roll band you ever heard."：「オレだったら，（最高のミュージシャンたちを）まとめて，これまで聴いたこともない最高のロックンロールバンドを作ってみせる」（著者訳）と答えている．

　さて，クラシック音楽において，音のカラーの変化で音楽の推進力を作り出すモード奏法に相当するイノベーションは，1900 年前後の**印象派**の出現であろう[23]．機能和声からの逸脱を推し進めたドビュッシーやラベルなどがその代表的な音楽家である．全音音階†の採用や導音†の排除によって旋律に浮遊感を持たせた所が特徴である．そして，クラシック音楽において，ジャズとロックと R&B の融合に相当するイノベーションは，1910 年頃の民族音楽の導入による新しい旋律，和声，リズム形式の誕生であろう．その代表的な音楽家として，バルトークや『火の鳥』，『ペトルーシュカ』，『春の祭典』を作曲した原始主義時代（1910-1913 頃）のストラヴィンスキー[24]がいる．もちろん，クラシック音楽の方がジャズより先輩であるから，ジャズ音楽家たちはクラシック音楽の理論や発展を学んだ上で，そのエッセンスをジャズに取り込んだに違いない．

　クラシック音楽では，表現力の拡大を目指して 1910 年頃よりシェーンベルクらによって無調音楽が推し進められる．ジャズでも 1960 年代にフ

[22] 言語の例で言えば，英単語の computer を日本語に取り入れてコンピュータと書いて発音する時，これは単語レベルの 1 対 1 の置き換えであり文法レベルまで影響を受けているわけではない．こういう状況を融合とは言わない．言語における融合の一例には**クレオール言語**がある．

[23] cf. 2.9 節

[24] Igor Stravinsky, 1882-1971

第4章 バークリーメソッド

リー・ジャズと称される旋律，和声，リズム（さらに音色も）に関して従来のジャズつまり西洋調性音楽の形式，様式，理論から自由な音楽スタイルが現れた．第5章で紹介するように，人が音楽を聴取する時には意識・無意識レベルにおいて暗意–実現が生じ，それにより音楽の意味を理解している．ところが，無調音楽やフリー・ジャズでは，旋律，和声，リズムにおける暗意–実現が生じにくく，あるいは一般の聴衆にとってはでたらめのように聞こえることさえあり，その音楽の持つ意味を理解することは，たとえ作品が標題音楽の装いをまとっていても大変困難であった．そのため，現在でも，ポピュラリティを獲得するまでには到っていない．

　アメリカのポピュラー音楽にルーツを持つ日本の歌謡曲とJ-Popにもクラシック音楽やジャズ音楽に対応するようなイノベーションはあったのだろうか．まず1950年代に**アメリカ・ポピュラー音楽**，特にロックンロールが日本に輸入され，ロカビリー，グループサウンズの時代が幕を開ける．こうして，日本では12音平均律，バークリーメソッドに相当するイノベーションを通過した段階から歌謡曲とJ-Popの歴史は始まったと言えるだろう．ここでは，J-Popにおいて，モード奏法や印象派の出現に相当する出来事を，1972年の荒井由実[25]の登場としよう．従来の機能和声にとらわれないモード的なコード進行，転調，テンションの多用など，音のカラフルさはそれまでの歌謡曲とは一線を画したものであり，後のJ-Popの基礎を作ったといっても過言ではない．もちろん，荒井由実のデビュー・アルバムでバックバンドを務めた「はっぴいえんど」の功績も大きかった．次に，J-Popにおいて，民族音楽の導入やジャズとロックとR&Bの融合に相当するイノベーションは（諸説あるだろうが）1998年の宇多田ヒカル[26]の登場としよう．R&B音楽，ゴスペル，ファンクなどアメリカ・ポピュラー音楽の和声進行やリズムの要素を存分に備えた楽曲『Automatic』に，日本語の歌詞を軽々と乗せてみせた．アメリカ・ポピュラー音楽の旋律やリズムは英語という音節長が変化し強勢アクセントの言語が乗りやすいように発展してきたため，音節長が一定で高低アクセントの言語である日本語をその旋律やリズムに乗せるのは難しい[27]．アメリカ・ポピュラー音楽調の楽曲に日本語を乗せる試みを積極的に進めてきた音学家には前出の「はっぴいえんど」のほかに，サザン・オールスターズの桑田佳祐，久保田利伸などがいる．それら多くの先達が積み重ねてきた長年の試行錯誤の末に，宇多田ヒカルが一つの答えを示したと言えまいか．

[25] あらいゆみ，後に結婚して松任谷由実に改姓，1954–

[26] うただひかる，1983–

[27] 「はっぴいえんど」時代の細野晴臣は，当初日本語の歌詞で歌うことを反対していたという（*cf.* 日本語ロック論争）．

4.7 ジャズとクラシックとJ-Pop

J-Popは基本的に商業音楽であるため，無調音楽やフリー・ジャズのような動きは起きなかった．J-Popが表現力を広げるためにそのような過激な方向に進まなかった（あるいは進む必要がなかった）要因には転調†とラップ[28]があるのではないかと思われる．実際に，J-Popの特徴の一つは転調であると言ってよいほどのさまざまな転調技法が1990年代より開発されている．その嚆矢となったのが，渡辺美里の『My Revolution』（作曲：小室哲哉[29], 1986）での転調と言われている．イントロからAメロBメロまではキーがEリディアン（Bイオニア）なのに対し，サビで突然A♭イオニアと長三度上に転調する．音楽プロデューサ・ベーシストの亀田誠治(1964-)はこれを**小室転調**と名づけている[30]．

J-Popの歴史は，アメリカ・ポピュラー音楽調の楽曲にどうやって日本語を乗せるかという試みの歴史でもあり，J-Popの現場では普段から音楽における歌唱の位置づけや役割を常に進化させようという意志が働いていたのであろう．宇多田ヒカルのデビューによって，アメリカ・ポピュラー音楽調の楽曲に日本語を乗せる試みが一定の成功を収めた後には，現在進行形で，歌詞も含めた歌唱のサウンド化の試行錯誤が起きているように思う．その代表的な音楽家には中田ヤスタカ[31]やサカナクション[32]がいる．いずれも，作品の多くは標題音楽の体裁をとってはいるものの，その歌詞は意味を伝えるための言葉としての側面が希薄であり，むしろ楽曲を構成する一つのサウンド部品と捉えられている．歌声にサウンドエフェクトがかけられてシンセサイザなどと同等の役割が与えられることも多い．ここで，記号化イノベーションの一つであったMIDI規格が，歌唱のサウンド化や自動演奏などに欠かせない要素技術となっている点と，初音ミクに代表されるボーカロイド技術がこの歌唱のサウンド化の流れを加速させている点を指摘しておく．

ここまで，ジャズ音楽，クラシック音楽，J-Popの変遷を大まかに比較してきた．ある音楽ジャンルにおいてモード奏法やジャンル融合などのスタイル変化が生じる時には，特定のパターンが見られるように思う．4.5節で述べたように，記号化が推し進められると，他の作品や演奏と差別化するために，ひたすら複雑化に突き進みやがて飽和する．すると，複雑化の反動から再び音楽を本来の目的に沿った存在に戻すべく，原初段階の単純な様式にアイデアを求め，大量の記号と複雑な構造とは正反対の特徴を持つ簡素な音楽が創り出される．そして，最終的には複雑な音楽と簡素な音楽が**弁証法**的に次のステージへと止揚・昇華していく．ジャズ音楽，クラシック音楽，

---

[28] 米国発祥の歌唱技法あるいは音楽ジャンル．旋律にあまり抑揚をつけず歌詞の韻を強く意識しながらリズムに乗って言葉を喋るように歌うスタイルを指す．

[29] こむろてつや, 1958-

[30] http://realsound.jp/2016/01/post-5974.html

[31] なかたやすたか, 1980-. 中田が主導した音楽ユニット「Capsule」のデビューは2001年．テクノ音楽，エレクトロ・ダンス・ミュージック (EDM) に属す．クラブ音楽やテクノ音楽の系譜を丁寧に追っている文献として [8] がある．

[32] 山口一郎 1980-を中心とするバンドであり，2005年にデビュー．

J-Pop の中では，このようなスタイル変化が何度か繰り返されてきたが，後発の音楽ジャンルほどスタイル変化の間隔が短くなってきているように感じられる．では，このスタイル変化の間隔は将来どこまで短くなるのであろうか．興味は尽きない．

第4章　関連図書

[1] M. Chemillier. "Toward a formal study of jazz chord sequences generated by Steedman's grammer," *Soft Computing*, vol.8, no.9, pp.617-622, Sept. 2004.

[2] W. B. de Haas, R. C. Veltkamp and F. Wiering, "Tonal pitch step distance: a similarity measure for chord progressions," in *Proceedings of the 9th International Society for Music Information Retrieval Conference*, ISMIR 2008, 14-18 September 2008, Philadelphia, PA, USA [Online]. Available: dblp, http://dblp.uni-trier.de/db/conf/ismir/ismir2008. [Accessed: 3 Nov. 2016].

[3] 平田圭二, 青柳龍也：パーピープン：ジャズ和音を生成する創作支援ツール, 『情報処理学会論文誌』, Vol.42, No.3, pp.633-641 (2001).

[4] 菊池成孔, 大谷能生, 『憂鬱と官能を教えた学校──【バークリーメソッド】によって俯瞰される20世紀商業音楽史』, 河出文庫 (2004).

[5] 菊地成孔, 大谷能生, 『M/D マイルス・デューイ・デイヴィス III 世研究』, エスクァイア・マガジン・ジャパン (2008)

[6] 小玉昂史, 東条敏：モード依存の Tonal Pitch Space, 『人工知能学会全国大会論文集』, Vol.29, pp.1-4 (2015).

[7] H. V. Koops, J. P. Magalhaes and W.B. de Haas, "A function approach to automatic melody harmonisation," in *Proceedings of the first ACM SIGPLAN workshop on Functional art, music, modeling & design*, 25-27, September 2013, Boston, US-MA [Online]. Available:ACM-Degital library, http://dl.acm.org. [Accessed:3 Nov.2016].

[8] 増田聡, 『その音楽の〈作者〉とは誰か』, みすず書房 (2005)

[9] 増田聡, 『「パクリ」と剽窃の微妙な関係箸音楽を中心に』, 情報処理学会 第110回音楽情報科学研究会, Vol.2016-MUS-110 No.12 (2016).

[10] ジャン=ジャック・ナティエ, 『音楽記号学』, 足立美比古訳, 春秋社 (1996).

[11] 西本一志, 渡邊洋, 馬田一郎, 間瀬健二, 中津良平：創造的音楽表現を可能とする音楽演奏支援手法の検討 ─音機能固定マッピング楽器の提案, 『情報処理学会論文誌』, Vol.39, No.5, pp.1556-1567 (1998).

[12] 西本一志, 間瀬健二, 中津良平：『フレーズと音楽プリミティブの相互関係

の可視化による旋律創作支援の試み』,情報処理学会論文誌, Vol.40, No.2, pp.687-697 (1999).

[13] F. Pachet, "Computer analysis of jazz chord sequence: Is solar a blues?" in *Readings in Music and Artificial Intelligence*, E. R. Miranda, Ed. New York: Routledge, 2000, pp.85-114.

[14] Steedman, M., The Blues and the Abstract Truth: Music and Mental Models, *Mental Models In Cognitive Science* (Garnham, A. and Oakhill, J. Eds.), pp.305-318, Mahwah, NJ: Erlbaum (1996).

[15] 谷井章夫,片寄晴弘:音楽知識と技能を補うピアノ演奏システム"INSPIRATION",『情報処理学会論文誌』, Vol.43, No.2, pp.256-259 (2002).

[16] Thom, B., BoB: an interactive improvisational music companion, *Proceedings of the fourth intermational conference on autonomous agents* (AGENTS'00), pp.309-316, ACM (2000).

[17] クインシー・トループ著,中山康樹訳,『マイルス・デイビス自叙伝』,宝島社 (1990)

第5章 暗意-実現モデル

暗意-実現モデルとは，音どうしが作るネットワークによって音楽を理解しようとするものである（1.4 節）[1]．本章は，暗意-実現モデルが依拠している音楽において現れるゲシュタルトについて解説するところから始める．暗意-実現モデルでは多数の基本パターンが定義されており，それらを一見しただけではアドホックに構成されているように見えるのだが，実は体系的に構成されていることを示そう．そして最後に，暗意-実現モデルの認知的根拠を示すある心理実験を紹介して本章を締めくくろう．

5.1 音楽に現れるゲシュタルト

メイヤー[2]はゲシュタルト心理学を音楽理解に適用することを提案した[4, 5]：

> Musical meaning arises when an antecedent situation, requiring an estimate as to the probable modes of pattern continuation, produces uncertainty as to the temporal- tonal nature of the expected consequent. [5, p.416] 先行する音群はそのパターンが継続した場合の自然な後続音を期待させる．もしその後続音の時間や音高に関して不確定さが生じた時に，音楽的な意味が生じる．（著者訳）

人の知覚や認識では，要素自体には意味や役割がないものでも，組み合せられると意味を持つような現象が生じており，それはゲシュタルト (gestalt) と呼ばれる[3]．人が音楽を知覚・認知・鑑賞する際も，音高†，音価†・発音タイミング，和声に関してこのゲシュタルトが生じている．ゲシュタルトを生み出す性質 (aspect) には**近接**，**類同**，**同方向**がある（図 5.1）．図中 (a) では長二度（C-D や G-A）と短三度（E-G や A-C）が混在しても**進行** (on-

---

[1] 人が物事を理解する方法は大きく二つある．一つは同じものや似たものどうしをグループにまとめて名前をつけることであり，もう一つは，理解したいものを他のものと関連づけることである．数理の言葉では，前者は集合に，後者は二項関係に対応する．そしてうまい具合に，前者はGTTMに，後者は暗意-実現モデルに対応している．さらに，集合はメンバーシップ関数と等価であり，二項関係は2引数の論理関数と等価であるから，世界は結局のところ関数なのかもしれない．

[2] Leonard B. Meyer, 1918-2007. 米国の音楽学者，哲学者

[3] cf. 1.3 節

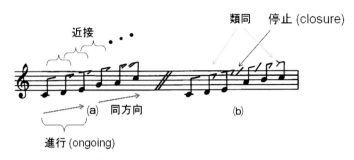

図 5.1: 旋律において知覚されるゲシュタルト

going) が継続するが，図中 (b) では完全四度 (E-A) が入ると一つのプロセスとは見なされず，C-D-E の暗意である F あるいは F-G-A などは否定され A-B-C は新しいプロセスと知覚される．つまり，E と A の間にはクロージャ（停止 closure）が生じている．このように，全体が要素の総和以上のことを意味するので（全体性と呼ばれる），ゲシュタルトは単純なボトムアップな現象ではないことが分かる．一方，トップダウンに働く性質には，良い形，良い継続，最適な組織化がある．近接，類同，同方向は客観的に定義できるし測定できるが，良い形，良い継続，最適な組織化は客観的に定義できないし測定もできないという．メイヤーは，ゲシュタルトに基づいて音楽の意味を認知的に捉えるアプローチを提唱したのであり，美学的，作品解釈的な観点が持ち込まれていない点に留意されたい．

ナームア[4]はそのメイヤーの考えを発展させ形式化し，局所的に隣接する音どうしの関係を説明する理論の構築を目指した．暗意-実現モデルが音楽分析の主流であるシェンカー理論や GTTM と対照的なのは，まず，旋律の形それ自身が暗意-実現構造を表現すると考えている点である．シェンカー理論の Ursatz や GTTM 延長的簡約木の basic form などでは，簡約によって時間的に離れた音どうしのレベルで「旋律」を想定するが，その抽象的な旋律は耳で聞き取れる実際の音ではないので，そのような旋律を考えることは重要でないとしている [2, p. xi][5]．

ナームアは，音楽理論は同時に二つの目標を持つべきと主張している．一つ目の目標は，音楽に関する異なる事例や現象から普遍的な真理，単純で合理的な説明を探し求めることである．この意味において音楽理論は，物理学，化学，生物学などと同じく科学である．二つ目の目標は，その作曲家の独特さを発見することであり，科学とは逆の方向である[6]．ある作品をその音楽家の作品らしくさせている特徴や構造を**イデオストラクチャ**[7]と呼ぶ．

---

[4] Eugene Narmour 1939-

[5] さらにナームアは，「現在の音楽分析の多くは木構造に注目し，レベルの高低にかかわらず（大域的にも局所的にも）簡約を行うが，これは非常に悪い習慣である」とまで言い切っている．

[6] 発見された作曲家の独特さは科学的成果ではないだろうが，作曲家の独特さを発見する方法論は科学的になり得るだろう．

[7] idiostructure; 英語の接頭辞 idio は，個人特有な，特異的という意．

音楽家は自分自身でそのイデオストラクチャを発見し，取捨選択して後の作品に取り込み，時に強調する．音楽家は作品を通して自分のイデオストラクチャを育てると換言できる．

5.2 暗意–実現モデルの原理

ナームアは，ゲシュタルトを踏まえて，人が旋律を聴取する時の仮説を提唱した：1. 音や音群 X を聴き，次に同じ音や音群 X を聴いたとする．するとさらにその次に同じ X が聴こえてくると暗意される．これを X+X → X と表記する．2. 音や音群 X を聴き，次に異なる音や音群 Y を聴いたとする．するとその次にさらに異なる Z が聴こえてくると暗意される．これを X+Y → Z と表記する．

ここでボトムアップなゲシュタルトの簡単な例を挙げる．ハ長調における C–C という音高が変化しない旋律を考えよう．C–C と聴いてくると，最も一般的に次に暗意されるのは C であり，D でも F でもない．もし実際に第 3 音に C が来るとその暗意は実現される（つまり C+C → C）．次に，ハ長調における C–D という長二度上昇する旋律を考えると，最も一般的に次に暗意されるのは E である．もし実際に第 3 音に E が来るとその暗意は実現される（つまり C+D → E）．メイヤーとナームアは，暗意が実現された場合，情動は喚起されないと考える．では，実際のハ長調において頻出する C–D–C という旋律を考えよう．C–D と二度上昇するが，第 3 音は方向が逆転し E でなく C が来るので，暗意の裏切りが生じる．同じく，C–D–F という旋律では，第 3 音の方向は同じだが，D–F の間は短三度に広がるので，ここで暗意の裏切りが生じる．もし第 3 音が E♭ の場合は，第 3 音の方向は同じで D–E の間も短二度だが，ハ長調というスケールから逸脱し暗意の裏切りが生じる．メイヤーとナームアは，暗意の裏切りによって，人が意識するしないに関わらず情動が喚起されると考える．

このように，旋律を分類するためのパラメータ（あるいは旋律の同一性を議論する際のパラメータ）は，隣接する音どうしの音高差（音程）と音の動く方向（上昇，下降）とスケール上の音高であることが分かる．音程は半音刻みで量子化するのではなく，一度（音高差ゼロ），減五度（増四度）より小さい音程，大きい音程という 3 種類のみ考える．つまり，小さい音程とは 5 半音以内の音程であり，大きい音程とは 7 半音以上の音程である．

暗意-実現モデルは，局所的な三つの音が作る基本形と暗意を生成する二つの原理から成る：

方向原理 (Principle of Registral Direction，PRD) 第1音と第2音の音程が小さい時，第3音で同じ方向の間隔が暗意される．第1音と第2音の音程が大きい時，第3音は異なる方向の間隔が暗意される．

音程原理 (Principle of Intervallic Difference，PID) 第1音と第2音の音程が小さい時，第2音と第3音の間にも同程度の音程（±2半音）が暗意される．第1音と第2音の音程が大きい時，第2音と第3音の間はそれより小さい音程が暗意される．

上図中，便宜的に一つの音を四分音符で表すが，実際の旋律中ではさまざまな音価を持つ音の3つ組を考える．第1音を聴いただけでは暗意は生じないが，第2音を聴くと二つの原理 (PRD, PID) に従って暗意が生じる．第3音でその暗意が実現されたり裏切られたりする．暗意が実現された時の基本パターンには3種類ある（後述するD, P, R）．暗意を生成する方向原理 (PRD) と音程原理 (PID) の二つの原理は，ゲシュタルトを生じさせる性質である近接，類同，同方向を音程，音の動く方向に基づいて得られたものである．ここで，個々の要素は意味のないものでも，組み合わせると意味を生じさせるというゲシュタルト心理学の考え方を思い起こして欲しい．また上述したように，小さい音程とは5半音以内の音程であり，大きい音程とは7半音以上の音程である．

この二つの原理の働き方には，生得的・無意識的なレベルと後天的・自覚的・習慣的レベル[8]があるという．先に述べたように，科学的な音楽理論を追究する試みは主として生得的・無意識的なレベルを対象としたものであり，イデオストラクチャを発見する試みは後天的・自覚的・習慣的レベルを対象としたものになる．

5.3 暗意-実現の基本パターン

暗意-実現モデルの原理から生み出される全パターンを図5.2に示す．こ

---

[8] さらに，後天的なレベルは，その作品内に閉じて有効なスタイルと，作品間に渡って有効なスタイルに分けられる．前者の例として，曲の冒頭で提示されたモチーフがその楽曲中で何度も現れるようなケースがある．後者の例として，演歌のヨナ抜き音階や琉球音階に沿って作られた旋律がある．

パターン名	音程の大きさ	同じ方向	PID	PRD
D	0 0	yes	yes	yes
ID	S S (=)	no	yes	no
P	S S	yes	yes	yes
IP	S S	no	yes	no
VP	S L	yes	no	yes
—	S L	no	no	no
IR	L S	yes	yes	yes
R	L S	no	yes	no
—	L L	yes	no	no
VR	L L	no	no	yes

図 5.2: 暗意–実現パターンの分類

の表では，すべてのパラメータのすべての組合せが列挙されている．表の2列目（音程の大きさ）は，第1音と第2音の音程と第2音と第3音の音程の組合せである．Sは5半音以内を，Lは7半音以上を，0は同じ音高（音程一度）を表す．さらに，上のC–D–Cのように，第2音が小さい音程で動いて第3音で第1音と同じ音高に戻るパターンが通常の旋律では頻出するため，特殊ケースとして扱う（文献[2]ではabaと表記される）．表の3列目（同じ方向）は，第1音から第2音の方向と第2音から第3音の方向が同じ場合とそうでない場合の組合せである．この2列目と3列目からすべてのパターンが生み出される．4列目と5列目は，各々のパターンに関して，方向原理(PRD)と音程原理(PID)が成立しているか否かを表している．暗意–実現モデルでは，少なくともPRDかPIDのいずれか一つが成立しているパターンにパターン名（1列目）をつけ，これらを基本パターンとする[9]．それら名前を付与された各パターンの例を図5.2下に示す．また，各パターンの上昇と下降を反転させた反行のパターンも，同じパターンに分類される．

ナームアは，暗意–実現モデルでの音の動きはチェスの駒の動きのようだと言う．ポーン（歩）は縦に1マスしか進めない弱い駒である．相手が次の手としてポーンを動かそうと駒に触れた時，自分はそのポーンがどのマス

[9] 各パターン名の由来については必要に応じて触れる．

(a) ロッシーニ: 歌劇『セミラーミデ』序曲（アレグロ），112-13 小節目

(b) モーツァルト: 歌劇『魔笛』序曲（アレグロ），16-17 小節目

図 5.3: 基本パターン D (duplicate)（文献 [2, p.98] より引用）

に移動するか予測でき実際そのとおりになる．この意味において例えば短二度はポーンのようである．一方，クイーン（女王）はどの方向に何マスでも移動できるので，ルール上は多岐に渡る動きの可能性が考えられるが，チェスというゲームの最中では自分や相手の駒の位置関係から，非常に限られた移動しか許されない．この意味において例えば長六度の跳躍はクイーンのようである．チェスにはほかにもナイト（騎士）やルーク（城将）などの駒があり，次の手としてさまざまな強さの可能性や選択肢が生じている．音楽分析によって楽曲中の音の動きを理解することは，どの駒をどのように動かしてゲームに勝ったかの理由を探ることに相当するのである．

　基本パターンを用いて実際の楽曲をどのように分析するのかを見ていく．まず **D (duplicate)** は **反復** の基本パターンである（図 5.3）．図中 (a) は，反復によって暗意がより強まって行く例である．この 12 個の 16 分音符を符点 2 分音符一つに書き換えた場合と比較すると，反復の効果がよく分かる．3 拍目で反復の暗意が裏切られ音程が変化する．しかし音価は同じままである．図中 (b) の反復も符点 2 分音符一つに書き換えることができる．しかし 3 拍目で反復の暗意が裏切られる時，音程だけでなく音価も変化しているので (a) より裏切りの程度が大きく，反復の終了を強く意識させられる．

　P (process) は **継続** の基本パターンであり，三つの例を図 5.4 に示す．P は生得的でほとんど意識されることのないパターンであり，その楽曲を知らない人でも旋律の先頭で P を聴くことで，容易にその楽曲のスケールを認識するという効果を持つ．同時に，人は他の可能性の低いパターンも暗意し

(c) バッハ：『平均律クラヴィーア曲集』第1巻 それぞれ第6, 5, 10番フーガの主題

図 5.4: 基本パターン P (process)（文献 [2, p.101] より引用）

モーツァルト：ピアノ協奏曲 K 459, 第3楽章（アレグロ・アッサイ）287-90 小節目

図 5.5: 基本パターン R (reversal)（文献 [2, p.159] より引用）

ながら聴いているが，弱い暗意は裏切られても大きな影響を残さずすぐ忘却される．P の直後には P 以外の基本パターンが組み合わされることが多く，その旋律全体は後天的でトップダウンな知識に従うことが多い．図 5.4 の例では，北ゲルマン，中期バロック，ハープシコード，教会音楽に関する予備知識を持つ聴者なら，P の後にそのような特徴的なフレーズが続くことを予期するだろう．

R (reversal) は逆行の基本パターンである（図 5.5）．図中の例における D から B♭ への上昇はニ短調の可能性を感じさせ第 3 音としてドミナントである A が暗意され実現する（実際にはこの楽曲はヘ長調である）．このような動きは西洋調性音楽でとても頻繁に現れる．図 5.5 の例のように R の後に P が続くパターンは，直感的には，五度以上の跳躍はそのギャップを埋めようとしてその直後に逆行が生じると理解できる．

暗意-実現モデルに関する FAQ[10] の一つは，基本パターンの開始点をどうやって選ぶのかである．そしてその答えは**クロージャ (closure)** である．クロージャとは，それまで聴取した音列から暗意が生じない点，あるいは暗意が鈍化，抑制，弱化した点である．具体的には，音程，音の方向，音価が変化する時，休符，強拍の生じる時，不協和が協和に解決する時を意味する．実際の旋律ではこれらが複合的に起き，さまざまな強さのクロージャが生み出される（図 5.6）．図中 (a) の二重矢印 (->>-) の右端が P の終端

[10] Frequently Asked Questions の略で，頻繁に発せられる質問の意．あるいは，よくありがちな質問．

図 5.6: クロージャ (closure) の例（文献 [2] より引用）

であり，音程，音の方向，音価が変化することで生じるクロージャを示す．同時に，そこが次の基本パターンの開始点となる．図中 (b) では，Pの右端において大きい音価が生じることで（(d) と印づけられた音）暗意の減衰という効果がもたらされクロージャとなる．図中 (c) では，反復 (duplication) の終端がそのままクロージャになる例である．冒頭の D パターンの右端の音が反復の終端であり，(b) と印づけられた音は強拍によるクロージャを表している．さらに続く P と ID の連続パターンもクロージャを作る（2 個めの (d) と印づけられた音）．

5.3 暗意-実現の基本パターン 121

図 5.7: 基本パターンの重合せの例（文献 [2, p.133] より引用）

もう一つの FAQ は，基本パターンどうしは重ね合わせることができるのかであり，その答えはイエスである．図 5.7i の例では aba (ID) と P パターンが重なり合い，ii の例では，IP，P，ID パターンが重なり合っている．全く同じ音に戻る動きを aba で，それに近い動きを aba^1 と表し（第 1 音 a と第 3 音 a^1 が少しだけ異なっている），離れた音が作る P に含まれる三つの音を aa^1a^2 および bb^1b^2 と表す（ナームアの記法は傍注番号と見間違えそうで少々ミスリーディングであるが，ここでは原著の記法を優先する）．このような音の動きを **遷移的**（transformational; 線形に上昇あるいは下降する動き）と呼ぶ．図中，4 と 3 は各々四度の音程と三度の音程の意味である．五線譜下の Form:見出しの段では，ゲシュタルトによって認識された仮説の一つが A であり，A は X+X→X における左辺の X に対応している．そして，厳密に同一ではない A が 2 回繰り返されるが，図 5.7‡の箇所が来る．つまり実現は A ではなかった．また，aa^1a^2 および bb^1b^2 という構造が現れ，最初の 3 音までは基本パターンを作るが 4 音目で裏切られる．

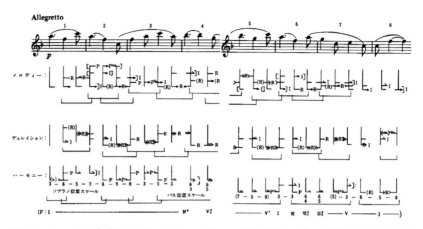

図 5.8: ナームア自身によるベートーヴェン交響曲第 6 番ヘ長調「田園」第 5 楽章の分析例（文献 [6, pp.28-29] より引用）

11) 文献 [2, 3] 以降の暗意-実現モデルの進展に関しては，2014 年に McGill 大学（カナダ，モントリオール）で開催された BKN25 シンポジウムでのナームアの講演ビデオ http://www.music.mcgill.ca/bkn25/videos/Narmour.mp4 を参考にされたい．

図 5.7ii の例において，3 音めの F の音は E♭-F-G という上昇音列の中間音であり，G-F-E♭（この E♭ は 2 小節め先頭の E♭）という遷移的な P パターンを作る音ではない．対して，6 音目（4 拍目）の F は G-C-F という IP パターンの終端かつ強拍の上にあるため（(b) と印づけ）クロージャとなり，1 段上のレベルの P パターン G-F-E♭ の第 2 音と認識される．

ここでナームア自身が暗意-実現モデルを用いて楽曲を分析した例を示す（図 5.8）．ここでは旋律だけでなく，音価，和声についても分析を加えている．村尾によれば，「最後の小節を除いて強拍†部が構造的な音として認知される」ことが分かったとのことである [6][11]．

5.4　カールセンの実験と暗意-実現モデルの妥当性

12) James C. Carlsen

最後に，暗意-実現モデルの妥当性を支持するカールセン[12]の実験に触れる [1]．被験者に期待を促す 2 音を聴かせて，その 2 音に続く自然な旋律を歌わせる．この時，歌われた旋律の先頭音が暗意-実現パターンの 3 音目に相当する．被験者は，ハンガリー，ドイツ，アメリカの音楽大学 1 年生レベルの 91 名，年齢は 15～23 歳である．被験者に与えられた刺激と被験者の反応を図 5.9 に示す．図中 (a) x はメトロノーム音の位置を表し，BPM = 60 である．最初に音が鳴らない拍が二つありその次に二つの刺激音が鳴る（o で表す）．その後の 7 秒間（7 拍）に，二つの刺激音に自然に続く旋律を歌ってもらう．この時，被験者には，何か良い旋律を創ろうなどとは考えな

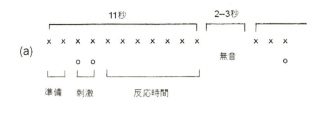

図 5.9: カールセンの実験における刺激と反応（文献 [1, p.15] より引用）

いようにと教示される[13]．こうして一回の試行が終了すると，2〜3秒の間を置いて次の試行が始まる．図中 (b) には，実際に被験者に聴かせた二つの刺激音例と，被験者が続いて歌った旋律例を示す．この場合の刺激音の音程（図中 (b) の A）は短三度（3半音）で，刺激音の 2 音目と反応の歌の先頭音の音程（図中 (b) の B）は短二度（1半音）である．

実験結果を表 5.1 にまとめる．表中，刺激音程は刺激 2 音間の音程（図 5.9(b) の A に対応）という意味であり，反応音程は刺激音の 2 音目と反応として歌われた先頭音との音程（図 5.9(b) の B に対応）という意味である．刺激音程，反応音程の単位は半音である．例えば −12 というのは音高の低い方へ 12 半音という意味であり，これは 1 オクターブ下に等しい．反応音程は，出現頻度の多かった順に第 3 位まで示す[14]．反応音程側の各マス目には 3 つ組のデータが含まれており，それぞれ反応音程，暗意-実現パターン，生起頻度を表す．例えば刺激音程 −12 の行において，反応音程第 1 位の 5 IR 13.1% という 3 つ組は，反応音程が 5 半音（完全四度上），暗意-実現モデルで言うと IR パターン，この刺激音程 −12 から得られた全パターン中，反応音程 5 の生起頻度が 13.1% という意味である．刺激音程 ±6（増四度，減五度）は大きい音程の方に分類して暗意-実現パターンを付与した．カールセンは，その生起頻度が 40% 以上の時，40% 未満 25% 以上の時，25% 未満の時をそれぞれ強い継続，中程度の継続，弱い継続と呼んでいる．

暗意-実現モデルを支持する注目ポイントをいくつか指摘する．

[13] 最初の予備実験では，被験者は自然に続く旋律を歌うのではなく，自然に続く 1 音だけを歌う設定になっていた．しかし，そうすると正格終止あるいは半終止と解釈できるようなパターンが頻出してしまうので，自然に続く旋律を歌ってもらう課題に改良した [1, p.25].

[14] 全実験結果については文献 [1, p.18] を参照のこと．

表 5.1: カールセンの実験結果（文献 [1, p.18] より引用．著者一部調整）

刺激音程	反応音程の出現頻度の多い順								
	第1位			第2位			第3位		
−12	5	R	13.1 %	2	R	13.0 %	−1	IR	10.5 %
−11	−1	IR	39.9 %	1	R	9.2 %	11	VR	7.6 %
−10	−2	IR	13.9 %	1	R	13.0 %	−1	IR	12.3 %
−9	−1	IR	33.8 %	2	R	11.1 %	7	VR	9.9 %
−8	1	R	26.9 %	−1	IR	11.1 %	−2	IR	10.3 %
−7	−1	IR	19.1 %	2	R	15.7 %	5	R	15.1 %
−6	−1	IR	23.9 %	1	R	23.7 %	6	VR	10.6 %
−5	2	IP	20.0 %	5	ID	15.3 %	−3	P	13.5 %
−4	2	IP	32.3 %	−1	P	17.7 %	−3	P	14.8 %
−3	−2	P	20.3 %	1	IP	16.1 %	−4	P	15.7 %
−2	−2	P	46.1 %	−1	P	32.1 %	2	ID	7.3 %
−1	−2	P	37.6 %	−1	P	29.9 %	1	ID	15.5 %
0	2	IP	32.4 %	0	D	21.7 %	−2	IP	9.7 %
1	1	P	48.5 %	2	P	27.7 %	−1	ID	9.1 %
2	2	P	64.3 %	1	P	20.5 %	−2	ID	5.1 %
3	−1	IP	28.7 %	4	P	23.1 %	2	P	13.9 %
4	3	P	38.4 %	1	P	23.9 %	−2	IP	16.9 %
5	−1	IP	22.1 %	2	P	17.7 %	4	P	16.9 %
6	1	IR	34.0 %	−1	R	20.7 %	−6	VR	7.9 %
7	−3	R	14.8 %	−1	R	12.7 %	2	IR	11.3 %
8	−1	R	44.7 %	1	IR	10.9 %	0	R	6.7 %
9	−2	R	35.8 %	−1	R	14.0 %	1	IR	11.0 %
10	−1	R	40.5 %	−2	R	20.3 %	0	R	7.0 %
11	1	IR	41.0 %	−1	R	16.8 %	−2	R	11.1 %
12	−1	R	30.8 %	0	R	12.1 %	−2	R	9.3 %

- ボトムアップのゲシュタルト原理が働き，小さい刺激音程にも大きい刺激音程にも小さい反応音程が続く傾向がある．
- 刺激音程 2, −2（長二度）の時，それぞれ反応音程も 2, −2 になる頻度が 64.3%, 46.1% あり，長二度の刺激音程は P (process) パターンを最も強く暗意することが分かる．
- 刺激音程 12（1 オクターブ上）や刺激音程 10（短七度上）に続く上位 3 パターンはいずれも R(reversal) である．刺激音程 8（短六度上）から R が生じる頻度も 50% を超えている．これが，刺激音程 5 と 7（完全四度と完全五度）ではその閾値としての機能が弱くなることが推測される．例えば，刺激音程 7 の R としては，反応音程 −3 が 14.8%，−1 が 12.7% 生じ，刺激音程 −7 の R も反応音程 2 が 15.7%，5 が 15.1% 生じている．
- ところが，刺激音程 −7 の後さらに反応音程 −1 の IR が 19.1% 生じ，刺激音程 7 の後も反応音程 2 の IR が 11.3% 生じている．これが刺激音程 5, −5 になると上位 3 位に R はなく，代わりに刺激音程 −5，反応音程 5 の ID が 15.3% 生じる（刺激音程 5，反応音程 −5 は 5.3% 生じているが出現頻度第 8 位のため表に掲載せず）．

暗意-実現モデルと整合しない実験結果も見られる．

- 刺激音程 4（長三度）では，反応音程 3 の P が 38.4% 生じていて，反応音程 −2 の IP が 16.9% 生じている．しかし刺激音程 −4 では逆転して，反応音程 −3 の P は 14.8% しかなく，反応音程 2 の IP が 32.3% 生じている．
- 刺激音程 −12 は，第 1 位，2 位の反応音程がそれぞれ 5, 2 で 13.1%，13.0% 生じており，ともに R である．ところが刺激音程 −11 では第 1 位が反応音程 −1 の IR で 39.9%，第 2 位が反応音程 1 の R で 9.2% となっている．同じく刺激音程 −10（短七度下降）でも反応音程 −2 の IR が第 1 位で 13.9% 生じており，反応音程 1 の R は 13.0% 生じている．刺激音程 12，11 でも同じ傾向が見られる．
- 刺激音程 6（増四度，減五度），反応音程 1 の IR は 34.0% 生じ，反応音程 −1 の R は 20.7% 生じている．刺激音程 −6，反応音程 −1 は 23.9% 生じ，反応音程 1 の R も 23.7% 生じている．

15) 聴いている音楽を作る元となっている音階のこと．多くの人は，聴きなれたジャンルの音楽の音階に含まれる音を使い，調性を意識しながら旋律を聴きとる．例えば西洋調性音楽を聴きなれた人は，ダイアトニックスケール上の音（あるいはその部分集合）と各音が持つ機能を意識的あるいは無意識に知覚している．

このような暗意-実現モデルと一部整合しない結果が出た理由として，スケールステップ[15]の影響が考えられる．例えば，刺激音程 −10 の時は 2 音目が 1 オクターブへの導音 (leading note)† と認識されて，IR パターンが多く生じたと考えられる．また，刺激音程 ±6（増四度上昇・下降）の後の反応音程 ±1（短二度上昇・下降）も，2 音目がスケール音への導入音の役割を果たした結果，反応音程の 1 も −1 も生起頻度が高くなったと考えられる．また，刺激音程 4，反応音程 3 の P が 38.4% も生じ刺激音程 −4，反応音程 2 の IP が 32.3% も生じているのは，スケールステップの影響が考えられる．ほかにも，不協和や大きな刺激音程は文脈を適切に設定することができずそもそも暗意が生じなかった可能性や，被験者は十分に歌う訓練を積んでいなかったという可能性も考えられる．

最後に，カールセンは，実験結果は被験者がそれまで体験してきた様式，文化，学んだ知識等を色濃く反映しており，一方，音域や音楽の熟達レベルの影響は少なかったと結んでいる．

第5章　関連図書

[1] J. C. Carlsen, Some factors which influence melodic expectancy, *Psychomusicology*, Vol.1, pp.12-29 (1981).

[2] Eugene Narmour, *The Analysis and Cognition of Basic Melodic Structures: The Implication-Realization Model*, The University of Chicago Press (1990).

[3] Eugene Narmour, *The Analysis and Cognition of Melodic Complexity: The Implication-Realization Model*, The University of Chicago Press (1992).

[4] Leonard B. Meyer, *Emotion and Meaning in Music*, University of Chicago Press (1956).

[5] Leonard B. Meyer, Meaning in music and information theory, *The Journal of Aesthetics and Art Criticism*, 15(4), pp.412-424 (1957).

[6] 村尾忠廣, 楽曲分析における認知, 波多野誼余夫 編『音楽と認知』所収, pp.1-40, 東京大学出版会 (1987).

第6章 楽曲の木構造解析

シェンカー理論[1)]が言うように音楽に簡約の過程を導入するのであれば，その過程においては生き残るピッチイベントには重要度という意味で階層が生まれるはずである．このような階層関係を形式的に記述するには一般に木構造が用いられる．しかしながら今まで存在した音楽理論で木構造に陽に言及する理論はなかなかなく，レアダールとジャッケンドフによる the Generative Theory of Tonal Music（以下 GTTM と略記）[1] がおそらく唯一この目的に適うものであった．

1) cf. 第1章

GTTM は次の四つのサブ理論から構成される．まずグループ解析 (grouping analysis) とは楽曲中に境界線を設け，曲を分割する操作である．次の拍節解析 (metric analysis) とは拍 (beat) の乗る位置を推定する操作である．これら二つの解析を経て各音には重要度の概念が生じるが，その重要度を階層的に整理するのがタイムスパン分析 (time-span analysis) であり，この結果得られるのがタイムスパン木である．さらにこの木に対して和声の機能の概念を取り入れて木をアレンジする過程を延長解析 (prolongational analysis) と呼び，その結果得られるのが延長的簡約木である．

各々のサブ理論は構文規則 (well-formedness rule) と選好規則 (preference rule) から構成される．構文規則はその名のとおりグループなり拍節なりを構成する上で必ず充たさなければならない規則であり，選好規則は一般的な傾向を記述した蓋然性を含む規則である．以下各々のサブ理論でその処理の過程と規則を概観する．

6.1 グループ解析

グループ解析でいうところのグループとは時間的に隣接したいくつかの音のまとまりである．グループを音楽的に意味づけするとすればメロディを

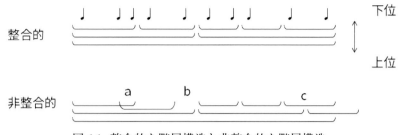

図 6.1: 整合的な階層構造と非整合的な階層構造

構成するパーツ，すなわちフレーズ（楽句†）やモチーフ（動機†）に対応したものであると考えられる．しかしグループ解析におけるグループはもっと強い構文規則を伴うものである．以下グループ解析の構文規則 (Grouping Well-Formedness Rule; GWFR) の要点をまとめる．

(GWFR1) 隣接した音の並びがグループを構成する．
(GWFR2) 一楽曲は一グループを構成する．
(GWFR3) あるグループはその内部にさらに小さい下位グループを含む可能性がある．
(GWFR4) ある上位グループが下位グループの一部の音を含むならば，その下位グループの音をすべて含む．すなわち上位グループの境界は下位グループにおいても保存されることになる．
(GWFR5) もしある上位グループが下位グループを含むならば，その上位グループは同様な下位グループによって網羅的に分割 (exhaustively partitioned) されなければならない．

この一覧から明らかなように楽曲は互いに重複しない，しかし連続した小グループの連鎖であり，そのうちのいくつかの小グループはまとまってさらに大きなグループを構成する．楽曲全体が一つのグループであることから，楽曲は階層的により小さいグループに分割されることになる．

GWFR は図 6.1（上）に示すような整合的に分割された階層構造を作り出す．同図（下）は，そうではない非整合的に分割された階層構造である．非整合な階層構造が生じる原因は，(a) 複数の上位領域に含まれる音や領域がある，(b) いずれの領域にも含まれない音や下位の領域がある，(c) 上位の境界が下位の境界となっていない所があるなど三つの理由が考えられる．つまり，GWFR は音楽の聴取ではこのような非整合的な階層構造が生じないと

いうことを主張しているのである．この整合/非整合という概念は音楽聴取時の認知に関するものであり，このような五線譜に明示されていない情報を抽出するプロセスは，モリノの三分法で言う感受に相当する（図 1.4）．

グループ構造解析でより問題になるのが選好規則 (Grouping Preference Rule; GPR) である．

(GPR1) 単音をグループとしない．
(GPR2) 連続した 4 音において，各音の開始時点 (on-set) と終了時点 (off-set) に注目する．
  (a) 第 2 音の終了時点から第 3 音の開始時点までの間
  (b) 第 2 音の開始時点から第 3 音の開始時点までの間
    が他の箇所（第 1 音と第 2 音，および第 3 音と第 4 音）より大きければそこは境界になりやすい．
(GPR3) 連続した 4 音において，第 2 音と第 3 音の次の属性：
  (a) 音程†(register)
  (b) 強弱 (dynamics) の差
  (c) アーティキュレーション（スタッカート†，レガート†など）の差
  (d) 音価†(length)
    が他の箇所（第 1 音と第 2 音，および第 3 音と第 4 音）より大きければそこは境界になりやすい．
(GPR4) (GPR2), (GPR3) の効果がより強く働くところは境界になりやすい．

これらの規則は境界のなりやすさの基準として働くが，(GPR2), (GPR3) のみが具体的にその指針を述べているのに対して (GPR4) は他の規則への言及である．これは一般に GTTM の悪い特質であるが，各規則が同じ立場で置かれているわけではなく，他の規則や他の解析への言及を含む場合がある．(GPR2), (GPR3) が選好規則として述べられているのであれば (GPR4) は本来不要である．(GPR2), (GPR3) は隣接する 4 音に対する境界の選好という意味で曲の局所的な視点によって定義された境界である．

図 6.2 では (GPR2), (GPR3) によって境界の候補となる箇所が各規則名を伴って示されている．ただしここではすべて適用な可能な規則名を書いてあ

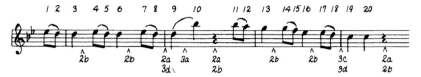

図 6.2: (GPR2), (GPR3) による境界候補（文献 [1, p. 47] より引用）

図 6.3: モーツァルト交響曲第 40 番第一楽章の主題のグループ分割（文献 [1, p. 37] より引用）

るわけではないことに注意．これらの規則名が複数現れるところに (GPR4) を適用し（すなわち (GPR2), (GPR3) が強く働くと解釈し），図 6.3 のようなグループ構成を得る．ここでは (GWFR) に基づいて，グループどうしがオーバーラップすることなく，かつ隙間を持つことなく隣接し，上位グループの境界はそのまま下位グループの境界となるように階層性が実現されている．

(GPR5) (symmetry) 曲は同じ長さに二分割にグループ分けされるのが望ましい．

(GPR6) (parallelism) 繰返しで現れる楽句は同じグループ構造になるのが望ましい．

(GPR2), (GPR3) が局所的・ミクロな視点で定義された境界であるのに対して，(GPR5), (GPR6) は大域的・マクロな視点で定義された境界である．最後に，

(GPR7) タイムスパン分析あるいは延長解析の結果，木が安定的 (stable) となるようにグループ分割するのが望ましい．

とあるが，これも GTTM 特有のメタ規則である．木が安定的 (stable) であるという概念はこの理論の中だけで自己完結して定義できる概念ではない上，他のサブ理論の結果を還元しなければならないという意味で他の規則と

は同等には扱えない規則である．

6.2 拍節構造解析

拍節構造解析†とは拍 (beat) の乗る位置と強さを正しく推定するための解析である．もし拍子記号と小節線が明示されたスコアが入力であればこの操作は無用であるが，本理論全体は入力がもっと抽象的な音楽データを想定しているためにこのような解析も取り入れてある．拍の構文規則 (Metrical Well-Formedness Rule; MWFR) とは次の 4 つの規則である．

(MWFR1)　曲の拍の位置はその曲の最小音価の位置で示される．16 分音符が曲中最短音価なら 16 分音符区切りで，32 分音符が現れるなら 33 分音符区切りで拍の強さを示す．

(MWFR2)　最短音価より長い音価を持つ音符のレベルで拍の強さが示されるならそれより短い音価のレベルでも拍である．

(MWFR3)　強拍は 2 拍ごと，あるいは 3 拍ごとに現れる．

(MWFR4)　各音価レベルでの拍はすべて均等なスペースを置いて（同じ時間的リズムをもって）現れる．

次に選好規則であるが，実際に拍節解析が必要かどうかはともかく，以下のような拍に関する考察はさまざまな含意がある．

(MPR1) 平行する（繰返しなど）楽句は同様の拍節構造を持つ．

(MPR2) グループの中の強拍はそのグループの中で早く現れる．

(MPR3) 各ピッチイベント[†]の開始時点に強拍が一致するような拍節構造が好まれる．ピッチイベントの開始時に拍がないところは '*' で示されるが，そういう箇所はシンコペーションに聞こえる．

(MPR4) スタッカートなどのアクセント (stress) がつけられた拍は強拍であることが望ましい．

(MPR5) 長い音価のピッチイベントは強拍を持つことが望ましい．実は音価だけでなく，長いフォルテ，長いスラー，長いアクセント・パターン，長いハーモニーなども一様に強拍を持つことが望ましい．

これらのうち，(MPR4), (MPR5) は言語理論との平行性がある．各単語には強いシラブルと弱いシラブルがある．これら強弱を表現するためには，ある言語は音量の強弱（フォルテ[†]，ピアノ[†]），また別の言語は音価（長さ）あるいは音の高低を用いる．これらの強弱の交代は特に詩の表現に有意に働く．しかし音楽と言語が同じ選好規則を共有することはない．むしろ，音楽・言語をひっくるめて認知的対象として共通に強弱・長短・高低の選好があるということに注目すべきである．

図 6.4. ではドットの数をもって階層的に拍の強さが表示されている．

また図 6.5 は '*' によってピッチイベント[†]の開始時に拍が来ていない例を示している．

拍節解析における選好規則には，このほかにも以下のルールが定められて

図 6.4: 拍節構造解析（文献 [1, p. 74] より引用）

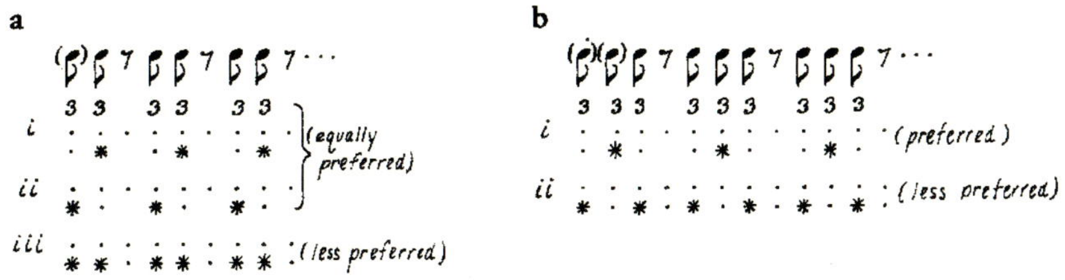

図 6.5: 拍節解析におけるシンコペーション†（文献 [1, p. 77] より引用）

いる．

(MPR6) バス†の安定性
(MPR7) カデンツ†の安定性
(MPR8) 係留音†の強拍選好
(MPR9) タイムスパン分析時の最適化
(MPR10) 3 拍子より 2 拍子が選好される．

しかしこのうちの (MPR6)〜(MPR9) の四つのルールは「安定性」というほかに定義が必要な言葉が使われていること，和声解析の結果を用いていること，他の解析との時間的前後関係などがあるおかげで規則としての独立性は薄い．こうした他の解析結果による選好規則への影響は，一貫して GTTM という理論体系の弱点であり，より計算論的・生成論的な理論に再実装しにくいところである．

6.3 簡約への序章

GTTM の根本的な原理は**簡約 (reduction)** の概念である．**簡約原理 (reduction hypothesis)** とは，「音楽の聴者は各々のピッチイベントに対して各階層において相対的重要度を割り振ることにより，全体を一つの包括的な構造に捉えようとする」とする考え方である．しかしシェンカー解析の言うように「**基本構造 (Ursatz)** はトニック–ドミナント–トニックであり，それがサポートするのは**原メロディー**（**Urlinie**; トニック†に向かって下降するメロディー）である」というだけでは現実の複雑な音楽を説明し切れていない．そこで GTTM では隣接する二つのピッチイベントを比較して，より重要でない方は重要である方に従属する装飾 (elaboration) であると考え，図

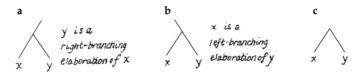

図 6.6: 左分岐・右分岐の表現（文献 [1, p. 113] より引用．著者一部調整）

6.6 のように下方の枝分かれで表現する．

　一般に聴者はピッチの安定性，すなわち西洋調性音楽でいうところの協和音と不協和音†，三和音†と根音†・転回形†，五度圏†，声部†進行などを拠りどころにして音楽を包括的にとらえようとし，その結果階層的な木を構成しようとする．しかしピッチのみに依存して構成した木は必ずしも安定した構造をもたらさない．どのピッチイベントが構造的に重要なアクセント (structural accent) であるかは多くの場合リズムに依拠する．しかしながら構造的アクセントがいつもグループの境界にあったり，強拍であるとは限らない．したがってピッチ的に見た重要性の尺度とリズム的に見た重要性の尺度を適切に統合する必要がある．まずグループ解析と拍節解析の結果からはタイムスパン・セグメンテーションが生まれ，そこではセグメントの中のリズム的重要性の概念が生まれる．タイムスパン・セグメンテーションから生まれるのがタイムスパン簡約である．

　しかしタイムスパン簡約だけでは，人間の心理的な緊張 (tension)，緊張の維持，解放 (relaxation) といった感覚を正しく反映する構造を取り出すことができない．このような心理的な構造を反映する木はグルーピングやリズムといった側面より，後に述べるピッチ・和声の安定性を考察する必要がある．このような安定な和声は，楽譜上の表記を超えて，すなわちタイムスパンによるセグメンテーションを超えて，心理的に「長引いて」(prolong) 響いていると考えられることから，この心理的木を取り出す操作を延長的簡約と呼ぶ．このような 2 つの簡約原理，タイムスパン簡約と延長的簡約を以下順番に概説する．

6.4　タイムスパン分析

　グループの境界にある音はグループ内部の音より重要であり，拍の乗る音はそうでない音より重要である．特に 4 拍子の曲であれば 1 拍目は 3 拍目より重要であり，3 拍目は 2, 4 拍目より重要である．このようにして隣接す

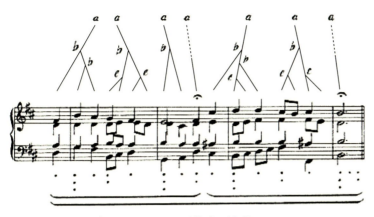

図 6.7: タイムスパン木のボトムアップ構成（文献 [1, p. 132] より引用．著者一部調整）

る音どうしで重要度を比較し，主にボトムアップに音どうしの勝ち抜き戦を行い，負けた枝が勝った枝に吸収されるように描かれた木が**タイムスパン木**である．またこのタイムスパン木を生成するプロセスをタイムスパン分析である．主にボトムアップと書いたが，タイムスパン木においては木の**安定性 (stability)** という概念により，木が長さ的にバランスのとれた二分木であることを要請したり，繰返し構造を持つ曲には繰返し部分に同じ木を割り振ることを要請することがあるため，部分的にトップダウンなプロセスを含む．

まずグループ解析の結果，グループ境界の構成が階層的であるため，このタイムスパン分析も階層性をなし，その結果タイムスパン木は一つの代表音を頂点として階層的に重要度を帯びることになる．図 6.7 においてはレベル a にある音が最も重要で，その下位にレベル b，さらに下位に c があると考える．逆に言うと，このレベルに従って曲の構造を簡約 (reduction) していくのが**タイムスパン簡約**である．簡約の過程においてはレベルが上るにつれて曲は簡素化・抽象化され，オリジナルから遠ざかることになる．こうした簡約化が可能であるという仮説を**強簡約仮説 (strong reduction hypothesis)** と呼ぶ．この主張の背後には，聴者は音楽のすべての音の中から音楽の骨格を形成するように音を集めて心理的に構成するものであり，その過程では自然に音に重要度の差異をつけ，重要な音が根幹構造を作る一方で，重要でない音はその根幹構造の中への単なる挿入音とするという考え方がある．

実際の楽曲をタイムスパン簡約する例を図 6.8 に示す．表層構造である楽譜を簡約していくと順に Level d, Level c, Level b, Level a のピッチイベント列が得られる．例えば Level c から Level b への簡約に注目すると，

図 6.8:『マタイ受難曲』"O Haupt voll Blut und Wunden" のタイムスパン簡約（文献 [1, p. 115] より引用．著者一部調整）

Level c にある 5 つのピッチイベントが Level b に簡約されると 2 番目と 3 番目のピッチイベントが捨象される．このように，簡約できる (reducible) 枝は末端の従属する枝だけである．まず 1 番目のピッチイベントが 2 番目のピッチイベントと比較され，1 番目の方が重要なのでトーナメントを勝ち残るが，その様子は図 6.8(i) の分岐で表現されている．さらにその 1 番目のピッチイベントは 2 番目のピッチイベントと比較され，トーナメントを勝ち残り，それは (ii) の分岐で表現されている．Level c の 4 番目と 5 番目のピッチイベントは捨象されずに Level b でも生き残る．こうして，簡約前のタイムスパン木と簡約後のタイムスパン木の間には半順序関係が成立する．

一度，楽曲を簡約してしまうと，簡約構造の中に生き残った「音」はもはやオリジナルの音（ピッチイベント）ではないという点に注意されたい．オリジナルの音はオンセット（ピッチイベントの生起開始時刻, onset）や音価†という性質を持つが，途中の構造に生き残った抽象的な音は，あるピッチイベントがそのタイムスパン（時間幅）を支配することを意味している[2]．生き残った抽象的な音はその区間のローカルな調性を表しているとも言える．

シェンカー分析における簡約では一方的にピッチイベントが減らされるのに対して，タイムスパン分析では楽譜に記された以上の音楽構造に関する情報（例えばヘッドやグルーピングの階層構造）が表現されている（1.8節）．その一方で，タイムスパン木にはもともとあった音符や休符に関する情報（onset と音価）の情報が欠落しているため，木を聴取可能な楽曲にするには，レンダリング[3]する必要がある．つまり，タイムスパン木上の音と実際に人が聴取できる音は異なる概念である．例えば，図 6.9 の旋律において，最長のタイムスパンは 8 小節の長さを持つが，対応するピッチイベントは 8 小節目 1 拍半目のイ長調の和音 (A major) である．

さて，タイムスパン分析上重要なピッチイベント，構造的アクセントは構造の開始イベント ([b]eginning) とその終止 ([c]adence) の関係であり，[b] と [c] はキャッチボールのように呼応する．カデンツにおいては最後の V-I をひとまとめの枝にして，それに先行するピッチイベントはこのまとめた枝に従属すると考えたほうが，重要性の階層を正しく反映できる．二つの枝を

[2] 主音あるいは調は楽曲全体の時区間（タイムスパン）を支配しているが，実際に旋律に含まれる音として譜面上に現れるとは限らない．

[3] Rendering. もともとは CG 用語であるが，ここではタイムスパン木から実際の音楽（楽譜に記された旋律）を生成することを意味する．

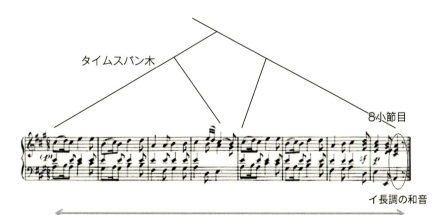

図 6.9: ピッチイベントとそれに対応する最長のタイムスパン

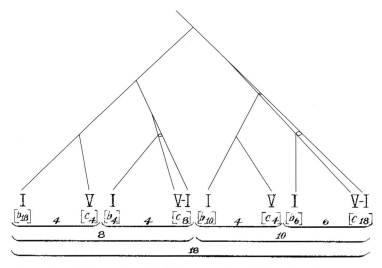

図 6.10: [b] と [c] の対応（文献 [1, p. 139] より引用．著者一部調整）

まとめるには卵型の小さな円 (egg-like shape) を枝間に付記し，カデンツを表示することにする（図 6.10）．

例としてモーツァルトのピアノソナタ第 11 番イ長調，第一楽章の変奏曲のテーマを見てみよう（図 6.11）．このテーマの構造は図 6.11(a) にあるように I-V, I-V-I であると考えられるが，第 4 小節のみに注目すると，この小節内では第 1 拍のトニックがより重要と判断され，図 6.11(b) のように間違った木を生成してしまう．これにはトップダウンに [b] と [c] の呼応を取るプロセスが必要で，正しい木は図 6.12 のようになる．

シェンカー解析では $\hat{3}$–$\hat{2}$–$\hat{1}$ という原メロディーにトニック-ドミナント-トニックという和音進行が付随すると考えるが，それではこの中間のドミナント，すなわち最も重要な**構造的ドミナント** (structural dominant) をどのように選べばよいかという問題を議論する必要がある．まず

$$\underbrace{I \longrightarrow V} \underbrace{I \longrightarrow V\text{-}I}$$

という進行を考えよう．この二つある V の中で，全体を等分する位置に近い V を選ぶという考え方もあるが，いつもそのような V が中間付近にあるとは限らない．特に短調においては中間位置にあるカデンツはしばしば V の代わりに III に進行する．そして何よりも中間位置にある V が構造的なドミナントとして不適切な理由は延長の作用による．図 6.13a で中間の V を

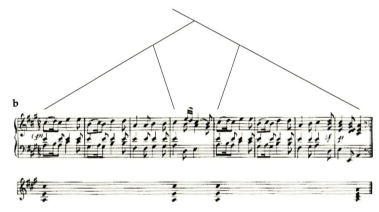

図 6.11: [b] と [c] の誤認識（文献 [1, p. 135] より引用．著者一部調整）

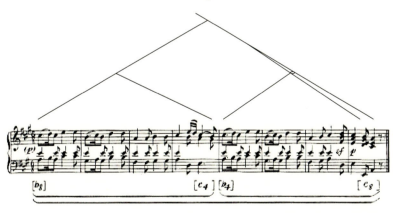

図 6.12: 正しい半終止の認識（文献 [1, p. 141] より引用．著者一部調整）

構造的ドミナントであるとするとその V はカデンツの V まで延長されてしまう．それよりも，開始のトニックが次のトニックまで延長すると考える図の b のほうが自然である．

さてではタイムスパン分析の具体的な指針である．グループ解析や拍節解析と同様，構文規則 (Well-Formedness Rule; WFR) と選好規則 (Prefernce

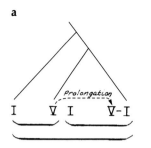 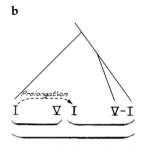

図 6.13: 構造的ドミナントの発見（文献 [1, p. 141] より引用．著者一部調整）

Rule) がある．

(TSRWFR1)	ヘッドとなるピッチイベントが存在する．
(TSRWFR2)	木の最下部（葉）はピッチイベントである．
(TSRWFR3)	通常の簡約においてはヘッドはそれより下位の部分木の中から選ばれる．ただし，以下の処理を含むことがある． **fusion** 和音の分散の場合はまとめて一つのピッチイベントとする． **transformation** 仮想和音を挿入する． **cadential retention** 連続した音をカデンツとして一つの枝にまとめ，木の上層まで保持する．
(TSRWFR4)	2音の時は最後の音が最後から2番目 (penult) の音より重要である．

タイムスパン木を生成する過程で所定のタイムスパンの中からヘッドを選択するにあたって，以下の選好規則に従う．

(TSRPR1) 強拍のピッチイベントを選好する．
(TSRPR2) 局所的なトニックに協和する音，近い音を選好する．
(TSRPR3) メロディーラインの高い音，バスの低い音を（やや弱く）選好する．
(TSRPR4) 平行構造を尊重する．
(TSRPR5) 和声的に不安定なピッチイベントでも強拍であれば選好する．
(TSRPR6) 延長的簡約を安定化させるイベントを選好する．
    a 隣接するタイムスパンのヘッドと直線的 (linear) な音の動きを構成するイベントを選好する．
    b 隣接するタイムスパンのヘッドと和声的にスムーズに連結するイベントを選好する．
(TSRPR7) (cadential retention) 連鎖するイベントがカデンツを形成するものを選好する．
(TSRPR8) 構造の開始点 [b] となるイベントをあるタイムスパンから選ぶ場合，そのタイムスパンの始点に近いほうを選好する．
(TSRPR9) 構造の開始点 [b] より終点 [c] を選好する．

6.5 延長的簡約解析

タイムスパン木はグループ解析と拍節解析の結果得られるものであることから，安定したタイムスパン木とはリズム的な意味での安定性を指す．一方でこれから概説する**延長的簡約**は和声的な安定性を表現したものである．

延長的簡約木においては右分岐と左分岐によってトニックからの出発とトニックへの回帰を表す．よって前者が**緊張**，後者が**弛緩**であるとする（図 6.14）．

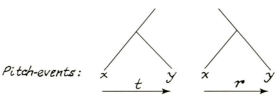

図 6.14: 緊張弛緩構造（文献 [1, p. 181] より引用．著者一部調整）

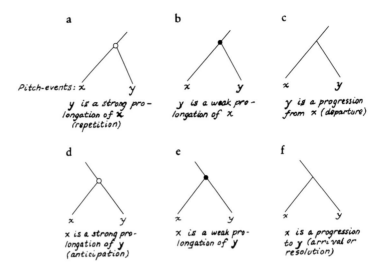

図 6.15: 延長と進行の 6 パターン文献（[1, p. 182] より引用．著者一部調整）

延長 (prolongation) とは所定のピッチイベント，特に和音が音響的になり終わった後も影響を残し，聴者の心理的には背後に鳴り響き続けているスコープがあると考えるものである．この影響のスコープには次の 3 段階が仮定される．

- **強延長** (strong prolongation): 同じ根音†(root)，同じバス音†(bass) が維持されている区間（一般に和音は三度の積み重ねであるがその積み重ねの元となる基音が根音である．したがって通常は基音がバス音になるが和音が転回形†の場合はバス音は基音ではなくなる．）
- **弱延長** (weak prolongation): 同じ根音が維持されている区間
- **進行** (progression): 三度，五度などの協和音を含まない区間

さらに，楽曲の進行においては緊張 (tension) と弛緩 (relaxation) の連鎖構造が仮定される．緊張部とは曲頭のトニックの和音から遠ざかる過程を指す．この緊張部においては延長的簡約木は右分岐，すなわち右側の枝が左側の枝に従属する分岐で表現される．弛緩部においては延長的簡約木は左分岐，すなわち左側の枝が右側の枝に従属する分岐で表現される．図 6.15 には，右分岐・左分岐の区分と強延長・弱延長・進行の区分を掛け合わせて 6 種類の分岐が表示されている．

シェンカー解析の Ursatz に対応する概念として GTTM では**基本形** (ba-

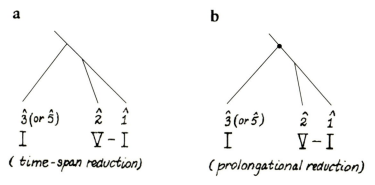

図 6.16: 基本形 (basic form)（文献 [1, p. 189] より引用．著者一部調整）

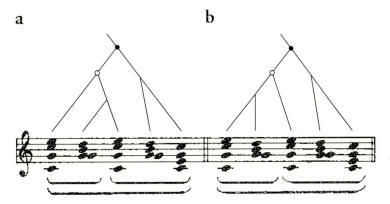

図 6.17: 前件・後件と含意の関係（文献 [1, p. 191] より引用．著者一部調整）

sic form) と呼ばれる原構造を仮定する．基本形においては右分岐の緊張から始まり，カデンツによる弛緩によって曲を閉じる構造になっている（図 6.16）．先に論じた

$$\underbrace{I \longrightarrow V}\ \underbrace{I \longrightarrow V\text{-}I}$$

という構造をもう一度考えると，これは半終止による**中断形** (interruption form) とも呼ぶべきもので，この中断の前までが前件 (antecedent)，この後を後件 (consequent) とする含意関係が考えられる．この楽曲の延長の考え方を反映した木は図 6.17b となる．

カデンツ準備 (cadential preparation) とはカデンツ (V-I) に左分岐で従属するサブドミナントの和音（群）である（図 6.18）．

西洋調性音楽の作り方においては，弛緩したまま（図 6.19a），緊張した

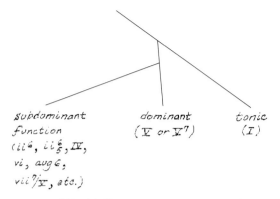

図 6.18: カデンツ準備（文献 [1, p. 192] より引用．著者一部調整）

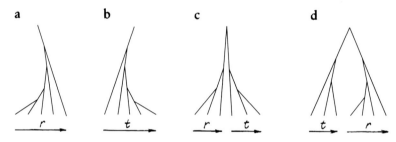

図 6.19: 緊張・弛緩の分岐（文献 [1, p. 198] より引用．著者一部調整）

まま (b)，あるいは弛緩してから緊張する (c) というパターンはありえない．通常 (d) のように，右分岐による緊張の後左分岐による弛緩を伴う．この図 6.19(d) のような構造を**規範的構造** (normative structure) という．したがって完全に安定な構造とは「基本形 + 規範構造」という形の木を形成する．

ここでタイムスパン木を線形に表記する方法として**二次記法** (secondary notation) を導入しておく．二次記法は木に代えて直接音符と音符をスラーで結ぶ記法であるが，強延長では点線のスラー，弱延長と進行では実線によるスラーを木の枝接合に合わせて階層的に書く方法である（図 6.20）．

延長的簡約木はタイムスパン木を再編するやり方で，今度はトップダウンに構成される．まず構文規則を導入する．

6.5 延長的簡約解析　147

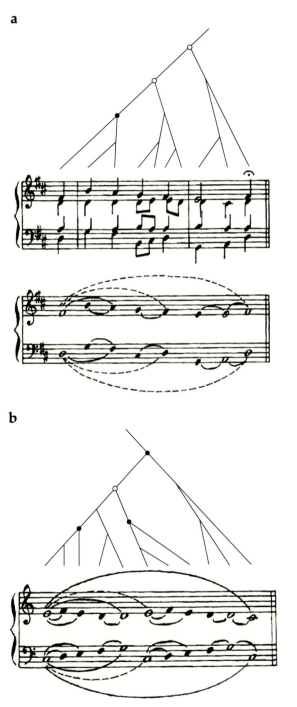

図 6.20: 二次記法（文献 [1, p. 202] より引用．著者一部調整）

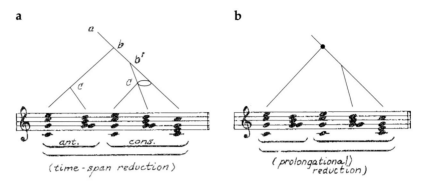

図 6.21: 重要ピッチイベントの選択（文献 [1, p. 189] より引用．著者一部調整）

(PRWFR1)　延長構造には単一のヘッドがある．
(PRWFR2)　あるイベントは他のイベントの装飾 (elaboration) であるが，その接合の仕方は進行・弱延長・強延長の3種類に限られる．
(PRWFR3)　延長構造にあるイベントはヘッドであるか，あるいはそのヘッドに（再帰的に）付随する装飾である．
(PRWFR4)　延長的簡約木においては枝は交差しない．

次に延長的簡約木の構成に関わる選好規則 (Prolongational Reduction Preference Rule) を見ていくことにする．

(PRPR1)　延長的簡約木においてある最も重要なピッチイベント e_k をピッチイベント e_i から始まって e_j で終わる区間 $(e_i - e_j)$ から選ぶ際，それは同区間でタイムスパン木においても重要なピッチイベントである．

図 6.21 を見ると左側のタイムスパン木のうち，一番高く枝が延びているピッチイベントが最後の C,E,G,C の和音で最重要ピッチイベントである．次に高い位置に分岐がある枝が曲頭の C,G,C,E が次に重要なピッチイベントであり，さらにその次が G,G,B,D である．

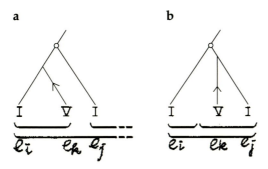

図 6.22: タイムスパンと延長の関係（文献 [1, p. 221] より引用．著者一部調整）

(PRPR2) 区間 $(e_i - e_j)$ において e_k が延長的簡約木で最も重要なピッチイベントである時，e_i と e_k を含み e_j を含まないようなタイムスパンがあれば e_k は e_i に接合する枝となる．同様に，e_k と e_j を含み e_i を含まないようなタイムスパンがあれば e_k は e_j にくっつく枝となる．

図 6.22 を見ると左側の図では V は左側の I の分枝となっているが，右側の図では右側の I の分枝となっている．

(PRPR3) 区間 $(e_i - e_j)$ において延長的簡約木で最も重要なピッチイベント e_k を選ぶ際，次に定める「安定性」の定義に従って，その区間の両端にある e_i, e_j の一方に接合する枝で最大限に安定する e_k を選ぶものとする．

安定性の条件は以下のように与えられている．

分岐条件	右分岐の強延長 > 右分岐の弱延長 > 右分岐の進行 左分岐の進行 > 左分岐の弱延長 > 左分岐の強延長
ピッチ集合条件	二つのピッチイベントの接合は同じダイアトニック・セット（調・音階の構成音）の中の音である時より安定する．
メロディー条件	二つのピッチイベントの音程が小さいほど，メロディーとして安定である． 右分岐においては上昇メロディーが，左分岐においては下降メロディーがより安定である．
和声条件	二つの和音の接合は根音が五度圏†において距離が小さいほど安定である． 右分岐においては五度圏の中を上昇する方向が，左分岐においては下降する方向あるいはサブドミナントからドミナントへの進行がより安定である．

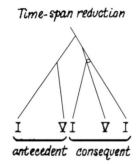
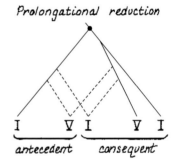

図 6.23: 延長簡約のアルゴリズム (1)（文献 [1, p. 223] より引用．著者一部調整）

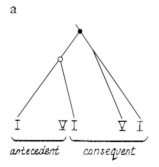
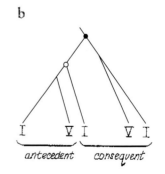

図 6.24: 延長簡約のアルゴリズム (2)（文献 [1, p. 224] より引用．著者一部調整）

図 6.23 においては左側のタイムスパン木から重要な枝を拾うと中間に位置する V と I になり，その接合の仕方には右図に書かれたような 4 種類の可能性がある．これは安定性の定義に従うと図 6.24 のように解決されるべきである．

(PRPR4)　区間 ($e_i - e_j$) において延長的簡約木で最も重要なピッチイベント e_k を選んだら，それは e_i, e_j のうちより重要な枝のほうに接合するべきである．

(PRPR5)　平行なパッセージは平行な解析木を形成するべきである．

(PRPR6)　規範的な延長構造 (normative prolongational structure) においては延長的簡約木は次の 4（あるいは 5）個の要素を含むべきである．

　a. 延長の開始音
　b. カデンツを構成する音のうちの一つからなる延長の終了音
　c. （延長の開始音に直接接合する最重要の右分岐の延長）
　d. 延長の開始音に直接接合する（c がある場合，次に）重要な右分岐の進行
　e. カデンツの最初の要素に接合する左分岐のサブドミナント進行

楽曲のある部分で延長簡約上，最も重要なピッチイベントを選ぼうとすると，(PRPR1) と (PRPR3) は矛盾することがある．この矛盾を解消するために，(PRPR1) の条件を少し緩めて，「$e_i - e_j$ の区間から十分に安定な延長的簡約木を作るためには，次に重要な e_k はタイムスパン木において e_i, e_j の次に重要な（上位にある）階層か，あるいはそのもう一つの下の階層の 2 段の中から選ばれるべきである」とする．これを**インタラクション原理** (interaction principle) と呼ぶ．インタラクション原理が適用されるのは延長の開始において，重要な枝(タイムスパン木上，次に重要なピッチイベント) を選択する際は，この開始の枝に着く右分岐の枝が強延長になる時，その時に限り，上から見て 2 番目の高さにある枝を採用するというものである（図 6.25 ではトップから見て次に重要な枝は p2 あるいは p4 であるが，2 番目の高さにある p3 が選ばれ延長の開始の枝に右分岐で接合している．図の右の [a]～[e] は PRPR6 を表す）．この 2 段の階層の中から次点の重要

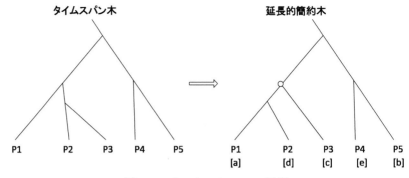

図 6.25: インタラクション原理

な枝を探すという考え方は論理的必然によるものではなく，いわば妥協案ではあるが，現実的には十分機能する補正案である．

6.6 和音とピッチ間の距離

GTTM におけるカデンツ発見の問題　もう一度，モーツァルトのピアノソナタ第 11 番イ長調 K.331 の第一楽章の変奏曲のテーマを振り返ろう（図 6.11, 6.12）．この第 4 小節の半終止（図 6.26）を正しく認識するためには和声解析が必要であり，V（ドミナント）と I（トニック）の認識と V-I のカデンツを発見が必要である．ところが GTTM の理論体系にはこの和声認識のプロセスが言及されていない．本節で紹介する Tonal Pitch Space（以下 TPS と略記）は Fred Lerdhahl が GTTM の後に西洋調性音楽の和音間の関係を論じるために構成した理論である．調性とは音階とその上の和音によって生じる概念であり，その根幹にある音階とは，オクターヴ内にある所定の数の音高†(pitch) から成り立つものである．現在では 12 音平均律[4]が支配的であるから，実質はこの 12 個の音からある 7 個の音を選択することにより，長音階・短音階あるいは教会旋法に基づくモードが生まれ，ある 5 個を選択すれば五音音階†（ペンタトニック）が生まれる[5]．

[4] *cf.* 第 2.7 節

[5] もちろん 12 音平均律の成り立ちは逆で，世界中に存在するさまざまな旋法，さまざまな音律を「平均化」したのが平均律である．したがってある地域のある時代特有の五音音階というのがあるが，その構成音のピッチは 12 音平均律のものと微妙に違う．

ピッチクラス間距離　基本スペース (basic space) には次の 5 段階のレベル (level) を設ける．

(a) C は最も基本的なピッチ・クラスである．(ovtave level)

(b) C に準じて重要なピッチ・クラスは G である．(fifth level)

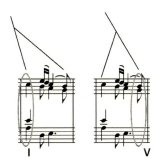

図 6.26: K331 第 1 楽章第 4 小節の半終止

(c) C, G に準じて重要なピッチ・クラスは E である．(triadic level)
(d) C, G, E の下に diatonic space（全音階）†を設ける．(diatonic level)
(e) その下に chromatic space（半音階）†を設ける．(chromatic level)

(a)	C										
(b)	C						G				
(c)	C			E			G				
(d)	C		D		E	F		G		A		B
(e)	C	D♭/C♯	D	E♭/D♯	E	F	F♯/G♭	G	A♭/G♯	A	B♭/A♯	B
p/c	0	1	2	3	4	5	6	7	8	9	10	11

ピッチクラス間の距離 (pitch proximity, p.48) は次の垂直・水平の 2 方向から測られる．まず垂直距離はそのピッチクラスが最初に現れる（上から見た）レベルの深さである．

depth	0	4	3	4	2	3	4	1	4	3	4	3
pitch class	0	1	2	3	4	5	6	7	8	9	10	11

次に水平距離はあるレベルの中で水平方向にピッチ・クラスを順次数え上げたステップ数である．

(a) $0 \to 12$ (C–C)

(b) $0 \to 7 \to 12$ (C–G–C)

(c) $0 \to 4 \to 7 \to 12$ (C–E–G–C)

(d) $0 \to 2 \to 4 \to 5 \to 7 \to 9 \to 11 \to 12$ (diatonic collection)

(e) chromatic collection

例えばレベル (b) では C↔G の水平距離は 1 と考える．level(c) では C↔ E の水平距離は 1 と考える．ピッチクラス 0 (C) からの水平距離とは，0 に到達するために「ステップ数が一番小さくなるようにレベルを選んで足し算する」

Ex. 5(F)→ 0(C) = 1 (at level(d): 5(F)→4(E)) + 1(at level(c): 4(E)→0(C))=2.

steps in (b)	0						1				
(c)	0			1			1				
(d)	0	1		2	3		3		2		1
(e)	0	1	2	3	4	5	6	5	4	3	2	1
pitch class	0	1	2	3	4	5	6	7	8	9	10	11

最後に音間距離は垂直距離+水平距離であるとする．ただし♯は C♯-D-C の 2 ステップと考える．

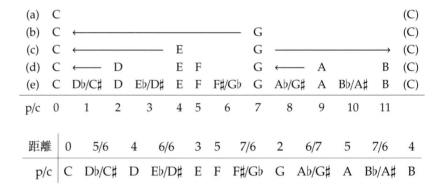

同じ調の中の和音間距離　図 6.27 上段はハ長調上の I「ドミソ」の和音である．ハ長調のダイアトニック・コレクションの各音の基本の高さ（レベル d）を 1 とすると，その重要度に応じてピッチクラス 0（C の音; ハ長調のド）は高さ 4，ピッチクラス 7（G の音; ハ長調のソ）は高さ 3，ピッチクラス 4（E の音; ハ長調のミ）は高さ 2 である．この I の和音を「レベル d 上において」（すなわち音階上の音に限定して）右に 4 ステップ動かす操作は音階上，各音を完全 5 度上に移動させる操作に相当する．ただしこの右移動は 12 の剰余で考えるから，右にあぶれたら左端に接続して，ピッチクラス 0 の上からカウントを続けるものとする．この右 4 ステップ移動は，音

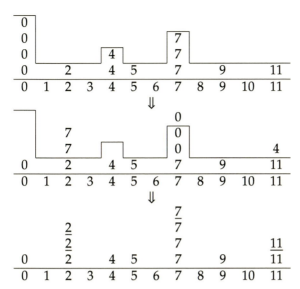

図 6.27: 和音構成音の右（左）4 ステップシフト，高さの変わったところに下線

階上の音が 7 個であることから実は左 4 ステップ移動と同じである．こうして現れたのが図 6.27 の下段である．

この変化を高層ビル街のシルエットの変化に見立てて考えてみよう．すると新たに建て増しされたところは，

ピッチクラス 2 の上に 2 段
ピッチクラス 7 の上に 1 段
ピッチクラス 11 の上に 1 段

の計 4 段である．図 6.27 最下段では新たに移動してきたピッチクラスに対して名前のつけ替えをし，建て増し部分には下線を引いてある．下線の数の意味するところは，

- 共有音があれば和音としての差は小さい．
- 根音，第五音，第三音の順に移動による影響力に差をつける．

というものである．

これまで見てきたように完全五度上への移動は音律的に見て「最も近距離」への移動である．したがって和音の五度圏というのを考え（図 6.28），調内の二つの和音 x と y の間の距離は，五度圏上を何ステップ (j) 移動した

第6章 楽曲の木構造解析

$$0(\text{I})$$

$$5(\text{IV}) \qquad 7(\text{V})$$

$$11(\text{vii}°) \qquad 2(\text{ii})$$

$$4(\text{iii}) \qquad 9(\text{vi})$$

図 6.28: 和音の五度圏

a)
```
                    9
          4         9
0         4         9
0    2    4    5    7    9         11
0  1 2 3  4  5 6  7  8  9  10  11
```
δ(vi→vi) = 0 + 0 = 0

b)
```
                    5
0                   5
0                   5              9
0    2    4    5    7    9         11
0  1 2 3  4  5 6  7  8  9  10  11
```
δ(vi→IV) = 3 + 4 = 7

図 6.29: ハ長調における和音間距離

か + 移動の結果ベーシックスペース上建て増しされた階数はいくつ (k) であるかの和を持って調内の和音間距離とする.

$$\delta(x \to y) = j + k$$

図 6.29 にはハ長調における和音間距離の例を示す.

長調における I の和音から見た三和音の距離は，調共通に以下のようになる．ここでローマ数字大文字は長三和音†，小文字は短三和音†を表し，右肩に ° を乗せた和音は減三和音†であることを示す．

和音（度）	I	ii	iii	IV	V	vi	vii°
距離	0	8	7	5	5	7	8

和音の移動に関しては以下のような 2 次元トーラス・スペースを考える．

縦軸: 五度による圏

$\cdots \to \text{I} \to \text{V} \to \text{ii} \to \text{vi} \to \text{iii} \to \text{vii}° \to \text{IV} \to \text{I} \to \cdots$

横軸: 三度による（2 音共有による）圏

$\cdots \to \text{I} \to \text{iii} \to \text{V} \to \text{vii}° \to \text{ii} \to \text{IV} \to \text{vi} \to \text{I} \to \cdots$

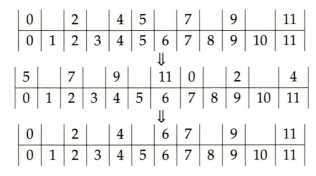

図 6.30: 調を構成するダイアトニック・コレクションの五度移動

```
  ⋮     ⋮    ⋮    ⋮    ⋮    ⋮    ⋮
  …    I   iii   V   vii°  ii   IV   vi   …
  …    V   vii°  ii   IV   vi    I  iii   …
  …   ii   IV   vi    I   iii    V  vii°  …
  …   vi    I   iii   V   vii°  ii   IV   …
  ⋮     ⋮    ⋮    ⋮    ⋮    ⋮    ⋮
```

初期の和声理論では上下（五度）か左右（三度による 2 音共有）への移動しか認めなかった．今日のリーマン[6]らによる機能和声理論では I, IV, V を中心に据え，三度下で機能を代替すると I → vi，IV → ii，V → iii，三度上で代替すると I → iii，IV → vi，V → vii° を許容する．

[6] Hugo Riemann, 1849-1919

近親調間にまたがる和音間距離　調間の距離にも五度圏†を利用する．すなわちある調から音律的に見た最も近い調は属調†・下属調†であると考える．この属調・下属調への移動をベーシックスペース上で表現するには，ダイアトニック・コレクション（レベル d）を右に 7 つ（すなわち完全五度分）シフトする操作によって実現される．図 6.30 ではハ長調を構成するピッチクラスのコレクション {0,2,4,5,7,9,11}（上段）がレベル d において右に 7 コマ移動され（中段），新たにピッチクラス†の名前のつけ替えが行われ（下段），ト長調のダイアトニック・コレクション {0,2,4,6,7,9,11} すなわち 5(F) の代わりに 6(F♯) を取り入れた音階を得る．

さて和音間距離 δ の新しい定義は以下のようになる．

$$\begin{cases} i: \text{調の五度圏における移動ステップ数} \\ j: \text{和音の五度圏における移動ステップ数} \\ k: \text{ベーシックスペースにおける各ピッチイベントの建増し数} \end{cases}$$

```
                         7
            2            7
 0          2            7           11
 0          2      4     6  7     9   11
 0    1  2  3   4  5  6  7  8  9  10  11
```

図 6.31: I/C から I/G の距離

```
                               9
                  4            9
      1           4            9
      1     2     4   5     7  9   10
 0    1  2  3  4  5  6  7  8  9  10  11
```

図 6.32: I/C から V/d の距離

$$\delta(x \to y) = i + j + k$$

最初の i であるが，五度による調の移動はダイアトニック・コレクションが一つ変わるだけである．したがって i は♯の数，♭の数の変化に等しい．また j の値は調に関係なく，和音の根音†(root) の和音の上での移動数を数える．例えば，$\delta(\text{I/C} \to \text{I/G})$ においては[7] I から V への調の移動で $i = 1$，和音の根音が C から G に移動したため $j = 1$，高さの異なるピッチイベント数を数える時は，新たに増えたダイアトニック・コレクションの分を 1 足して $k = 5$ であるため距離は $1 + 1 + 5 = 7$ となる（図 6.31）．

短音階の取り扱いには注意が必要である．短音階に自然的短音階・和声的短音階・旋律的短音階が存在するが，ベーシックスペースには基本的に自然的短音階を用いる．しかしながら V あるいは vii° の時は和声的短音階を用いることとする．図 6.32 においてはダイアトニック・コレクションが自然的短音階の {0,2,4,5,7,9,10} の代わりに和声的短音階 {1,2,4,5,7,9,10} が用いられ，その結果 $\delta(\text{I/C} \to \text{V/d}) = 1 + 3 + 7 = 11$ となる．

また調間距離を仮定することにより，同じコードネームを持つ和音でも調を変更すると距離も変化する仕組みが以下のように実現できる．

[7) 原著 [2] においては和音表記に I/V のようにローマ数字の度数表記を重ねる形で書いてあるが，これは非常に読みにくい．本書では調に相当する記号にローマン・アルファベットを用い，大文字は長調・小文字は短調とする．和音の度数表記においてはローマ数字を用い大文字は長三和音・小文字は短三和音に統一する．

- CED → GBD $\begin{cases} \delta(\text{I/C} \to \text{V/C}) = 0 + 1 + 4 = 5 \\ \delta(\text{I/C} \to \text{I/G}) = 1 + 1 + 5 = 7 \end{cases}$

- CED → DFA $\begin{cases} \delta(\text{I/C} \to \text{ii/C}) = 2 + 6 = 8 \\ \delta(\text{I/C} \to \text{i/d}) = 1 + 2 + 7 = 10 \end{cases}$

和音間距離を測るのに，近親調は五度圏を辿ればいいが，遠隔の調だと五度圏を無駄に遠回りする可能性がある．このため調スペース (regional space) を用意する．

$\begin{cases} \text{縦軸: 五度} \\ \text{横軸: 同主調 (C--c) と平行調 (a--C) の交代}^{8)} \end{cases}$

8) 英語の parallel key は同主張（同名調）であり，日本語の平行調は relative key という．また近親調全般を related key という．（付録 A p.207 参照）

で並べて書いたものを**調スペース**と呼ぶ．調スペースは図の上端と下端，左端と右端がつながっておりトーラスを形成する．

```
⋮    ⋮   ⋮   ⋮   ⋮   ⋮   ⋮
⋯   d♯  F♯  f♯  A   a   C   c   ⋯
⋯   g♯  B   b   D   d   F   f   ⋯
⋯   c♯  E   e   G   g   B♭  b♭  ⋯
⋯   f♯  A   a   C   c   E♭  e♭  ⋯
⋯   b   D   d   F   f   A♭  a♭  ⋯
⋯   e   G   g   B♭  b♭  D♭  d♭  ⋯
⋯   a   C   c   E♭  e♭  G♭  g♭  ⋯
⋮    ⋮   ⋮   ⋮   ⋮   ⋮   ⋮
```

近親調間の移動はこの調スペースを最短距離で移動することとする．

遠隔調にまたがる和音間距離　調が近親調でない場合は和音の一時的な借用と考えるよりは，転調を考えるべきである．したがって調間の距離を正しく計る仕組みが必要である．調間距離を測る際にはその調のトニックの和音どうしの距離が有効な手がかりになる．そのため，まず近親調間のトニックの距離をハ長調を起点に調べておく．

$$\delta(\text{I/C} \to \text{I/G}) = 7 \quad \delta(\text{I/C} \to \text{I/F}) = 7$$
$$\delta(\text{I/C} \to \text{i/d}) = 10 \quad \delta(\text{I/C} \to \text{i/e}) = 9$$
$$\delta(\text{I/C} \to \text{i/a}) = 7 \quad \delta(\text{I/C} \to \text{i/c}) = 7$$

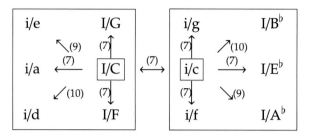

図 6.33: 近親調間のトニック間距離

さて以上のように調のトニック間で距離を調べてみると，近親調のアクセス関係のうち，同主調（ハ長調から見てイ短調）の属調（ホ短調）・下属調（ニ短調）は近親と呼ぶにあたいするが，同主調（ハ長調から見てハ短調）の属調（ト短調）・下属調（ヘ短調）は実は僻遠である．図 6.33 左半分はハ長調のトニックから見た近親調のトニックへの距離，右半分はハ短調のトニックから見た近親調のトニックへの距離を，それぞれ括弧で表示したものである．中央のハ長調・ハ短調間は距離 7 である．

よって図 6.33 を左右に切り分け，長調が自身から同主調を除いてアクセスできる領域（図の左半分の枠囲み）を **ピボット・リージョン** (pivot region) と呼び自身を含めて 6 つの調が含まれるものとする．同様に短調が自身から同主調を除いてアクセスできる領域（図の右半分の枠囲み）を同様に定義する．長調の **ピボット・リージョン・トニック** (pivot region tonic) とは長調のピボット・リージョンの中央右に位置する枠囲みの I/C である．短調ではリージョン中央左に位置する枠囲みの i/c をピボット・リージョン・トニックと呼ぶ．ピボット・リージョン・トニックどうしは同主調の関係の時のみ左右に移動できる．

さてターゲットの和音が同じピボット・リージョン内にない場合は，ピボット・リージョン・トニックを移動して距離に加算することにする（図 6.34）．いま C_1/R_1 を起点，C_2/R_2 をターゲットとする和音とし（C はローマ数字の度数，R は調名），R_1 と R_2 が異なるピボット・リージョンにあるものとする．この時和音間距離 Δ は，

$$\Delta(C_1/R_1 \to C_2/R_2) = \delta(C_1/R_1 \to I/P_1)$$
$$+ \delta(I/P_1 \to I/P_2) + \cdots + \delta(I/P_{n-1} \to I/P_n)$$
$$+ \delta(I/P_n \to C_2/R_2)$$

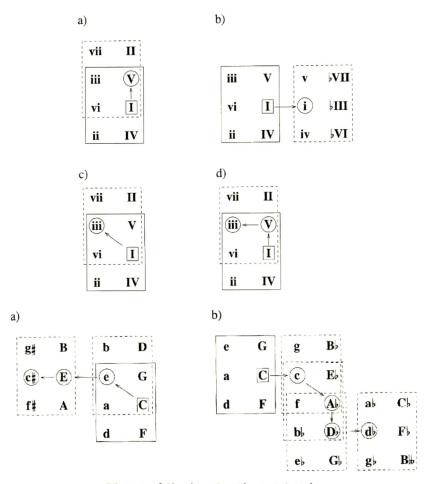

図 6.34: ピボット・リージョンのシフト

によって定義する．ここで R_1 と P_1 は同じピボット・リージョン内に存在する調である．P_i と P_{i+1} は同じピボット・リージョン内のトニックの移動であり，最後に P_n と R_2 が同じピボット・リージョン内にあるものとする．
例） $\Delta(I/C \to i/c^\sharp) = \delta(I/C \to i/e) + \delta(i/e \to I/E) + \delta(I/E \to i/c^\sharp) = 9+7+7 = 23$.

複合スペース (combined geometrical space)

- 中央に調名を配置しその調の I の和音であると考える．その周りに調内の和音を配置し，9 つの和音で和音のトーラス・スペース（縦軸五度，横軸三度を形成する．
- 中央の調名だけ拾うと調スペース（regional space; 横軸は平行調 +

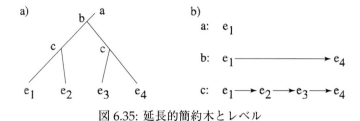

図 6.35: 延長的簡約木とレベル

同主調，縦軸は調の五度を形成するように，他の調の和音群を配置する．

III	V	vii°	iii	V	vii°
VI	i/e	III	vi	I/G	iii
ii°	iv	VI	ii	IV	vi
III	V	vii°	iii	V	vii°
VI	i/f	III	vi	I/C	iii
ii°	iv	VI	ii	IV	vi
III	V	vii°	iii	V	vii°
VI	i/d	III	vi	I/F	iii
ii°	iv	VI	ii	IV	vi

最短経路の法則 あるピッチ・イベントから次のピッチ・イベントへの進行がある時，TPS の理論は「この距離は pitch-space 上，最小限の値を持つよう計算されるべきである」という原則を設ける．すなわち余計な和声の変化・転調などは考えないようにする．この原則は物理現象の状態変位になぞらえ，時間・距離を最小にする経路で変位が起きるようなものとして説明される．

1. 延長的簡約木（図 6.35）において，簡約の度合いを木の高さ（深さ）に応じて a–b–c とする．
2. 木の深さに応じた和声の延長を以下のように考える．

    - レベル a ではすべては e_1 の影響下にあると考える．
    - レベル b では e_1 で開始され，e_4 で終止すると考える．

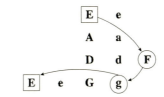

a) Prolongational level *a–b*　　　b) Prolongational level *c*

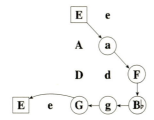

c) Prolongational level *d*

図 6.36: 異なるレベルの path

- レベル c では $e_1 \to e_2 \to e_3 \to e_4$ という進行であると考える.

3. レベルの深さに応じた和音の進行を複合スペースに表示する．矢印は和音と調の遷移を表し，四角囲みはスタートと終点，丸囲みは途中経過である．
4. 図 6.36 では異なるレベルの和声進行を一つのスペースに同時表示している．実線矢印はレベル b または c，点線矢印はレベル d または e など．
5. 図 6.37 では

    - 二重線は楽譜上同一のイベントのピボットを表す．中央部では C が 9 個の和音の中央にあるため I（ハ長調の I の和音）を表し，それがすぐ下の V/F（ヘ長調の V の和音）と解釈されることが示されている．
    - 点線の矢印・二重線は「最短経路の法則」に基づく経路で，左上では V/E→V/C が V/e→III/e と解釈されると最短であることを示している．

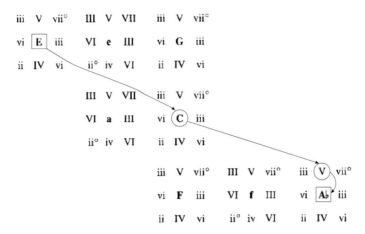

a) Prolongational levels *a–b*

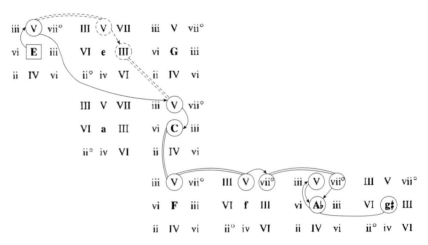

b) Prolongational levels *c–e*

図 6.37: 複合スペースにおける異なるレベルの path

6.7 和音の緊張度とメロディーのアトラクタ

和音の緊張度 まず表層的な和音の緊張度を見るなら，二つの隣接する和音の和音間距離が離れていれば，これはその距離分の緊張が生ずると考えられる．したがって，隣接による**緊張度** (sequential tension) T_{seq} は前節で定めた和音間距離によって定義される．ところが当該の和音そのものにも転回

形の時や和声外音の存在によって緊張度が加算されるべきで，このコストを T_{diss} と表す．したがって

$$T_{seq}(y) \stackrel{def}{\equiv} T_{diss} + \delta(x_{prec} \to y)$$

と定義する．ここで x_{prec} は y に先行する和音である．

　ところが，熟達した聴者は耳の記憶を用いてトニックからの乖離を計ろうとする．延長的簡約木の中で二つの連結した和音がある時，一つ目が二つ目よりトニックに近い場合すなわち二つ目がさらにトニックから遠ざかる時は緊張を高め，二つ目のほうが近い場合すなわちトニックに近づく時は緊張を緩めていると考えられる．すると延長的簡約木において，ある和音の受け取る緊張度は，その和音自身の局所的な緊張度 T_{loc} とともに，木の中で広域的に上位の枝から受け取る緊張度 T_{glob} の累積になっていると考えられる．

$$T_{loc}(x \to y) = \delta(x \to y)$$

$$T_{glob}(y) = T_{loc}(x_{dom} \to y) + T_{inh}(x_{dom})$$

ここで x_{dom} は y を直接支配 (dominate) する（y の枝が接続する上位の）和音，T_{inh} は x_{dom} のさらに上位の枝から累積して受け取った緊張度の和である．

メロディーのアトラクタ　メロディーにも同様に，聴者はトニックからの乖離を意識し，トニックへの回帰を期待すると考えられる．そこで最後にメロディーのトニックへの志向度を**アトラクタ** (attractor) として定量化しよう．まず各音の緊張度 (melodic tension value) は図 6.38 の深さである．例えば C は 0, C♯ は 3 である．図中，A にとって B は同レベルの隣人であるが，G はより高いところにある隣人である．A は G により強く引きつけられる（anchor される）と考える．この引きつけの強さ (anchoring strength) は図 6.38 において ( ) の中の数で表される．例えば，C は 4, D は 2, E は 3 であり，この比を考えると，D の E へのアトラクションは 3/2, D の C へ

```
(4)  C                                                              C
(3)  C                   E              G                           C
(2)  C        D          E      F       G        A         B        C
(1)  C  Db/C♯ D  Eb/D♯   E   F  F♯/Gb   G  Ab/G♯ A  Bb/A♯  B        C
```

図 6.38: メロディのアトラクタ

のアトラクションは 4/2 であると仮定できる．これにより，D は E より強く C に引きつけられると考える．

以上により，メロディック・アトラクションは

$$\alpha(p_1 \to p_2) = \frac{s_2}{s_1} \times \frac{1}{n^2}$$

と定義される．ここで s_i は p_i の anchoring strength，n は p_i 間の半音数である．

この節の終わりに　以上，TPS における定量化の試みについて概略してきた．しかしながら，TPS における定式化はあくまで定式化の第一歩であり，その妥当性はさらに検証される必要がある．例えば，和音間距離 $\delta(x \to y) = i + j + k$ は，さらにこれ以上パラメータが必要である可能性はないだろうか．また i, j, k には何か以下のように w_1, w_2, w_3 を与えて重みづけがなされべきではないだろうか．

$$\delta(x \to y) = w_1 i + w_2 j + w_3 k$$

緊張度の定量化も同様で，$T_{glob} = T_{loc} + T_{inh}$ であるというなら，何か重みづけされて，

$$T_{glob} = w_1 T_{loc} + w_2 T_{inh}$$

と定式化される必要があるのではないか，などなど．こうした重みづけこそ現代の計算機科学の活躍すべきところであり，いま大量の電子データから妥当な数値の模索が可能になっていると思われる．

第6章　関連図書

[1] F. Lerdahl and R. Jackendoff. *A Generative Theory of Tonal Music*, The MIT Press (1983)

[2] F. Lerdhal. *Tonal Pitch Space*, Oxford University Press (2001)

第7章 GTTMの展開

　我々の研究の作業仮説は,「もし音楽とは何かを明らかにすれば,音楽を数理的に扱うプログラムが実現でき,音楽を自由に計算できるようになる」である.それはあたかも数とは何かが分かれば,数を自由に計算できるようになる,演算の性質を理解すれば思いどおりに四則演算できるようになるのと同じである.本章では,音楽を自由に計算するという課題に答えることをとおして,音楽とは何か,の答えに近づきたいと思う.音楽の中に含まれているさまざまな情報の中でも,作曲者の意図や聴者の認識は特に重要と考えられる.音楽理論 GTTM のタイムスパン木は,その作曲者の意図や聴者の認識を表現するために提案された.もし,そのタイムスパン木を形式化し,タイムスパン木に関する代数系を作ることができれば,音楽を計算できるようになるかもしれない.

7.1 音楽に意図を込めること

　音楽を生成するあるいは創出することは,音楽を認識するあるいは理解することより技術的に難しい.音楽や言語を生成する現象自体を分析し理論化する試みとしては,本書で何度も触れてきたモリノの三分法[1]やレイコフの生成意味論[2]などがある.ここでは,楽曲や文に込める意図が問題となる.**意図**とは,音楽家や話者などコンテンツを表出する側の人が発想し,人為的にコンテンツに付与された何らかの意味のことである[3].その意図のもとで,楽曲や文の要素を選び構造を与えることで,受容する側の人に何らかの情動や行動を生じさせる効果を期待する.もし意図だけを楽曲や文などのコンテンツとは独立に表現することができれば,人の考えている意図を純粋にシステムに直接入力できるだろうし,計算機上で変換したり操作したりもできよう.しかし今のところ,コンテンツに込める意図に関する基本原理や法則は形式化されておらず,その概念や振る舞いの定義は曖昧で不完全であ

[1] *cf.* 1.7 節.
[2] *cf.* 3.1 節.
[3] 1987 年に米国の哲学者ブラットマン (Michael Bratman, 1945-) は,実世界における人の意志決定モデルとして BDI モデル (Belief-desire-intention model) を提唱した.BDI モデルは,動的な環境における合理的な未来志向の意図を説明し,実現する方法を与える.このモデルには思考あるいは行動に関する意図という概念が導入されている.

る．そのため，正しく人のように動作するプログラムを実現することは困難である．人が意図を込めて音楽や言語などを作り出す活動に関しては，いわゆる作曲法や文章作法のようなものが多数提案されている．これらは意図を直接的に音符の列や単語の列として表出するための実践的な方法論あるいはノウハウ集，と分類した方が適切であろう．

実際に人がコンテンツに意図を込める操作を計算機上で実現するあるいは支援する方法としては，エディタ，事例に基づく推論，機械学習，generate & test 法，遺伝的アルゴリズム，シミュレーションなどがある．エディタは，表出したい文章や楽譜を作り出すために，必要な文字や音符を1個ずつ入力するツールである．手間はかかるが，込めたい意図どおりの文章や楽譜を作り出すことができる．事例に基づく推論や機械学習は，込めたい意図と類似した意図を持つ既存のコンテンツをシステムに提示し，システムはそのコンテンツを元に表出するコンテンツを再構成する方法である．一般に，事例に基づく推論は一つの既存コンテンツから，機械学習は複数(大量)の既存コンテンツから再構成を行う．generate & test 法と遺伝的アルゴリズムは，直接それを生成するシステムの実現は難しいが評価したり識別する関数や手続きを与えることは比較的容易であるという一般的性質を利用した手法である．つまり，そのコンテンツに意図を込めるのは困難でも，込めたい意図が込められているかどうかをチェックするのは比較的容易という意味である．シミュレーションは，上記の方法を複合的に用いる方法である．テンプレートは，テンプレート中の空いているスロットに上述の方法によって生成された値を埋める方法と見なすことができる．上に挙げた方法はいずれも個々のコンテンツを直接構成し表出する方法であり，システム使用に関する柔軟性と使い勝手のトレードオフに縛られてしまう[4]．

実はもう一つ，人が意図を込める処理を計算機上に実現する方法がある．それは，性質がよく知られている基本演算あるいは使い慣れた基本機能を人が自由に組み合わせて実行するというプログラミング的な方法である．この方法では，プログラミングの最中のプログラマが自分の書いているコードの実行時動作を予想しながらプログラムを書くのと同様に，コンテンツ最終形での意図や状態を予想しながらコンテンツを作成する（試行錯誤的に基本機能や基本要素を組み合わせる）．このプログラミング的な方法なら，システム使用に関する柔軟性と使い勝手のトレードオフを解消できるかも知れない．しかしその大前提として，人は自分が今作成している最中のコンテンツ

---

[4] cf. 1.2 節

全体の性質や状態を推論し予測できるということが挙げられる．

音楽をプログラミングするという還元論的な方法は実現可能なのだろうか．プログラムに含まれる四則演算によってあらゆる計算が実現されるように，定規とコンパスがあればあるクラスのすべての図形が描画できるように[5]，音楽の意味を表現する木構造を思いどおりに変形・変換・加工できる演算を発見することはできるのだろうか[6]．第 1 章で議論したように，音楽の意味に関する普遍的な構造や性質を扱うレイヤと感性，嗜好，芸術性を扱うレイヤを分離すれば，基本演算を適切に設定できるので，音楽をプログラミングできるようになるかもしれない．以下本節では，音楽理論 GTTM を応用した我々の音楽生成の試みを紹介しよう [6, 4, 9, 5, 10]．

[5] https://ja.wikipedia.org/wiki/定規とコンパスによる作図

[6] 画像処理分野に**数理形態学 (mathematical morphology)** と呼ばれる還元論的な認識手法がある [1]．画像 (形状) を集合として扱い，基本演算をその集合に適応し変形していくことで画像の意味理解を行う．

7.2 GTTM 分析とレンダリング

図 7.1 に示すように，ここでの音楽分析とは，与えられた楽譜や演奏からタイムスパン木を抽出することである．GTTM 分析は，楽譜から楽譜に書かれていない情報をタイムスパン木の形で推測し抽出する．演奏を分析対象とする時も同様に，演奏から直接聴き取るのが難しい関係や情報をタイムスパン木の形で推測し抽出する．また，タイムスパン木の末端の葉は実際の音ではないので，タイムスパン木を聴くためには，タイムスパンという抽象的な音にオンセットと音価という情報を補い実際の音に変換する必要がある．こうしてタイムスパン木の情報を楽譜として外化し，演奏可能なあるいは聴取可能な現実の音に変換する操作を**レンダリング**と呼ぶ．レンダリングは音楽分析と逆向きの操作であり，楽譜という表層レベルでの曖昧さを生み出す役割も担っている．

GTTM 分析では，ある楽譜や演奏が与えられた時，一般に複数個のタイムスパン木が抽出されるので，楽譜・演奏からタイムスパン木へは 1:N 写像である [7]．図 7.2(a) は，同じ旋律に対して，スラーのつけ方が異なる 2 種類の楽譜が出版されている例である．そのスラーのつけ方に従って，2 種類のタイムスパン木が生成される．譜面上全く同じ旋律でも，その旋律が楽

図 7.1: GTTM 分析とレンダリングの関係

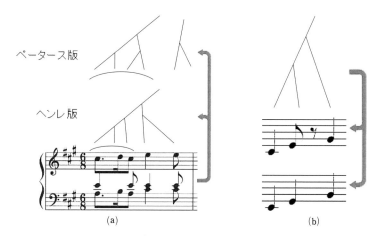

図 7.2: GTTM 分析とレンダリングにおける曖昧性

曲の先頭に現れた場合と最後に現れた場合では意味が異なる場合があり，その異なる解釈は異なるタイムスパン木として表現することができる．さらに，譜面上全く同じ旋律を複数の演奏者が互いに異なった解釈をする場合もあり，同様に異なるタイムスパン木として表現することができる．一方，図 7.2(b) のようにレンダリングも 1:N の写像である．主な理由は，タイムスパン木には休符の概念が含まれないため，レンダリングにおける休符の導入には恣意性が生じるからである．

7.3 タイムスパン木の形式化

タイムスパン木の形は，重要な音がトーナメント形式で勝ち残る様子を表現していると述べた[7]．タイムスパン木中では，あるピッチイベントが勝ち残る限り直線が続き，負ける分岐点がその直線の端点となる．あるタイムスパン木の一番根元まで生き残ったピッチイベントは，その木全体を支配する最も重要なピッチイベントである．根元から 1 段だけ左右の枝に移動して得られる二つの部分木についても同様に，部分木の根元まで生き残ったピッチイベントは，それぞれの部分木全体を支配する最も重要なピッチイベントである．この部分木への分割は再帰的に葉に到るまで繰り返すことができる．ここで，**最大タイムスパン (maximum time-span)** とは，あるピッチイベントがタイムスパン木の中で最も勝ち残った分岐におけるタイムスパン（時間幅）のことである．最も勝ち残った分岐において，ピッチイベントは

[7] *cf.* 6.4 節

最も長いタイムスパンを支配する．

ここで，一方がもう一方を包含する二つの最大タイムスパンを考える．長い方の最大タイムスパンがより長い範囲を支配しているので，より多くの情報を含むと仮定する．ここで我々は，一つのピッチイベントを含む枝を簡約する（削除する）と，その最大タイムスパンに対応する情報を失うという仮説を導入する．これを**最大タイムスパン仮説**と呼ぶ．

図 7.3(a) の例では，ある旋律が四つのピッチイベント e1, e2, e3, e4 から成り，各ピッチイベントは対応する楽譜上の音価 s1, s2, s3, s4 を持っている（図中，細線で描かれている）．図 7.3(b) では，その旋律のタイムスパン木と対応する最大タイムスパン mt1, mt2, mt3, mt3 が描かれている（太線）．図 7.3(a) のタイムスパンと図 7.3(b) の最大タイムスパンの関係は次のようである．階層の最下位レベルにはタイムスパンと最大タイムスパンが等しいピッチイベントがある：$mt2 = s2, mt3 = s3$．その上のレベルでは，$mt1 = s1 + mt2, mt4 = mt1 + mt3 + s4 = s1 + s2 + s3 + s4$ という関係が成り立っている．ここで例えば四分音符の音価を 12 **ティック**[8]とすると，$s1 = s2 = s3 = s4 = 12, mt2 = mt3 = 12, mt1 = 24, mt4 = 48$ となる．つまりすべてのタイムスパンは，タイムスパン木における下位レベルの隣接するタイムスパンと連結されることで伸長していく．下位レベルのすべてのタイムスパンを連結した時にそれが最大タイムスパンとなる．

次にタイムスパン木を簡約する順序について考えよう．簡約とはタイムスパン木に含まれるタイムスパンを一つ削除することであるが，任意のタイムスパンが削除できるわけではない．削除できるのは，末端の secondary の方だけである．簡約する前のタイムスパン木と後のタイムスパン木の間

[8] ティックとは音楽ソフトやハードのシステム内部で用いられる時間単位を意味する．時計の針が時間を刻む際の分解能（最小時間）をティック (tick) と呼ぶところに由来する．

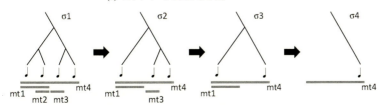

(a) ピッチイベントと音価の列

(b) 簡約可能な最大タイムスパンを削除することによる簡約の進行

図 7.3: 最大タイムスパンの階層構造とその簡約

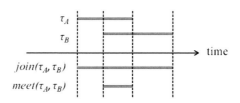

図 7.4: タイムスパンの join と meet

には**包摂関係**が成り立つ．包摂関係は知識表現において最も基本的な関係である[9]．あるタイムスパン木において簡約可能な箇所は一般に複数個あるので，簡約の実行順序は一意に決まらず，簡約されたタイムスパン木の集合は**半順序集合**となる[10]．さらに，もしその半順序集合上に join と meet が定義できる場合，その半順序集合は**束 (lattice)** であるという．直感的には，join は集合の積に，meet は集合の和に対応する．

基底段階 (base case) として二つのタイムスパン τ_A, τ_B の join と meet を考える（図7.4）．もし τ_A と τ_B が互いに離れていたら（時間的に重なる部分がなければ，あるいは**接続可能**でなければ），join は存在せず，meet は空（⊥ と表記する）となる．長い範囲を支配するタイムスパンの方がより多くの情報を含むという最大タイムスパン仮説に従っている[11]．次に帰納段階 (inductive case) として，二つのタイムスパン木 σ_1, σ_2 を考える．σ_1 の任意の枝に関して σ_2 に対応する枝が存在する時，σ_1 は σ_2 に包摂されるという[12]．$\sigma_1 \sqsubseteq \sigma_2$ と記す．

もう少し形式的に join と meet を定義してみよう．

join: $\sigma_1 \sqsubseteq y$ かつ $\sigma_2 \sqsubseteq y$ であるような最小の y が存在する時，y を σ_1 と σ_2 の join と呼び $\sigma_1 \sqcup \sigma_2$ と書く．

meet: $x \sqsubseteq \sigma_1$ かつ $x \sqsubseteq \sigma_2$ であるような最大の x が存在する時，x を σ_1 と σ_2 の meet と呼び $\sigma_1 \sqcap \sigma_2$ と書く．

簡単な例を図7.5に示す．join 演算子 $\sqcup$ と meet 演算子 $\sqcap$ は再帰的にタイムスパン木に適用され，図7.5の場合，最終的に八分音符（部分タイムスパン木）と八分休符の join と meet が呼び出される．join と meet はタイムスパン木に対する操作であるが，説明を簡単にするため，曖昧でない限りタイムスパン木と楽譜を同一視しよう．八分音符と八分休符の join では，八分休符を ⊥ と見なして，join の値は八分音符となる．これに対して meet は一方が ⊥ なので meet の値も ⊥ となる．したがって，join により引数とし

---

[9] **メレオロジー (mereology)** という学問分野は，部分と全体の関係に論理的な基礎を与えることをテーマとする．

[10] Poset (partial ordered set) と呼ばれ，反射律，反対称律，推移律を満たす．

[11] 時相論理の区間意味論 (interval semantics) に同じ．

[12] 本書での包摂関係は，タイムスパン木の形と最大タイムスパンにのみ基づいて定義されており，ピッチイベントの情報（音高）は無視している．

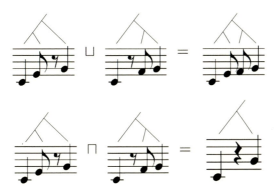

図 7.5: join と meet の簡単な例

て与えられた二つの木の単一化が得られ，meet により二つの木の共通部分が得られる．この join と meet を計算する過程には非決定性がない[13]ので，join と meet は唯一存在する．ゆえに，タイムスパン木の半順序集合は束 (lattice) になる．束の上では，$x \sqsubseteq \sigma_A$ の時，$\sigma_A \sqcup x = \sigma_A$ と $\sigma_A \sqcap x = x$ が成り立つ．さらに，$\sigma_A \sqsubseteq \sigma_B$ の時，任意の x に対して，$x \sqcup \sigma_A \sqsubseteq x \sqcup \sigma_B$ と $x \sqcap \sigma_A \sqsubseteq x \sqcap \sigma_B$ が成り立つ．join と meet が存在するような代数的な束の上では，次のような**吸収律** (absorption law) も成り立つ: $(\sigma_A \sqcup \sigma_B) \sqcap \sigma_A = \sigma_A$ と $(\sigma_A \sqcap \sigma_B) \sqcup \sigma_A = \sigma_A$．

直感的には，join は和集合に，meet は積集合に対応するように思えるだろう．実際のところは，和集合と積集合が満たしている性質を join と meet が満たすように，最大タイムスパンを導入して join と meet を設計したのである．一致していない性質としては，join に与えられた引数の値によっては join の値が定義されない，つまり部分的 (partial) なのに対し（図 7.4 の基底段階について述べた所で，join が存在しない例を挙げた），和集合は全域的 (total) である．

Tojo and Hirata (2012) [9] では，タイムスパン木の表現を素性構造によって与え，それに適用される join と meet のアルゴリズムを与えた．我々が本書で提案する枠組では，タイムスパン木の集合が領域 (domain) として働き，join と meet はその領域上で定義される演算子なので，代数的と考えることができる．さらに我々は，この**代数的な**アプローチが，ノーマン (Donald Norman, 1935–) が提案しているデザイン原理の中に現れる簡便性 (simplicity) の実現法の一つであると考えている：

[13] 次に実行可能なステップ候補が複数存在しそのどれか一つを選んで実行するような場面が生じない．

Simplicity: The complexity of the information appliance is that of the task, not the tool. The technology is invisible. [8]. 簡便性：情報装置の複雑さとは，仕事の複雑さを反映したものであって，ツール自体が複雑であってはならない．インタフェースはユーザに意識されない方が望ましい（著者訳）

つまり，もしユーザがある複雑な処理を実現しようとしたら，join と meet という簡便で直感的な演算子を組み合わせて実現する．これは，あたかもどんな複雑な計算も四則演算の組合せで実現されているようなものである．

7.4 簡約距離

タイムスパン木を簡約するとは，そのタイムスパン木に含まれるタイムスパンを一つ削除することである[14]．この時，タイムスパン木からタイムスパンを一つずつ削除して得られるタイムスパン木の列を**簡約列 (reduction path)** と呼ぶ．一般に簡約可能な枝は複数本あるので，簡約列も複数ある．7.3 節で導入した最大タイムスパン仮説に従い，簡約によって削除された最大タイムスパンの分だけ情報が失われることを使って，簡約列上にあるタイムスパン木どうしの距離を削除された最大タイムスパンの和に等しいと定義する（**簡約列距離**と呼ぶ）．

[14] 簡約化の逆の操作は，新しい枝を1本ずつ追加していくことであり，それは精緻化 (elaboration) と呼ばれる．

次に，この簡約列上にあるタイムスパン木どうしの距離の概念を，束の上のタイムスパン木どうしの距離の概念へと一般化する．距離の計算を考慮して，枝の簡約は1本ずつ行うものとする．枝は必ずボトムアップに簡約されていく，つまりある枝の下に分岐がない時にその枝は**簡約可能 (reducible)** という．ただし，一つの音からなる音イベント，つまり1本の枝からなる木を除く．

まず $\varsigma(\sigma)$ をタイムスパン木 σ に含まれる音イベントの集合とし，$\#\varsigma(\sigma)$ を集合の濃度とし，s_e を音イベント e の最大タイムスパンとする．簡約列上にあって $\sigma_A \sqsubseteq \sigma_B$ であるような二つのタイムスパン木どうしの距離 $d_\sqsubseteq$ を以下のように定義する．

$$d_\sqsubseteq(\sigma_A, \sigma_B) = \sum_{e \in \varsigma(\sigma_B) \setminus \varsigma(\sigma_A)} s_e.$$

図 7.3 (b) の例では，$\sigma 1$ から $\sigma 4$ へと簡約される時に音イベントが $e2$, $e3$,

$e1$ の順で削除されるので，$\sigma1$ と $\sigma4$ の間の距離は mt2 + mt3 + mt1 となる．ここで仮に音イベント $e3$ が一番最初に簡約されて次に $e2$ が簡約されたとしても，距離は変わらない．タイムスパン木どうしの距離は，単純に削除した枝の最大タイムスパンの総和のように見えるが，各簡約ステップにおいて簡約可能な枝は異なるので，正しい順序で枝を削除しなければならない．

我々は，任意の二つのタイムスパン木どうしの距離を計算する方法を与えたいので，そのためにまず，一つのタイムスパン木に関する**最大タイムスパンの総和**を定義する：

$$tmts(\sigma) = \sum_{e \in \varsigma(\sigma)} s_e ,$$

この値を総最大タイムスパンと呼ぶ．もし $\sigma_A \sqsubseteq \sigma_B$ ならば，$d_\sqsubseteq(\sigma_A, \sigma_B) = tmts(\sigma_B) - tmts(\sigma_A)$. となる．特殊ケースとして $d_\sqsubseteq(\bot, \sigma) = tmts(\sigma)$ である．

ここに二つのタイムスパン木 σ_A, σ_B があり，それらの和集合 $\sigma_A \sqcup \sigma_B$ と積集合 $\sigma_A \sqcap \sigma_B$ を考える．明らかに，$\sigma_A \sqcap \sigma_B \sqsubseteq \sigma_A \sqcup \sigma_B$ が満たされるので，$\sigma_A \sqcup \sigma_B$ から $\sigma_A \sqcap \sigma_B$ へは σ_A を経由する簡約列と σ_B を経由する簡約列が考えられる．さて我々は，$d_\sqsubseteq(\sigma_A \sqcap \sigma_B, \sigma_A \sqcup \sigma_B)$ が唯一に決まるように距離を定義したい．まず二種類の距離尺度を定義しよう．

$$d_\sqcap(\sigma_A, \sigma_B) \equiv d_\sqsubseteq(\sigma_A \sqcap \sigma_B, \sigma_A) + d_\sqsubseteq(\sigma_A \sqcap \sigma_B, \sigma_B)$$
$$d_\sqcup(\sigma_A, \sigma_B) \equiv d_\sqsubseteq(\sigma_A, \sigma_A \sqcup \sigma_B) + d_\sqsubseteq(\sigma_B, \sigma_A \sqcup \sigma_B)$$

以上の距離尺度と，簡約列距離は唯一に決まることから，ただちに次の「距離の補題」が得られる：$d_\sqcup(\sigma_A, \sigma_B) = d_\sqcap(\sigma_A, \sigma_B)$（証明は [9] を参照されたい）．この補題より，σ_A と σ_B の間の距離 $d(\sigma_A, \sigma_B)$ を唯一に与えられることが分かるので，$\{\sqcap, \sqcup\}$ という表現は冗長である．よって $d_{\{\sqcap, \sqcup\}}$ という記法から $\{\sqcap, \sqcup\}$ を削除し，単純に 'd' と記すこととする．さらに，この距離の定義に関して，**三角不等式**

$$d(\sigma_A, \sigma_B) + d(\sigma_B, \sigma_C) \geq d(\sigma_A, \sigma_C).$$

も成立する．さらに技術的詳細については [9] を参照願いたい．

さて次に，二つの旋律を与えてその join と meet を計算する例題を図 7.6 に示す．その 2 つの旋律として，モーツァルトの『きらきら星変奏曲』K.265/300e "*Ah, vous dirai-je, maman*" から第 2 と第 5 変奏曲を使う．図中の括弧内の数字は，7.4 節で定義した総最大タイムスパンを表す．図 7.6 に

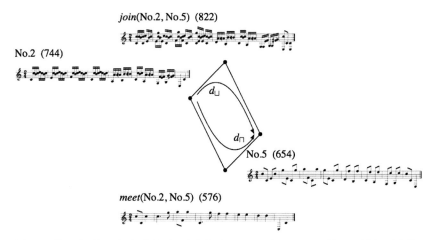

図 7.6: 第 2 と第 5 変奏曲およびそれらの join と meet が作る平行四辺形.
括弧内の数字は総最大タイムスパン（単位はティック）を表す.

おいて，四分音符を 12 ティックと定めると，第 2 変奏曲の総最大タイムスパンは 744 ティックとなり，同じく第 5 変奏曲の総最大タイムスパンは 654 ティックとなる．そして，2 種類の距離尺度の定義に従うと，$d_\sqcap$ = (744 − 576) + (654 − 576) = 246 および $d_\sqcup$ = (822 − 744) + (822 − 654) = 246 が成立していることが分かる．図中，四つのタイムスパン木が形成する四辺形の対辺どうしは同じ長さになるので，その四辺形は平行四辺形である．図 7.6 の例において，実際に距離の補題や三角不等式が成立していることが示せた．

図 7.6 に示した第 2 と第 5 変奏曲のタイムスパン木の場合は join と meet が計算できたが，先に説明したように，一般に join は常に計算できるとは限らない．join が存在するためには，引数となる二つのタイムスパン木の対応する各ノードにおいて，最大タイムスパンどうしが接続可能でなければならない（図 7.4）．接続可能とは，与えられた二つのタイムスパンの間に重なる部分が存在することを指す．二つのタイムスパンが接続可能ならば，和集合として join の値が計算できる．また，join と meet は吸収律と距離の補題を満たさなければならない．さらに技術的詳細については [10] を参照されたい．

先の 7.3 節の傍注で述べたように，現在はピッチイベント間の包摂関係が定義されていない．旋律間の距離計算に，ピッチイベント間の距離は考慮されておらず，タイムスパン木に現れるすべてのピッチイベント e は同じものと見なしている．つまり等価的に $join(e,e) = meet(e,e) = e$ である．

7.5 タイムスパン木の妥当性に関する実験

前節で導入したタイムスパン木どうしの距離が，人が聴取した時の心理的な距離とどの程度同じなのかを確認するため，被験者を使った実験を行う．課題曲として，モーツァルト作曲 K.265/300e "Ah, vous dirai-je, maman"（『キラキラ星変奏曲』としても知られている）を用いる．この曲は 12 の変奏曲を含むが，本実験では各変奏曲の冒頭 8 小節を用いる（図 7.7）．原曲はポリフォニー (polyphony)[†]だが，我々の手法は今のところモノフォニー (monophony)[†]しか扱えないので，実験に先立ち原曲を単旋律に編曲した．その際，右手と左手の各声部から重要な音を抽出し，和音から重要な音を選び出し，編曲された旋律が滑らかになるようオクターブを調整する．実験では，テーマと 12 の変奏曲（8 小節）からすべての組合せのペアを作る（$_{13}C_2 = 78$ 組）．

被験者を用いた実験では，大学生 11 人（内 7 名は楽器演奏経験あり）を集めた．聴取する 13 の旋律を m_i（$i \in \{0, 1, 2, \ldots, 12\}$，0 はテーマを，1 〜 12 は変奏曲を表す）と記すと，各被験者は，全ペア $\langle m_i, m_j \rangle$ を 1 回だけ任意の順に聴取する．被験者はペアを一つ聴くたびに m_i と m_j はどれくらい似ているかという質問に 5 段階評価で答える：とても似ている = 2，似ている = 1，どちらでもない = 0，似ていない = −1，全く似ていない = −2．実験を開始する際，コールドスタート問題を回避するため，被験者はテーマと 12 の変奏曲（8 小節）を一通り聞く（ただし評価は行わない）．順序効果を避けるため，被験者は同じペアを後でもう一回聞くようにする．つまり被験者は最終的に常に $\langle m_i, m_j \rangle$ と $\langle m_j, m_i \rangle$ を聴くことになる．被験者がその二つのペアにつけた評価点から平均を計算し，さらに全被験者に渡る平均を計算する．このようにして，m_i と m_j との間の心理的な類似性を表現する距離行列を得る．

理論値を計算する実験では，7.4 節で導入した簡約距離を採用する．簡約距離の計算には最大タイムスパンを用いるが，三連符も扱えるように，距離の最小単位を 16 分音符の 1/3 とした．（同じ単位を図 7.3 と図 7.6 の例でも用いている）．テーマと 12 の変奏曲に関する正しいタイムスパン木は，まず最初に論文 [5] の著者一人が作成しその後に別の著者がクロスチェックを行った．

図 7.7: 実験のため単旋律に編曲された各変奏曲の冒頭 8 小節

理論的な距離 $d(\sigma_A, \sigma_B)$ と距離行列で表された人の心理的類似度の対応関係を調べるのは簡単ではない．そこで我々は**多次元尺度法 (Multidimensional Scaling, MDS)** を用いてその対応関係を可視化する．MDS とは，要素間の距離あるいは相違度（類似度の逆）から成る距離行列を与えると，それら要素を最も効率よく識別する複数の軸（座標空間）を同定し，その座標空間中に要素を表示する手法である．したがって，より距離の近い要素どうしはその座標空間中でも近くに配置される．

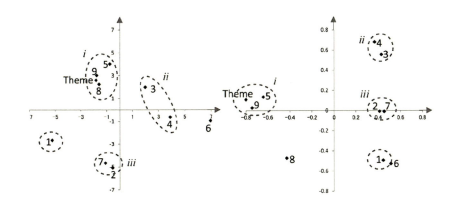

(a) 理論的な類似度　　　　　　(b) 被験者実験による類似度

図 7.8: 旋律どうしの相対距離の多次元尺度法による表示

まず我々は，Torgerson スケールの MDS を用いて 13 の旋律の距離を表示したが，理論的な距離と心理的類似度の間に明確な対応関係を見い出すのが難しかった．そこで，対象をテーマと第 1 から第 9 までの変奏曲（合計 10 の旋律）に絞って同様の表示を行った（図 7.8）．図中，テーマと数字 i (1..9) は，それぞれ図 7.7 の旋律に対応している．図 7.8 (a) 理論的な距離の MDS における各軸の寄与率は，第 1 主成分（x 軸）= 0.21，第 2 主成分（y 軸）= 0.17 であった．図 7.8 (b) 人の心理的類似度では，第 1 主成分（x 軸）= 0.32，第 2 主成分（y 軸）= 0.17 であった．

図中，(a) と (b) の間には，10 の旋律に関するいくつかの興味深い対応が見られる．まず (a) と (b) ともに見られるクラスタに着目すると，テーマ，第 5，第 8，第 9 がクラスタ i を，第 3，第 4 がクラスタ ii を，第 2，第 7 がクラスタ iii を形成している．さらに，クラスタ i, ii, iii どうしの相対的位置関係も (a) と (b) において類似している．これら以外の旋律としては，第 1 変奏曲とその他の旋律の間の相対的位置関係も類似している．(a) の第 1 主成分と第 2 主成分の寄与率に大差がないので，(a) の座標系を 90 度反時計方向に回転させると，(a) と (b) の対応関係はより直感的に分かりやすくなるだろう．一方，第 6 変奏曲の相対的位置関係は，(a) と (b) の間で対応が見られない．この実験により，リズム構造に着目しただけでも，簡約距離と心理的類似性の間には良好な対応関係があることが示された．しかし，本方法論をより精緻なものにするためには，音高に関する類似度を考慮する必要がある（7.3 節の傍注を参照のこと）．さらに，これまで提案されている

レーベンシュタイン (Levenshtein) 距離や Earth Mover's Distance (EMD) などと比較し，我々が提案している距離の特徴を明らかにする必要があろう．

7.6 タイムスパン木による旋律モーフィングの実現

もともとモーフィングとは，二つの画像が与えられた時にその中間の画像を生成するアルゴリズムを指していた[15]．音楽でも同じように，二つの旋律が与えられた時にその中間の旋律を生成するアルゴリズムをモーフィングと呼ぶ．本節では，一つのテーマから作曲された二つの変奏旋律を与えてその中間の旋律を生成する（モーフィングする）アルゴリズムを示そう．まず，二つの変奏曲のタイムスパン木を σ_A, σ_B と，モーフィング結果のタイムスパン木を σ_C とする．この時，ある距離空間上で σ_C が σ_A と σ_B の $N:M$ の内分点となることを要請する．ここで $M:N$ は，総最大タイムスパン $tmts$（7.4 節）に関する比率である．また，σ_A と σ_B を結ぶ線分を $M:N$ に内分する点をとり，そこから垂直に伸びる線上にある点はすべて σ_C の条件を満たすので，σ_C は無数に存在することに注意願いたい（図 7.9）．よって我々は，モーフィングのアルゴリズムが σ_A と σ_B を結ぶ線分上に存在する σ_C を計算することも要請する．

我々が提案するモーフィングのアルゴリズムを以下に示す（図 7.10）[10]:

1. 二つの旋律 σ_A と σ_B を与え[16]，$meet(\sigma_A, \sigma_B)$ を計算する．
2. σ_A から $meet(\sigma_A, \sigma_B)$ への簡約列を考え，σ_A から 1 音ずつ削除していき，その簡約列を $N:M$ に分割するタイムスパン木 α を得る．

[15] キング・オブ・ポップと呼ばれる米国の歌手マイケル・ジャクソン (Michael Jackson, 1958-2014) の "Black or White" (1991) の公式プロモーションビデオ（5 分 25 秒付近以降）で有名になった．

[16] ここでは，タイムスパン木と旋律は 1 対 1 に対応するので，便宜的に旋律とタイムスパン木を同じ記号で表す

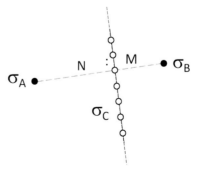

図 7.9: モーフィングの条件を満たす楽曲の存在範囲

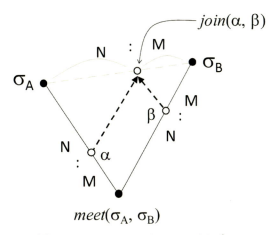

図 7.10: モーフィングのアルゴリズム

3. 同様に，σ_B から $meet(\sigma_A, \sigma_B)$ への簡約列を $M:N$ に分割するタイムスパン木 β を得る．
4. $join(\alpha, \beta)$ を計算する．
5. タイムスパン木 $join(\alpha, \beta)$ を実際の楽曲（楽譜）に変換する

図中には α, β, $meet(\sigma_A, \sigma_B)$, $join(\alpha, \beta)$ の四つのタイムスパン木があり，図 7.6 のような平行四辺形を形作っている．明らかに σ_A と σ_B 間の距離に関して，$d(\sigma_A, \sigma_B) = d(\sigma_A, join(\alpha, \beta)) + d(join(\alpha, \beta), \sigma_B)$ が成り立っている．つまり，σ_A と σ_B を結ぶ線分上に存在する σ_C を計算している．さらに $tmts(\sigma_A) \leq tmts(\sigma_B)$ の時，$tmts(\sigma_A) \leq tmts(join(\sigma_A, \sigma_B)) \leq tmts(\sigma_B)$ も成り立っている[17]．

モーフィングアルゴリズムに対し 3 点コメントを加える．一つ目のコメントは，タイムスパン木における枝の向きが異なるノードどうしの join に関してである（つまり，左分岐と右分岐の単一化である）．現在の join の実装では，二つのタイムスパン木の対応するノードの分岐方向が同じでも異なっていても，それらを単純に重ね合わせている．つまり，二つの枝分かれ状態が同時に存在しているようなイメージである．枝の向きが異なるノードどうしが重畳したようなデータ構造をこれまでのタイムスパン木同様に扱う立場をとるか（実数に虚数を加えて複素数に拡張するようなイメージであろうか），そのようなデータ構造は認めないという立場をとるかは議論の余地がある．

[17] $tmts$ は 7.4 節で導入した総最大タイムスパンである．

二つ目のコメントはレンダリングのアルゴリズムに関してである．現在実装されているレンダリングのアルゴリズムは，最大タイムスパンをピアノロールの1音を表す線分と見なして，上位（木の根に近い方）のタイムスパンからトップダウンに楽譜上の音符に変換する．下位（木の末端に近い方）のタイムスパンが上位のタイムスパンの一部あるいは全体を上書きする場合がある．これより例えば，最も重要なピッチイベントであるにもかかわらず，その最大タイムスパン全体が下位の複数のタイムスパンによって上書きされて，音符として残らない場合が生じ得る．したがって単純なトップダウンのアルゴリズムでは，妥当な旋律（楽譜）を生成できない場合がある．対策としては，例えば，レンダリングにトップダウンだけでなく何らかのボトムアップな過程も取り入れたり，生成された楽譜のGTTM分析をインクリメンタルに行ってレンダリングが適切な旋律を生成しているかどうかを検査することが考えられる．

　もし枝の向きが異なるノードどうしが重畳したようなデータ構造を認めるとすると，そのレンダリング法も問題となる．まず単純に，重畳している二つのタイムスパン木を同時に発音させる，つまり二つ以上の音から成る和音を生成する方法があろう．それ以外の実現法として考えられるのは，例えば，重ね合わされたタイムスパンが徐々に一方から一方へと遷移していくような方式である[18]．レンダリングについても議論の余地が残っている．

　三つ目のコメントは，モーフィングのアルゴリズムを工夫して，枝分かれの向きが異なるタイムスパン木どうしをjoinしないようにできないかということである．joinの引数である二つのタイムスパン木は簡約パスから選び出されるが，もし枝の向きが異なるノードどうしのjoinが生じてしまった時は，バックトラック[19]して簡約パスからの選び出し方を修正するのである．あるいは，制約プログラミング[20]の技術を用いて，枝の向きが異なるノードどうしのjoinは計算しないという制約を記述して問題を解かせることも可能である．すると，モーフィング実行時に指定される内分比のとおりに出力を生成することが難しい場面もあるが，枝の向きが異なるノードどうしのjoinという解釈が定まっていないデータ構造を回避できる．

　このモーフィングアルゴリズムはSWI-Prolog[11]で実装した．実験に用いた曲は7.5節に同じく，モーツァルトの変奏曲K.265/300e『*Ah, vous dirai-je, maman*』である．この実験では，第1，第2，第5変奏曲の冒頭8小節を元旋律として用い，モーフィングによってそれらの中間の旋律を生成する

---

18) タイムスパン木の遷移型ヘッド (transformation head) に類似している [3, p.155]．

19) 問題の解を見つける処理の途中で，矛盾や競合などが生じそれ以上探索を進められなくなった時，処理をあるステップまで後戻りさせ，それまでとは異なる解の候補を選び直して再び処理を再開する技法．

20) 変数が満たすべき条件や変数どうしが満たすべき条件（これらを制約と呼ぶ）を人が宣言するだけで，計算機が自動的にその制約を満たす変数の値を発見するようなプログラミングパラダイム．つまり，人は計算の手順を記述する必要がない．

図 7.11: 第 1，第 2，第 5 変奏曲とモーフィングによって生成された旋律

(図 7.11). これら 3 つの変奏曲を選んだ理由は，どの変奏曲どうしの組合せでも join が計算できるからである．つまり，含まれるすべての join 計算において，最大タイムスパンどうしが接続可能である．図 7.11 中，変奏曲

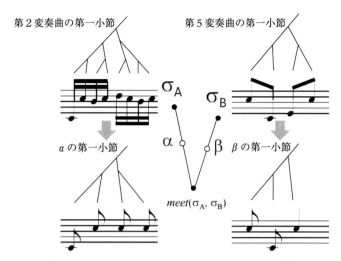

図 7.12: 第 2 と第 5 変奏曲から 1:1 のモーフィング旋律の生成

の楽譜の間に対応するモーフィング旋律を示す．例えば，"No.2&No5 1:1" は第 2 と第 5 変奏曲のちょうど真ん中の旋律である．比率 "1:3" は，距離の比率を表しており，例えば，"No.2&No5 1:3" は第 2 変奏曲から距離 1 で第 5 変奏曲から距離 3 に当たる旋律のことである．

図 7.11 には，第 2 から第 5 変奏曲にかけて順に三つのモーフィング旋律がある．旋律のテクスチャが距離の比率に従って少しずつ変化するのが分かる．"No.2&No.5 1:1" を例にとってモーフィングの過程を詳細に説明する（図 7.12）．説明の便宜上，第 2，第 5 変奏曲と，途中で生成される α と $\beta^{21)}$ の各旋律に関して，先頭小節のみ示す．タイムスパン木 σ_A（第 2 変奏曲）と $meet(\sigma_A, \sigma_B)$ を比率 1:1 で分割して α を得るために，σ_A から簡約可能な枝を 1 本ずつ削除していき，ちょうど $tmts(\alpha) = (tmts(\sigma_A) + tmts(meet(\sigma_A, \sigma_B)))/2$ となったところで止める．この条件は，$tmts(\alpha)$ が $tmts(\sigma_A)$ と $tmts(meet(\sigma_A, \sigma_B))$ のちょうど真ん中にあるという意味である．同様に，σ_B から簡約可能な枝を 1 本ずつ削除していって β を得る．最後に α と β を join して，"No.2&No.5 1:1" の 1 小節目を得る（図 7.11）．

元の変奏曲とモーフィング旋律の類似度を大学生 6 名（内 4 名は 5 年間以上の楽器演奏経験あり）による被験者実験によって確認した．上述 7.5 節と同じ実験手続を採用し，元の変奏曲とモーフィング旋律の中から二つの旋律 $\langle m_i, m_j \rangle$ をランダムに次々と聴かせて似ているか似ていないかを判定してもらった．同じく，距離行列として得られた実験結果を多次元尺度法

---

21) α, β はタイムスパン木であるが，ここでもこれらをレンダリングして得られた旋律と同一視する．

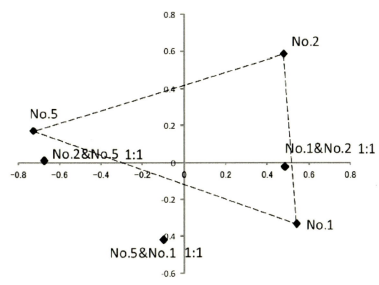

図 7.13: 被験者実験から得られた変奏曲とモーフィング旋律どうしの相対的な距離

(MDS) で可視化した（図 7.13）．

　第 1 と第 2 変奏曲の 1：1 モーフィングおよび第 5 と第 1 変奏曲の 1：1 モーフィングは，期待どおり元の変奏曲の真ん中あたりに位置している．それに対し，第 2 と第 5 変奏曲の 1：1 モーフィングは元の変奏曲の中間位置から大きく左下に外れている．その理由について考えてみよう．ここで図 7.11 の楽譜を見ると，第 2 と第 5 変奏曲のモーフィング旋律は，音符の個数については元の変奏曲の中間のように見えるが，タイミングが同じ八分音符を（特に前半に）多く含んでいる．その結果，元の第 5 変奏曲に近いと認識されたと思われる．

7.7　まとめに代えて

　本章の 7.5 節と 7.6 節で紹介した実験を通して，タイムスパン木は人の音楽認識を正しく表現しているか，タイムスパン木を正しく計算しているかという二つの問いについて考えてきた．

　変奏曲どうしの相対的な距離（図 7.13）やそのモーフィング旋律どうしの相対的な距離（図 7.13）を見ると，ピッチイベントの差異まで計算せずにタイムスパン木の形だけでこれだけの弁別性能が得られたのは予想以上で

ある．しかしよく考えてみると，タイムスパン木を生成する際にはピッチイベントの情報を考慮するので，タイムスパン木の形にはピッチイベントの情報が間接的に反映されているとも考えられる．

　被験者実験から得られた距離と理論的な距離が食い違ったところを調べてみると，理由はいずれもピッチイベントに関連したものであった．一つは，距離を測定した二つのタイムスパン木に関して，その形は類似していても長調と短調だったために曲の印象が大きく異なってしまったことが分かった．もう一つは，7.2 節の傍注で触れたように，ピッチイベントに関する適切な包摂関係が与えられていないので，現在のシステムではすべてのピッチイベントを同一の e と見なして $join(e,e) = e, meet(e,e) = e$ としているためであった．例えば，タイムスパン木の形が同一でピッチイベントだけが異なるような旋律どうしの join を計算すると，ピッチイベントの情報は縮退して失われてしまう．やはり，タイムスパン木としてピッチイベントの情報まで適切に表現し，それらの距離を計算する必要がある[22]．レンダリングのアルゴリズムもまだまだ改良の余地がある．人はタイムスパン木をレンダリングすることで旋律を聴取できるようになるので，そのレンダリングが重要なピッチイベントを適切に音符に変換できて初めてタイムスパン木が人の音楽認識を正しく表現しているかを評価できる．したがって，レンダリングの質が実験結果の質を左右しているわけである．

[22] ピッチイベント間の包摂関係を定義するには，6.6 節で紹介したレアダールの Tonal Pitch Space 理論 [2] が有望だと考えている．

第 7 章　関連図書

[1] Goutsias, H., Heijmans, H. J.A.M. (Eds): *Mathematical Morphology*, IOS Press (2000).

[2] Fred Lerdahl, *Tonal Pitch Space*, Oxford University Press (2001).

[3] Fred Lerdahl and Ray Jackendoff, *A Generative Theory of Tonal Music*, The MIT Press (1983).

[4] Masatoshi Hamanaka and Keiji Hirata, Implementing Methods for Analysing Music Based on Lerdahl and Jackendoff's Generative Theory of Tonal Music, David Meredith (Ed), *Computational Music Analysis*, Chapter 9, pp.221-249, Springer (2016).

[5] Keiji Hirata, Satoshi Tojo and Masatoshi Hamanaka, Cognitive Similarity Grounded by Tree Distance from the Analysis of K.265/300e, *Proceedings of CMMR 2013*, pp.415-430 (October, 2013). Also in *Sound, Music, and Motion*, Lecture Notes in Computer Science Volume 8905, pp.589-605 (2015).

[6] Masatoshi Hamanaka, Keiji Hirata, and Satoshi Tojo, An Algebraic Approach to Time-Span Reduction, David Meredith (Ed), *Computational Music Analysis*, Chapter 10, pp.251-270, Springer (2016).

[7] Alan Marsden, Keiji Hirata, and Satoshi Tojo, Towards Computable Procedures for Deriving Tree Structures in Music: Context Dependency in GTTM and Schenkerian Theory, *Proceedings of the Sound and Music Computing Conference 2013 (SMC2013)*, pp.360-367.

[8] Donald Norman, *The Invisible Computer*, The MIT Press (1999).

[9] Satoshi Tojo and Keiji Hirata, Structural Similarity Based on Time-span Tree, *Proceedings of CMMR 2012*, pp.645-660. Also in *From Sounds to Music and Emotions*, Lecture Notes in Computer Science Volume 7900, pp.400-421 (2013).

[10] Keiji Hirata, Satoshi Tojo, Masatoshi Hamanaka, Algebraic Mozart by Tree Synthesis, *Proceedings of Joint ICMC and SMC 2014*, pp.991-997.

[11] SWI-Prolog, http://www.swi-prolog.org/ Accessed on April 1, 2014.

おわりに

　「モーツァルトが大好きです」という方にたまにお会いする．その明るく屈託のない曲想を愛し，晴やかな気持ちになれる人が多くいることは容易に想像できる．その一方で，逆にその能天気さにある種の単調さを感じ心から入り込めない気持ちを持つ人もいるのではないか．こういうことはもちろん好き嫌いの問題であるし，その好き嫌いはその人の音楽教育の背景とか，楽器の経験などによって左右するはずである．しかし音楽史を代表する大天才に誠に不遜な言い方であるが，敢えてモーツァルト嫌いの理由を考えるとすると，ある種の聴き飽きた感のようなものがあるのではないかと思う．モーツァルトは，バロックが終わりウィーン古典派の形式美がハイドンによって整えられた後に生きて，その形式美と和声進行の妙を最大限に発揮した人である．そしてその後のクラシック音楽史と言えばむやみな複雑化と肥大化・長大化，過剰な感情表出の歴史であった．おかげで，ある意味現代のポピュラー音楽はモーツァルト以前に回帰したという言い方だってできる．この視点で言えば今聞く音楽のほとんどはモーツァルトの手のひらの上なのである．つまりモーツァルトを聞いて「聴き飽きた」は正しい感想であり，モーツァルトを当時の形のまま何十分もかけて聞いて退屈にならないためには，それなりの訓練が必要とさえ言えるのである．敢えて筆者の弁解を最後に加えるなら，モーツァルトはかくも現代に影響を与えた天才であった．

　さてここでこの本の主題に戻ってみよう．「我々は計算機という新しい方法論を手にした．我々は今こそ音楽を間主観的に科学として扱うべきである．」この本を書いている 2016 年は，**人工知能**が全盛である．2011 年 IBM のワトソン君がクイズ番組で人間を負かした．2015 年 Google の「アルファ碁」が人間に勝った．では機械の手になるワトソン・モーツァルトやアルファ・モーツァルトができ，人間に新しい喜びを与えてくれるだろうか．

　このまま計算機科学が発展すれば，音楽情報処理は様変わりし，我々が音楽を聴くやり方や音楽を奏するやり方も大きく変化することだろう．本章で

は最後に，ヒルベルト[1]になぞらえて未来へ向けた問題をいくつか考えてみよう．

1. 12音平均律に代わる新しい音律が支配的になることがあるか．

　1オクターヴ，すなわち周波数比1:2を絶対的なものとし，その中を有限個に分割するという制約でなら，これ以上性能のよい音律はないように思われる．特に最初に論じた人間の耳の分解能と身体性によるとオクターヴ内12音は楽器が弾ける限界のように思われる．しかし新しい音楽を希求するなら12音と異なるピッチの音を加えるべきであるし，既に今の電子鍵盤楽器においても純正律やピタゴラス音律にチューンしたりさまざまな民族音階のピッチを出させることは可能である．ピッチを調整する機能は計算機によってさらに自由になるだろう．すると，オクターヴを不連続に整数個に分割しマップする（近似する）意味合いはもっと薄れるはずである．さらに言えば，最近20年我々を支配している音楽文化，カラオケにおいて「こぶし・しゃくり・フォール」[2]はうまい歌い手の指標となっている．したがって，音程跳躍を連続させる音律コントロールシステムはより重宝され，12音へ分割する意義は薄れるだろう．そしてこのことは次の五線譜の問題に直接つながる．

2. いまの五線譜は生き残るか．

　五線譜は音律の成立過程をそのまま反映して，ミとファの間，シとドの間が狭いままになってしまった．今となっては五線譜は人間が楽器を操るための共通プロトコルであり，もはや変更不能な状況にある．しかし楽譜に記載できる情報は限られるため前項のポルタメントをスラー†で近似することから始まり，音高を揺らすために作曲家たちは後年になるほど楽譜にさまざまな記号を書き加えた．後に述べるように，この先人間が直接楽器を弾く機会は減るかも知れない．すると五線譜の意義は相対的に減少し，音楽教育の中でみんなが学ぶべきものではなくなるのではないか．

　五線譜がそのプレゼンスを失うなら代わりにピアノロールはどうか．たしかに視認性は改善されるが，半音・全音不均等問題を抱えたままではわざわざ五線譜にとって代わることもないだろう．我々は計算機のためのフォーマット，例えばMusicXMLをそのまま見て音楽を想

---

[1] David Hilbert, 1862-1943. 1900年パリで行われた国際数学者会議ICMで10の数学上の未解決問題を提示し，後に著作の中でそれらに加えて23の問題を提示し20世紀における数学研究の指針を提示した．

[2] こぶしは指定音程を上下に揺らす歌い方，しゃくり・フォールはそれぞれ上方跳躍音程・下方跳躍音程への**ポルタメント**．

起するのは困難である．計算機を使ったもっとよい「標準的な」ビジュアルメディアができないか．これこそ計算機インタフェースの真骨頂であるはずであるが，一つ注文がつく．いままでのレガシー（既存の楽曲）に対して少なくとも同等な性能（曲の再現能力）が保証されなければならない．楽譜と音楽が共進化するとしたら次の問いにつながる．

3. 音楽はメロディー・リズム・和声と異なる次元を提示するか．

　本書の第1章，第3章では，音楽と言語は同ルーツであり，音楽はある時には言語に付随し，逆に言語を支配してきたと説いた．最近出現したラップはリズムが言語を規制し，逆に言語がメロディーの抑揚を抑えるという意味においてメロディーとリズムの独立性を侵食する．またいわゆる楽音の定義として音高 (pitch)†や音長 (duration)†があり，五線譜上に表記できるものという規制があるが，1950年代以降の**ミュージック・コンクレート (musique concrète)** とは非楽音を取り込んだ音楽であり，街の騒音や自然界の音を積極的に取り込むことで音楽概念を広げ，1960年代以降のロックにも影響を与えた．もし真に音楽概念が広がったら，いまの楽譜ではそれを表現できないはずである．これからどんな次元が加わって音楽概念が広がっていくのだろう．何を仮想化して音楽に取り込むことになるのだろう．そして，どこまでが音楽たりえるのだろうか．

4. 鍵盤の意義は何か．

　もし連続音高が今後の音楽の発展においてより比重を増すとするなら，鍵盤楽器のような固定した不連続音律の楽器はその意義が薄れると考えられる．しかし，先に述べたように人間の指の数や長さによくマッチした入力デバイスとしてキーボードの意味は大きい．たとえその12音平均律がさまざまな音律の近似化に過ぎなくても，それで十分用が足るケースがほとんどだからである．先に述べたとおり，電子鍵盤楽器は12音平均律のキー並びで他の音律を模倣できるのである．

　ピアノのキーボードはちょうど計算機のキーボードの固定化と同様，普及した規格であるがために存続し続けている．したがって不条理な黒鍵・白鍵の並び，すなわち白鍵の間隔に全音・半音がある今の仕様を改めるのは困難であろう．近年タブレット端末が普及し，タップと

フリックで文字入力も可能にはなったが，それでも必要に応じて画面にキーボードを表示させたほうが文字入力は速い．そしてそのキーボードのキー並びはタイプライター時代のままである．左手上段の"QWERTY"という並びはタイプライター時代に，相対的に不器用な左手がタイプ時にタイプアームが絡まないよう，わざと同時性のないキーを並べたものと言われる．そしてこうしたキー並びは依然残っている．計算機の時代になって英語キーボードに対して日本のメーカは日本語が入力しやすくするという名目でキーの配置を変えてしまった．リターンキーの形・大きさ，括弧の開閉などのキーの位置の不一致は極めて不快であるが一度普及した規格は頑強に使い続けられるのである．

5. アマチュアの演奏家は生き残るか．

アコースティック楽器を弾く機会が減り，アコースティック楽器そのものの数が減るかも知れないが，このことはアマチュア演奏家の存在まで否定するものではない．楽器を弾くという行為は人に聞かせる演奏のためとは限らないからである．人に聞かせる目的がなく下手であっても，筋肉運動と聴覚の連携がほどよければそれで楽しいことだってある．19世紀ヨーロッパ列強がアジア進出に盛んなころ，あるアジアの王国に二人のヨーロッパ人の王子が遊びに訪れた．王子たちは庭に即席のテニスコートを作りテニスを始めた．これを見た王は言った．「なぜご自分で汗を流される？　そんなことは奴隷にやらせばよいのに．」この話の啓くところはもちろん自分でプレイすることの喜びである．テニスのトーナメントに勝てる選手になろうと思えば，それこそ幼少の頃より訓練を積んで身体を作るところから始めなければならない．しかし試合に勝てなくてもテニスの打球の快感は誰にだって味わう権利がある．楽器もしかり．人に聞かせる演奏家になるには幼少の頃よりの訓練とそれなりの才能が必要であるが，下手でも弾く快感を味わう権利は誰にもある．自分だけの表現を聴いてもらう充実感，人にそれを受け入れてもらう開放感，上達する手ごたえ，楽曲の新しい魅力に気づくことなどを支援する技術には需要があるだろう．

6. プロの演奏家は生き残るか．

実はこの問題はトーマス・エジソン[3]が蓄音機を発明した時点から

---

[3] Thomas Edison, 1847-1931

生じている．一度録音した音楽をいつでも楽しめるならプロの演奏家の需要は激減したはずである．しかし録音された音楽には当時より依然二つの問題があった．一つは音質であり，レコードの音は生演奏の音に適わないと信じられてきたこと，もう一つは新しい「より良い」演奏にまだ出会う余地があることである．音質問題は後でオーディオ文化の項で述べるが，アコースティック楽器にこだわるなら，例えばアコースティックピアノを正確無比に演奏する（機械的に打鍵する）ロボットは1985年つくば科学博のころにはできていた．この先ヴァイオリンを弾くロボットもドラムを叩くロボットも需要があるならその技術は今よりはるかに向上するはずである．この意味でプロの「人間の」演奏家は旗色が悪い．

次に「より良い新しい演奏」問題である．楽譜に書かれたものを解釈し演奏するクラシックの再現芸術においては20世紀後半に一通り名演奏家による解釈が済み，どの曲にも決定盤というのが一通り出そろった状態である．この先技術的・楽理的に新しい発展はあまり期待できない．後は録音されたものの演奏スタイルの好みの問題である．再びこの意味での人間の演奏家の旗色は悪い．

未来の楽器が音源呼び出しの計算機内部のシステムになるなら，弦を叩いてあるいは擦って，また管の中に空気を送って新たに空気振動を作り出す必要がなくなる．優れた楽器，例えばストラディヴァリやスタインウェイの音を丁寧に**サンプリング**して採っておけば，この先高価な楽器はもう必要なくなるだろう．正確にリズムを刻み，あるいは揺らし，音色と音高をコントロールしたプログラムが書けるなら，そのプログラマが演奏家になるはずである．未来の演奏家と呼ばれる人は現代でいうシンセサイザ奏者の進化形であり，今よりはるかに進んだインタフェースで音源を的確に使いこなす達人である．

前項の楽器の音のサンプリングと同様に，好みの演奏家のスタイルのサンプリングというのも可能になるだろう．後は未来の演奏家と呼ばれる人がこれらをモーフィングするだけで好みの演奏を作ってくれるはずである．もちろんだからといってアコースティックな楽器を操って演奏をするプロがいなくなるわけではない．ただ相対的に，こうしたプロの需要が減るのと，希代の名演奏家というのが現れる可能性が小さくなるものと思われる．

7. 人間の作曲家は生き残るか．

　2014年，ある作曲家にゴーストライターがいたという事件が発覚し，その作曲家に集まっていた賞賛は霧消した．曲自体が優れているのであればそのゴーストライターを才能ある作曲家として新たに賞賛すればよい．しかしこともあろうにこのゴーストライターはその作曲手法が「有名作曲家のいいとこ取りの組合せ」であることを明かし，評論家たちの面目を見事につぶした．この事情に鑑みれば作曲**チューリングテスト**[4]は既に成功している．すなわち既存の音楽語法を組み合わせて新しい曲を作り，それなりの評価を得ることは既に実現されていると言ってよい．このこと自体は決してネガティヴなことではない．例えば我々は限られた数のバッハの楽曲，モーツァルトの楽曲しか持っていない．もっとバッハ・モーツァルトを聞きたくてもこれは不可能である．しかし素材を与えてバッハ風・モーツァルト風をそれなりの質保証の上に生成することは可能である．そしてこの程度のニーズに立つなら既に人間の作曲家は必要ないと言ってよい．

　しかしながらこの問題は視点を変えると，前述の「アマチュアの演奏家は生き残るか」と同じ議論が成り立つ．先行している将棋やチェスなどゲームの世界では，勝負に関していえば，既に人間のプロ棋士，チェスプレイヤの存在意義はない．今後は，アマチュアが趣味で指す将棋やチェスのためにその存在意義が移っていくだろう．音楽でも同じように，社会の必要がなくても，商業的に成功するあてがなくても，趣味で作曲をする人は居続けるだろう．作曲する楽しみは人間のものである．とはいうものの，限られた音階や和音の中でも今なおまだ良い音楽が生まれ続けているのだとすれば，人間の作曲家の活躍にはまだしばらく期待したいところである．

8. **コンサート**の意味はどう変化するか．

　その場で一緒に音楽を共有する喜びは誰しも味わったことがあろう．サッカーワールドカップの試合中継をするスポーツバー，渋谷のハロウィーンのコスプレ，そして町内のお祭りに参加する人たち．みなその場の一体感を喜んでいるのである．だから音楽のコンサートの需要は存続するし，できることなら何度でもコンサートに足を運びたいと考えるだろう．これをミュージシャンの立場から考えると，ある一組

[4] Alan Turing, 1912-1954. チューリングは計算機が知的であるかどうかをテストするために，カーテンの奥に隠された相手と対話を行い，相手が人間か計算機か区別できなければ知的であるとした．

のバンドが 1 年間に例えば 10 万回のコンサートが開けるかという問いになる．人間を**仮想パーソナリティ化**する技術が進めば，もしかしたら本当に 1 年間に 10 万回のコンサートができるようになるかもしれない．しかし，生身の音楽家が目の前で演奏するコンサートと全く一緒というわけにはいかないだろう．となると，やはり少々値段が高くても生身の人が目の前で演奏するコンサートがいいという人，パブリックビューイングのように，安ければ少し質が悪くても，皆と一緒なので十分楽しいという人，外に出るのが面倒なので，自宅内でヘッドマウントディスプレイ (HMD) とヘッドフォンによる仮想現実体験でも構わないという人，YouTube で「ながら視聴」するのでも全く問題のない人などに分かれる．ここに挙げたような異なるモードのコンサートが提供できるようになると，人々はコンサートに何を求めているのか，コンサートの本質は何なのかが問われるようになる．音楽家の立場からは，作品を固定する場は，コンサートなのか，プロモーションビデオ (PV) なのか，レコードなのかを考えて選ぶようになる．こうして社会におけるコンサートや作品の概念の境界が曖昧になってくると，音楽を作る行為と聴く行為の境界も曖昧になる．これは，人間の音楽体験の重畳化や時間細分化を促す．つまり，ある曲を作曲しつつ他の音楽を鑑賞するような並列的活動や，まず 1 分間作曲，次の 1 分間は鑑賞，さらに次の 1 分間はコンサートで演奏という具合に細切れの時間で次から次へと異なる活動に従事する並行的活動がますます可能になるということである．こんなせわしない状況での音楽体験は，どんな音楽世界を作っていくのだろうか．

9. オーディオ文化の復活はあるか．

　我々はモノラル音源からステレオへ，LP レコード・カセットテープから CD へ，そしてデジタルメディアへと媒体の変遷を経験してきた．現在の非可逆圧縮方式は理論的な情報量が CD より劣っているにも関わらず，我々の耳にそうと分かるにはよほど環境を整えなければならない，つまりさまざまなピッチを持つ音階を 12 音平均律が近似できたように，人間の耳の能力なんてある程度いい加減なもので心理的な影響のほうが大きい．昨今の LP レコードへの回帰は音質の問題ではなく懐古趣味のようでもある．一方でハイレゾ音源は人間の耳の

分解能を超えた周波数を録音している．どちらも物理的対象としての空気振動の周波数を議論しているのではなく，心理効果を議論しているのである．それではどのような心理的なフィルタが外在する物理的な音をどのように脳に届けているのか．計算機工学の今後の発展によって，ようやく音楽の情動の研究がオーディオと結びついて**オーディオ心理学**という学問を創生するだろう．

10. ヴィジュアルを離れて音だけを聞く音楽が存続するか．

　1950年代，まだクラシック音楽の音盤を個人で買うには高額過ぎるころ，御茶ノ水や渋谷には**名曲喫茶**というものがあり，マニアは目を閉じて音楽に聞き入った．これは先に述べたコンサートと同種の場の一体感を味わう効果も大きい．目を閉じるとは音楽鑑賞における最も象徴的な行為である．目を閉じて音楽だけに集中するというのは第1章で論じた絶対音楽への信奉あってのことであり，かつ意図的にヴィジュアルメディアを拒否するという行為であるからである．ところがワーグナーは総合芸術を唱えて，音楽を文学テキストと舞台の上演に結びつけ，古典的なオペラを楽劇に昇華させた．19世紀末の映画の出現以降この傾向はさらに進化した．ワーグナーはバイロイトに楽劇専用の演奏会場を作ったが，今日の3Dかつ重低音スピーカつきの映画館はワーグナーが生きていたら泣いて喜ぶ再生装置である．昨今ではアイドル歌手の出現以降，音楽は目の前でヴィジュアルに優れた歌手によって歌われることが主になり，ますますヴィジュアルメディアに服従する存在となった．このまま計算機による音楽情報処理が進み，メディアの圧縮・転送・表示速度が向上すれば視覚メディア抜きで音楽が提示されることはますます稀なことになると思われる．ヴィジュアル効果が奪われるのは目が他の用途に使われている時，すなわち歩きながらか運転している時（しかし自動運転の世界はもうすぐである）など，音楽を主目的にしない場合，すなわちBGMとしての用途に限られる．こうした音楽付随・ユビキタス化の傾向がますます進むのは嬉しいことではあるが，音楽の独立性は相対的に下がると思われる．

11. 音楽家や聴者の自己意識を扱えるか．

　これまで数え切れないくらい聞いた曲なのに，それでもまた新しく

気づくことがある．そんな経験を持っている人は多いだろう．音楽を聴く時，人は受け身ではない．意識的にしろ無意識にしろ，楽曲のここを聴こうと志向を定めてそこを聴いているのである．例えば，主旋律の裏でかすかに聞こえる管楽器の副旋律，このタイミングでピアノが奏でる和音，あるいは漠然とリズム全体ということもあるだろう．楽曲や演奏を理解するために，ほかにいくらでも注意を向ける場所があるのに，なぜあえてそこを聴こうとするのか．そしてそれを意図したのは「誰」なのか．ここでは，その「誰」のことを**自己意識**と呼んでおこう．

上述のような経験は，言語コミュニケーションの理論である**グライスの公準**[5]やスペルベルとウィルソンの**関連性理論**[6]との共通点を連想させる．これらは，人はできるだけ低い認知コストで合理的に言葉を理解しようとして志向を定めたり文脈を絞り込むと主張している．音楽と言語が同根であることを考えると，これらの理論は，なぜ音楽のそこに注意を向けて聴こうとするのかという問いに関するヒントを与えてくれるかも知れない．注意の志向は，これまで何をどう聴いてきたのかという記憶に基づいて決定される．もし作曲や演奏という行為が聴者にその音楽がどう伝わるか・聴こえるかを想像することであるとすれば，優れた音楽家は常に聴者の自己意識を意識しているに違いない．となると，自己意識は注意と記憶だけでなく，他者の自己意識も管理していることになる．このような働きをする自己意識がないと，音楽を本当に理解することも生み出すこともできないだろう．もし計算機の中に「自我」めいたものを実現できるなら，意識の志向を揺らしてその自我を観察するような実験も可能になるかも知れない．

12. 100 年後も生き残っている音楽を今判定することができるか．

J. S. バッハが活躍していたのは約 300 年前であるが，当時はむしろオルガン奏者として有名であり，バッハの手になる楽曲はほとんど残らなかった．バッハが 1750 年に没した後，1829 年のメンデルスゾーンによるマタイ受難曲ベルリン公演まで，専門家からも一般からもほとんど忘れられていた．しかしその専門家の一部でさえ，バッハが後に「音楽の父」と称されるほどの価値を持っているとは考えてもいなかったであろう．約 75 年前に誕生したビバップは当時実験的か

[5] 英国出身の言語哲学者グライス (Herbert Paul Grice, 1913-1988) が唱えた会話コミュニケーションにおける協調性の原理．情報伝達を目的とする会話では，量，質，関係，様態に関する四つの公準が守られているとする．

[6] フランスの言語学者スペルベル (Dan Sperber, 1942-) とイギリスの言語哲学者ウィルソン (Deirdre Wilson, 1941-) が唱えた発話解釈のモデル．情報伝達を目的とする発話の場合，聞き手は発話に明示された情報と文脈に基づいて発話の内容を推論し，その内容を再現する．

つ革新的な音楽であったが，今ではカフェやラーメン屋のBGMとして扱われる（敢えて聴かれるとは表現しない）ほどポピュラリティを得ている．もちろん真剣に芸術として演奏され・鑑賞される機会も存在しているが，そこではビバップもクラシック音楽も等しく高い音楽性・芸術性が認められていると思われる．ビバップを創始したチャーリー・パーカー[7]やディジー・ガレスピー[8]はこのような世界がやってくるとは夢想だにしていなかったことだろう．

かように，その音楽が将来も演奏され続け・聴き続けられるのか，あるいは忘れ去られていくのかを予測判断するのは難しい．今から300年後の24世紀でもバッハは今のように盛んに演奏され・聴かれているのだろうか．今から75年後のビバップはどうだろう．少なくとも今のわれわれは，これらの問いに自信をもって答えることは難しい．長期間に渡って飽きられない音楽とはどんな音楽なのか，少し考えてみると，それは，異なる文脈に置いた時その意味の違いを味わう素材として優れているという特徴があると思う．例えば，俳句や抽象画のように．この問題には，絶対音楽の意味を考えるアプローチで答えが得られるのだろうか．ヒルベルトは，もし自分が500年の眠りから覚めたら第一声は「リーマン予想[9]は解けたか」になるだろうと言った．ここでは500年は長すぎるので100年という時間を設定したい．

13. 音楽にシンギュラリティが訪れたら．

音楽生成と音楽認識におけるシンギュラリティとは，計算機が人間と同じかそれ以上の作曲能力と鑑賞能力を獲得した瞬間である．すると計算機は，人間が介在することなく，毎日何百万もの膨大な楽曲を作曲し，そして鑑賞していく．ここで計算機にとっての鑑賞とは感情を伴わない楽曲分析のことであり，人の手によるアナリーゼとは異なるものである．こうなると，もはや作曲・鑑賞のサイクルというより，大量生産・大量消費のサイクルであり，音楽を音波に変換する必然性も消失する．曲が多すぎると，2人以上の人間に聴かれた曲が全く存在しない世界がやってくるかも知れない．つまり「あの曲知ってる？」という問いが通用しないわけである．かろうじてジャンルという概念だけは意味を保っているかも知れない．

単位時間あたり計算機が聴ける楽曲量が，地球上の全人類が聴ける

---

[7] Charlie Parker Jr., 1920-1955. モダンジャズの礎であるビバップを代表するアルトサックス奏者，作曲家．

[8] Dizzy Gillespie, 1917-1993. ビバップを代表するトランペット奏者，作曲家，バンドリーダー．

[9] Riemann Hypothesis. ゼータ関数とは複素数 z に対してその実部 $R(z)$ が1より大きい時，$\zeta(z) = \sum_{n=1}^{\infty} 1/n^z$ で表される関数である．$\zeta(z) = 0$ となる複素数 z をゼータ関数の零点という．解析接続という方法によって $R(z) \leq 1$ なる z に対しても定義域を広げた時，$z = -2, -4, -6, \ldots$（負の偶数）を自明な零点という．ここでリーマンは自明でない零点は必ず $R(z) = 1/2$ になるという予想を立てた．これまで10兆個ほどの自明でない零点が知られるがそれらはすべて $R(z) = 1/2$ である．$0 < R(z) < 1$ であることは既に知られており，これにより素数定理，すなわち十分大きい n に対して n までの素数の個数は $n/\log n$ で近似できることが証明できる．

楽曲の総量を上回った瞬間もシンギュラリティである．計算機は，人間だったら10分かけて鑑賞する楽曲を例えば1秒で鑑賞し終えるので，人間がこれまで作曲してきた楽曲も演奏もすべて分析し尽くせる．もしこの技術でビジネスをするとしたら，例えば特定の音楽的嗜好を持った人を好きな割合だけ生産することが考えられる．人間が一人誕生するとその人が一生の内に聴くべき音楽体験計画が立てられ，その人の成長に合わせて日々の生活の中で聴くべき音楽が流される（あたかも本人が選択しているかのような錯覚を与えながら）．中には無謀にも音楽家になりたいなどと思う人が現れるかも知れないが，個人的にはついつい応援したくなってしまう．未来の音楽は誰のものになるのだろうか．

いくつかの問いは比較的容易に答えられるが，他の問いはかなりはっきりした仮定や条件をつけない限り答えることは難しいだろう．一人の計算機科学者として人工知能の夢を見つつも，音楽は人間性に根差したものであるという信念は棄て切れず，そうした邪念が生んだ議論をしてしまった．しかし計算機科学の発展は我々の音楽観を根底から揺るがす可能性がある．この拙い未来予測に対して読者諸氏の考えをどこかでお聞きできたら幸いである．

付録A 音楽学の基礎知識

A.1 音高と音名，音程

音高 楽曲を構成する音は高さが指定されており，物理的に定義された固有の周波数がある．これを**音高 (pitch)** という．本来 A の音（ラの音）を 440 Hz と定めていたが，最近は演奏効果を華やかにするためにこれより高めに設定されることが多い．一つの音に対してそれと相対的な周波数比を定めて，どのような音の並びで音階を構成するかは第 2 章で論じたとおりである．

楽曲の中にあって固有の音高を持つ一音を**ピッチイベント (pitch event)** というが共時的に響く和音もピッチイベントに含める．逆に言えば音楽はピッチイベントが時間方向に並んだものであり，楽譜は時間と音高という 2 次元平面の上にいつどのようなピッチイベントを生起させるかの指示が置かれたものと考えられる．

音名 まずドレミファソラシドは現在最も一般的に使われている音の呼び名であるが，フランスやイタリアではそれを絶対的な高さを表すものとして用いているためロ短調はドレミ…でいうところの「シ」であり si mineur となる．これを**固定ド法**という．これに対して調に対してドという名前の音を変えるのが**移動ド法**である．すなわちハ長調でもト長調でも音階のスタート（主音）は常にドである．したがってト長調のド，二長調のド，変ホ長調のド，…すべて異なる音である．この方法は日本・ドイツ語圏・英語圏で採用している．その代わりに絶対的な音名は日本ではイロハニホヘト，ドイツと英米では ABCDE... のアルファベットで与えられる．

ただしドイツ語で *B*/bee/ と言えば英語で B♭ であり，英語の B/bi:/ はドイツ語では *H*/haa/ になる[1]．本書では英米を立字体，ドイツ式を斜字体で区

[1] J. S. バッハの名曲「ロ短調ミサ曲」はドイツ語で Messe in H-moll，英語で B minor mass，フランス語で Messa en si mineur という．

別することとする．

日本	ハ	ニ	ホ	ヘ	ト	イ	ロ
ドイツ	C	D	E	F	G	A	H
英米	C	D	E	F	G	A	B
伊	Do	Re	Mi	Fa	Sol	La	Si
仏	Ut	Ré	Mi	Fa	Sol	La	Si

日本国内でも音名は専門の音楽教育を受けた人はドイツ式で移動ド法を用いるが，一般的には音名は英米式（ABC…）で調名に限って日本式（イロハ…）が使われ，かつ多くの人が固定ド法を併用するようである．本書では基本的に移動ド法と英米式の音名 ABC… を採用した．

音程 音程とは二つの音の間の音高の差である[2]．12 音平均律では半音の均等性，および全音 = 半音 2 個分という取り決めがあるため，音程は半音の数で定義できる．半音 7 個の五度を**完全五度 (perfect fifth)**，半音 5 個の四度を**完全四度 (perfect fourth)** と呼ぶ．ある音階において五度が半音 8 個の場合を**増五度 (augmented fifth)**，半音 6 個の場合を**減五度 (diminished fifth)** と呼ぶ．半音 4 個の三度を特に**長三度 (major third)**，半音 3 個の三度を**短三度 (minor third)** と呼ぶ．それ以外の二度，六度，七度は，三度と同じ扱いである．つまり，**長二度**と**短二度**はそれぞれ半音 2 個と半音 1 個に，**長六度**と**短六度**は半音 9 個と半音 8 個に，**長七度**と**短七度**は半音 11 個と半音 10 個に相当する[3]．

[2] 音高 (pitch) を音程と誤用するケースがしばしば見受けられるが，「音程が高い」などという言い方は誤りである．

[3] なぜ五度，四度を完全と形容するかというと，それには長も短もないからという説や，五度と四度の音程を作る 2 つの音はその周波数比がそれぞれ 2:3 と 3:4 という最も単純な比であるからという説などがある．

A.2 音階と旋法

音階と旋法 音楽を構成するために用いられる一群の音のうち，最高音から最低音までの音程を 1 オクターブ内に限定して音高順に並べたものを音階 (scale) という（図 A.1）．

ダイアトニック・スケール (diatonic scale) は全音階的音階と訳されるが，ドビュッシーの用いたすべての音程が全音 1 個分である全音音階のことではなく，7 個の音を含み 5 つの全音音階と 2 つの半音音程を含む音階である．これに対して半音階 (chromatic scale) とは，隣接するすべての 2 音間の音程が半音であるような音階であり，12 音で構成される．より正確にはある音階を構成する音の集合をダイアトニック・コレクション (diatonic

A.2 音階と旋法   205

図 A.1: 音名，階名，音階

collection) という．

モード　7音からなる音階においては全音・半音の並び順が**旋法**（モード，mode）を決める．バロック以前に用いられた教会旋法は 1960 年代においてジャズの世界で復活する．現在のジャズのモードとして使われている旋法は**イオニアン** Ionian, **ドリアン** Dorian, **フリジアン** Phrygian, **リディアン** Lydian, **ミクソリディアン** Mixolydian, **エオリアン** Aeorian, **ロクリアン** Locrian である．いずれもピアノの白鍵のみを用いて，開始点を違えた音階とみることができる．この中でイオニアンは長調に，エオリアンは短調に相当する．例えば長音階の音程の並び「全-全-半-全-全-全-半」は，教会旋法のイオニアンであるが，この並び方が「全-半-全-全-全-半-全」という順番であればこれはドリアンとなる．

ブルーノートスケール　近代のポピュラー音楽でよく使われる音階に，ブルーノートスケール (blue note scale) がある（図 A.2）．まず，長音階に含まれる三度，五度，七度の半音下げた音を**ブルーノート**と呼び，これらブルーノートを元の長音階に加えたものがブルーノートスケールである．実際に演奏されるブルーノートは，演奏者やジャンルにもよるが，下げる幅が半音より狭い場合がある．これは 12 音平均律からの逸脱であり，この意味で

図 A.2: ブルーノートスケール

図 A.3: 長調と短調の音階

西洋調性音楽理論と相容れない部分があるにもかかわらず，ある音楽的な状況ではブルース感覚やジャズ感覚をもたらす正当な音として認識される[4]．

音度　音階中の第 1 音，つまり旋法の始まる音を**主音** (keynote, tonic)，**中心音** (tonal center) といい，音階中の音は音階に沿って主音から，一度，二度，三度，…と数える．それらはローマ数字で I, II, III, IV, V, VI, VII，アラビア数字で $\hat{1}, \hat{2}, \hat{3}, \hat{4}, \hat{5}, \hat{6}, \hat{7}$ のように記す場合もある．これらは音階の**階数** (degree) と呼ばれる．

A.3　調

長音階・短音階によって構成された音楽は**調性** (tonality) を持つといい，**長音階は長調**，**短音階は短調**を構成する．いずれも主音 (I) から数えて 5 番目の音は完全五度 (V) をなし，この 2 音の協和に加えて長三度あるいは短三度の音を加えて長三和音あるいは短三和音を構成する体系が**調性音楽**である．

---

[4]「わたしのブルーノートへの関心はブルーノート固有の動きやそれ自体の構造にはなく，ブルーノートを旋法化した Blues scale (Minor Pentatonic) C, E♭, F, G, B♭ がはらむ調性の希薄感がどこからやってくるのか，その複調的，あるいは多調的な性格はどこからやってくるのか，という点にある．」濱瀬元彦，『ブルーノートと調性-インプロヴィゼーションと作曲のための基礎理論』全音楽譜出版社 (1992), p.41.

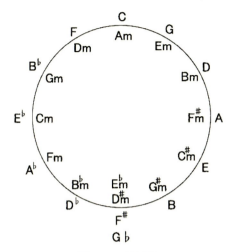

図 A.4: 五度圏

例えば，中心音（主音）がハ音で長調の音階に基づいた楽曲であればハ長調と言う．主音がイ音で短調の音階であればイ短調となる．

調号 (key signature) とは五線譜上の音部記号（**ト音記号** G-clef や**ヘ音記号** F-clef など）のすぐ右に置かれて調を指定する**嬰記号** (♯) や**変記号** (♭) の一群のことである．**平行調** (relative key) とは同じ調号を持つ長調と短調を指し，**同名調，同主調 (parallel key)** とは主音を同じくする長調と短調を指す．**属調** (dominant key) とはある調の完全五度上の調を，**下属調 (sub-dominant key)** とはある調の完全四度上の調を指す（いずれも長短に関しては保存される）．**近親調 (related key)** とは平行調，同主調，属調，下属調およびそれらの組合せの調を指す．

五度圏 (circle of fifths) とは，それぞれの調性を属調（完全五度上）・下属調（完全四度上）を左右に配置し，結果として 12 の長調・12 の短調を円周となるように配置したものである（図 A.4）．

A.4 旋律と対位法

人が単音の連鎖を聴く際，時間方向と音高方向にゲシュタルトが生じる．旋律の認識は音高方向と時間方向の両方のゲシュタルトから生まれる．

旋律には，その長さによってさまざまな名前がついている．これは，時間的な長さによって認識を支配する法則が異なっているからであろう．ま

ず，**音形 (figure)** とは反復されることの多いリズム的ないし旋律的にまとまった音列パターンを指す．装飾的に用いられる音形を**装飾音形**，伴奏に用いられる音形を**伴奏音形**と呼ぶ．**動機 (motif)** は旋律を構成する最小単位であり，1音から2小節程度までの長さを持つ．**楽句 (phrase)**，**楽節 (period)** は4小節程度のある程度のまとまりを持つ楽曲の小部分を指す．ただし，これらの定義は作曲家，理論家，時代などによって異なっており定説はない．

楽曲が一つの旋律（声部 voice）から成る場合を**モノフォニー (monophony)** と言い，複数の旋律から成る場合を**ポリフォニー (polyphony)** と言う．同時に複数の音が鳴っていても旋律が一つしかない場合，あるいは楽曲が一つの旋律とその伴奏から成るような場合を**ホモフォニー (homophony)** と言う．逆に一つの旋律が異なる楽器や声部で演奏される場合を**ヘテロフォニー (heterophony)** と言う．

ポリフォニーとホモフォニーの間には理論的な境界があるわけではなく，伴奏旋律を独立とみるかどうかは個々の楽曲の様式と聴者の解釈に依る．したがってポリフォニーといえども一般には主旋律と副旋律の間に和声的な安定が求められる．こうした作法の体系が**対位法**である．

A.5 和音と機能和声

和音 和音とは二つ以上の音が同時に鳴り響くピッチイベントである．和音を構成する音どうしの関係によってさまざまな音響効果が生じる．和音を構成する音を**和声音**と呼び，それ以外の音を**非和声音**と呼ぶ．**協和**とは同時に響く複数の音がよく調和している状態を意味し，物理的には2音の振動数が単純な整数比にある場合を指す．**不協和**とは協和の逆の状態を意味する．

三和音 (triad) とは3つの音を三度間隔で積み重ねた和音であり，**四和音 (tetrad)** とは同様に4つの音を三度間隔で積み重ねた和音である．三度の一番低い音を**根音 (root)** という．ハ長調のダイアトニック音階上の三和音を図 A.5 に示し，階名による和音名を付記する．三和音のうち，根音含めて下2つの音の音程が長三度で根音と最高音（第三音）が完全五度の三和音を**長三和音 (major triad)**，下2つの音程が短三度，根音と第三音の音程が完全五度の三和音を**短三和音 (minor triad)** と呼び，階名をそれぞれローマ数字の大文字と小文字で表す．特に，音階の主音上の三和音を**主和音（ton-**

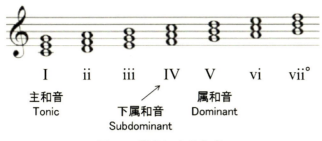

図 A.5: 階名による和音

ic chord, トニック), 主音から完全四度上の音を根音にした三和音を**下属和音**（**subdominant chord**, サブドミナント), 完全五度上の音を根音にした三和音を**属和音**（**dominant chord**, ドミナント）という. 特に長調音階の五度を根音にした四和音は**属七和音**という. 四和音の七度に関しては長七和音 (major seventh chord), 短七和音 (minor seventh chord) の2種類がある. 長七の和音の和声音は I, III, V, VII, 短七の和音のそれは I, III♭, V, VII♭, 七の和音 (seventh chord) のそれは I, III, V, VII♭ である. vii° の「°」は**減三和音** (diminished triad) を意味する.

転回形 和声音の度数が同じでその並び方が異なる和音のことを転回形という. 和声音が下から一度, 三度, 五度と並んでいる和音を基本形として, 一番下の一度を1オクターブ上に移動させた（転回させた）和音を**第一転回形**と呼び, さらに第一転回形の一番下にある五度を1オクターブ上に移動させた和音を**第二転回形**と呼ぶ. 和音の構成音のうち一番低い音を**バス音**というが, 転回形においては根音とバス音が一致しない.

和音名の表記法について, 基本形の場合は一番下の音の音名あるいは階名のみを記す（一番下と下から2番目の音程が三度なので省略され, 一番下と一番上の音程が五度なので省略されている). 第一転回形は下から三度, 五度, 一度の順に並ぶので, 一番下と下から二番目の音程は三度（省略される), 一番下と一番上の音程は六度となる（省略されない). よって図 A.6 のように V^6 と書かれる. 同様に第二転回形の場合は一番下と下から2番目の音程は四度, 一番下と一番上の音程は六度となり, ともに省略されないので, V^6_4 と書かれる.

属七和音には基本形, 第一転回形, 第二転回形, 第三転回形がある（図 A.7). それぞれ七の和音, 五六の和音, 三四の和音, 二の和音と呼ばれ,

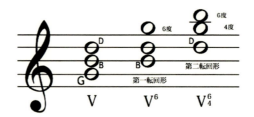

図 A.6: 属和音

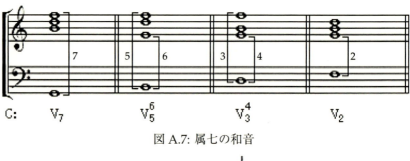

図 A.7: 属七の和音

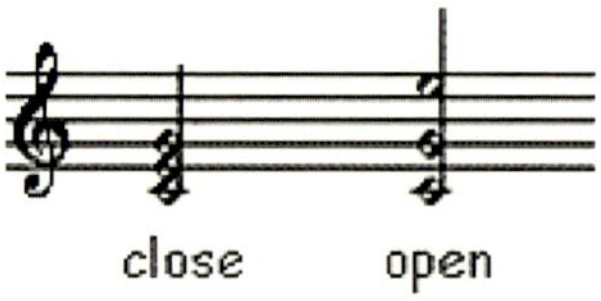

図 A.8: オープン/クローズの和音

V_7, V_5^6, V_3^4, V_2 のように記す．この記法も上述の三和音の転回形の記法に同じく，一番下の音との音程を順に書いていくが三度と五度の時は省略する．和声音中の最高音と最低音の差ができるだけ小さくなるように配置した和音を**クローズ** (close position) と呼び，クローズでない配置を**オープン** (open position) と呼ぶ．あるいは，最高音と最低音の差が 1 オクターブ以内の場合をクローズ，1 オクターブより大きい場合をオープンと呼ぶ場合もある（図 A.8）．

カデンツ 並べられた和音を聴くと，人は終止感，浮遊感，進行感，緊張・弛緩，安定・不安定などを感じる．一般に和音の並びを**和音進行**という．このうち，**終止形**とは楽曲の最後の部分においてここで楽曲が終止するという感覚をもたらす和音列のパターンを指す．終止形は，**ケーデンス** (cadence) あるいはカデンツ (Kadenz) とも呼ばれる．和音の列が生み出す楽曲の進行や和音の構成音に関する時間方向の連結を**和声** (harmony) と呼ぶ．

多くの場合，調性音楽の旋律は主音（あるいは主和音の和声音）から始まり，主音（あるいは主和音の和声音）に終わる．同様に，ある音階に支配された和音進行も調性を持つといい，長短調の主和音から始まり，主和音に終わることが多い．

終止形には**正格終止**，**偽終止**，**変格終止**，**半終止**がある．図 A.9 において，T を主和音，S を下属和音，D を属和音とすると，正格終止とは D から T への和音進行を指す．偽終止 (deceptive cadence, suspended cadence) とは D が T へ進まず別の和音（VI など）に進むことである．変格終止 (plagal cadence) とは**アーメン終止**とも呼ばれ D でなく S（またはその代理和音（後述））から T に進むことである．半終止 (half cadence) とは D から T に進まず D のまま曲の途中で終止することである．**導音** (leading tone) とは長音階と短音階の第 7 音であり，主音の半音下にあって主音を導く音を指す．一般に，この導音から主音への動きが終止感をもたらす要因の一つであると説明される．一般的な楽曲の和音進行は，安定な状態から緊張して不安定な状態になり，その後弛緩して安定な状態に戻るという構成をとる．これは主和音から始まり主和音に終わる和音進行という意味であり，次の 3 つがその基本進行である：T→D→T, T→S→T, T→S→D→T. ここにブルース進行の終止形である T→D→S→T が含まれていない点に注意．

T 以外の和音から T に和音進行して，緊張から弛緩へ，不安定から安定へという感覚をもたらすことを**解決** (resolve) という．属和音に対してさらに配置された属和音を**ドッペルドミナント**（独: Doppeldominante, 英: double dominant）という．さらに一般化して，任意の和音に属和音として配置された和音を**セカンダリドミナント** (secondary dominant) という．これらを総称して完全五度下（完全四度上）への和音の連鎖を**ドミナントモーション** (dominant motion) という．

同じ和声音を含む和音どうしは響きが似るという傾向がある．この性質を利用して，ある和音に対し同じ和声音を含む別の和音でその和音を置き換えることがある．したがってドミナントやトニックという語は音階上の特定の和音を指すのではなく，その和音がカデンツ内で帯びる役割すなわち機能を指すことになる．こうした考え方を**機能和声**という．

本来の和音の代わりに機能和声の考え方で置換された和音を元の和音の**代理和音**という．例えば，一度の和音は $\hat{1}, \hat{3}, \hat{5}$ の和声音から成り，六度の和音は $\hat{6}, \hat{1}, \hat{3}$ の和声音から成る．この二つの和音は $\hat{1}, \hat{3}$ が共通なので，六度

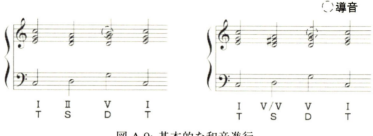

図 A.9: 基本的な和音進行

の和音は一度の和音の代理和音として使える．同じ理由で三度の和音も一度の和音の代理和音として使える．逆に，一度の和音の代理和音として六度の和音を使うということにはならない．なぜなら一度の和音は主和音として役割が確立されているのに対し，六度の和音の役割は曖昧だからである．同様の考え方で，四度の和音の代理和音として二度と六度の和音が，五度の和音の代理和音として三度と七度の和音が使える．ただし，終止形に現れる和音に代理和音を使った場合その終止感は弱められる．

和声外音　和音と同時に鳴っていながらその和音の構成音ではない音を和声外音，非和声音，**転位音**などと呼ぶ．**倚音** (appoggiatura) は非和声音の一種であり，和声音の直前の隣接音として強拍部に予備なく導入され，一時的に不協和状態をおこす音のことである．**掛留音** (suspension) とは非和声音の一種であり，先行する和音の音が保留され，一時的に不協和状態を起こしたのち，本来進むべき音に進んで解決する音のことである．

A.6　拍とリズム

個々のピッチイベントが持つ属性には音高に並んで**音価 (duraion)** がある．これは 1 小節を二分，四分，八分などすることから音符の長さを表す名称となる．

拍 (beat) とは，一定の時間間隔をもって連続して生じるイベントあるいはパルス列である．**タクトゥス** (tactus) とは 1 分間に 60〜70 回程度の伸縮する時間刻みのことである．1 分間 60〜70 回[5]は，手を下げて上げる一連の動き（下拍，上拍）の繰返しや人が呼吸する時のスピードに対応している．15-16 世紀頃，タクトゥスという言葉は拍とほぼ同義で用いられてい

---

[5] 1 分間あたり N 回という単位は，M.M. (Malzel's Metronome) あるいは BPM (beat per minute) とも記される．

倚音

掛留音

↑
強拍

図 A.10: さまざまな非和声音

下拍(d)と上拍(u)

Sadie, S. (Ed): The New Grove Dictionary of Music and Musicians, Vol. 19, p.456, "Upbeat" (1980). より転載

図 A.11: 上拍と下拍

た．拍には強調されるものと強調されないものがあり，強調される拍を**強拍** (strong beat)，そうでないものを**弱拍** (weak beat) と呼ぶ．**拍子** (meter, time) とは，強拍と弱拍を含むいくつかの拍が連続した周期的なパターンのことであり，西洋調性音楽では強拍から強拍までを **1 小節** (measure) とする．例えば四分音符を 1 拍として 3 拍の長さの周期パターンが認識された時，4 分の 3 拍子あるいは 3 拍子と言う．拍子は五線譜上の**拍子記号** (time

図 A.12: ヘミオラ

signature) によって指示される．リズムとは，強拍と弱拍の組合せで特徴づけられる繰返しパターンの意味である．**下拍** (downbeat) とは小節先頭の強拍の意味であり，**上拍** (upbeat) は下拍に先立って後続の下拍を予期させる一連の拍を意味し，多くの場合，直前の小節の最後の拍を指す（図 A.11）．4 分の 4 拍子の 1 拍目と 3 拍目を**オンビート** (onbeat) と呼び，2 拍目と 4 拍目を**オフビート** (offbeat) と呼ぶ．

強起 (crusis) とは下拍で始まり小節の最後で完結するような楽句のことであり，**弱起** (anacrusis, auftakt) とは強起でない楽句すなわち小節の途中で始まり，途中で終わる楽句のことである．**シンコペーション** (syncopation) とは，本来強調されないはずの拍を強調したりその逆をしたりすることである．あるいは規則的な拍子のパターンを一時的に変えることを指す．**ヘミオラ** (hemiola) とは，3 拍子の楽曲において 2 小節の 6 拍を 3 つの部分に分けて大きな 3 拍子のようにすることであり，もともと one and a half (= 3/2) の意味である（図 A.12）．**バックビート** (backbeat) とは，4 分の 4 拍子の 2 拍目と 4 拍目のすべてのオフビートを強調するシンコペーションである．

この一定の拍と小節の連鎖において，さらに特定の音だけ強く，あるいは弱くする表情づけの記号として**フォルテ** (f)・**フォルテッシモ** (ff)，**ピアノ** (p)・**ピアニッシモ** (pp) などがある．

索 引

ページ数がイタリック体の語句は，本文中ではゴシック体で表記．

数字・欧文

0 型文法　*70*
12 音音楽　*55*
12 音平均律　42, *99*, 99, 105, 152, 192, 193
1 オクターブ　205
1 型文法　*70*
1 小節　213
2 型文法　*70*
2 倍音　28
3 型文法　*70*
3 倍音　*28*, 36, 38
4 拍子　74
5 倍音　37, 38
7 倍音　37, 38
A′-移動　62
A-移動　62
Alan Turing　196
BPM　*18*
CCG　*85*, 86
D (duplicate)　*118*
Earley のアルゴリズム　88
Eitz 記法　*39*
gap　63
GB 理論　*63*
GTTM　iii, 20, 114, *129*
GTTM 分析　171
HPSG　*80*
IBM のワトソン君　191
IC 分析　*60*
ID-スキーマ　*81*
J-Pop　108
J. S. バッハ　1, 16, 53, 78, 199
Jean Molino　15
join　*174*
Kleene star　*66*
LAD　*61*
meet　*174*
MIDI　100

MIDI 規格　99, 101, *101*, 105, 109
NPDA　*69*
N-グラム　*89*
P (process)　*118*, 125
PCFG　*76*
PDA　*68*
PRO　*63*
pro　*63*
PTQ　*85*
R (reversal)　*119*, 125
R&B　106
R&B 音楽　13
the Generative Theory of Tonal Music　*129*
UG　*61*
Ursatz　*21*
Viterbi のアルゴリズム　89
wh-移動　*63*
Wiggins　22
X バー理論　*62*
Yesterday　74

あ 行

アクセント　53, *60*, 108
アコースティック楽器　194
アコースティックピアノ　195
アトラクタ　*165*
アドリブ　99
アーベル　48
アーベル群　*50*
アメリカ・ポピュラー音楽　108
アーメン終止　73, *211*
荒井由実　108
アラベスク　13
アルゴリズム作曲　*3*
アルス・ノーヴァ　53
アルファ碁　191
アルペジオ　15
暗意 (implication)　*12*
暗意-実現　108

索引

暗意-実現の理論　iii
暗意-実現モデル　11, *116*, 122
暗意-実現モデルの原理　115
安定・不安定　210
安定性 (stability)　*137*, 149
安定的　132
暗黙知　3
イオニア音階　96
イオニアン　55, *205*
倚音　212
移高　16
イコン (icon)　*9*, 94
イタリア・バロック　53
移調　40
イデオストラクチャ　*114*, 116
意図　169
移動ド法　203
移動変形規則　62
意味づけ　10
印象派　107
インタラクション原理　151
インデックス (index)　*9*, 94
ヴァロッティ　39
ヴィヴァルディ　4
ヴィトゲンシュタイン　19, 60
ヴェネツィア楽派　53
ヴェルクマイスター　39
ウィルソン (Deirdre Wilson, 1941-)　199
ウィーン古典派　191
ウェーベルン　55
宇多田ヒカル　108
埋め込み　61
裏返し　46
ウルフの五度　39
嬰記号　207
エオリアン　55, *205*
エリス　43
延長　14, *144*
延長解析　129
延長簡約　150
延長的簡約　*136*, 143
延長的簡約木　21, *129*, *143*
オイラー　36
オイラー格子　37
大谷能生　99
岡田暁生　i
オクターヴ　27

オーディオ心理学　198
オートマトン　64
オブジェクト指向　104
オフビート　214
オープン　*210*, 210
オランダ語の従属節　72
オルガヌム　53
音韻規則　61
音韻形式　63
音価 (duraion)　52, 113, 131, *139*, *212*
音階　*204*, 205
音楽記号学 (music semiology)　13
音楽の記号化　93
音楽の捧げもの　16, 54
音楽理論 Generative Theory of Tonal Music (GTTM)　11, 20, 21, 93
音形 (figure)　208
音高 (pitch)　113, 152, 193, *203*
オンセット　139
音長 (duration)　193
音程　50, 131, 204
音程原理 (Principle of Intervallic Difference, PID)　*116*, 117
音度　206
オンビート　214
音名　*203*, 205

か　行

下位カテゴリー化　82
解決　211
外在的　*12*, 12
外在的形式　13
外在的情動　12
階数　206
階層　*7*, 137
階層的グループ化　11
概念意味論　63
回文　70
解放　136
階名　205
カウント・ベイシー　i
科学的　2
係り受け関係　70
可換群　*50*, 52
楽劇　198
楽節　*18*, 208
拡大標準理論　61
楽譜　41, 93

確率　76
格理論　63
隠れマルコフモデル　89
仮想化 (virtualization)　104, 193
仮想パーソナリティ化　197
下属調 (subdominant key)　157, 207
下属和音（subdominant chord, サブドミナント）　209
型階層　80
楽句　18, 105, 130, 208
カテゴリー　62, 84
カテゴリー接合　85
カテゴリー文法　85, 86
カデンツ　73, 82, 135, 139, 210, 210
カデンツ準備　145
蟹のカノン　16
下拍　212, 214
亀田誠治　109
カラオケ　192
カールセン　122
カルダノ　48
ガロワ　48
還元主義　7, 83
間主観性　6
完全 n 度　93
完全五度 (perfect fifth)　27, 36, 51, 73, 204
完全四度 (perfect fourth)　27, 204
カンツォーネ　60
カンブリア爆発　54
簡約 (reduction)　13, 22, 135, 137, 173
簡約仮説　13
簡約可能 (reducible)　176
簡約原理　135
簡約列 (reduction path)　176
簡約列距離　176
関連性理論　199
規格化　104
菊地成孔　99
記号 (signe)　8, 10, 15, 19, 99, 102
記号化　94, 100, 103
記号学 (semiology)　19
木構造　20, 23
記号内容　19
記号表現　19
記号論 (semiotics)　8, 9, 94
偽終止　211
期待 (expectation)　12
機能和声　211

機能和声理論　157
規範的構造　146
基本形　144
基本構造 (Ursatz)　14, 14, 135
基本スペース　152
基本線　14
逆反行　16
逆行　16, 16, 52, 119
吸収律　175
強延長　144, 150
教会旋法　53, 55, 205
境界理論　63
強簡約仮説 (strong reduction hypothesis)　137
強起　214
強拍　122, 213
京房　30
係留音　135
掛留音　212
協和　93, 208
ギヨーム・ド・マショー　53
浄められた夜　54
キルンベルガー　36, 39
近親調 (related key)　207
近接　113, 116
緊張　106, 136, 143, 211
緊張・弛緩　210
緊張度　164
句構造規則　61
句構造文法　61, 70
クセナキス　13, 21
久保田利伸　108
組合せカテゴリー文法　85
グライス (Herbert Paul Grice, 1913-1988)　199
グライスの公準　199
グライバッハ標準形　67
クラウド　104
グループ解析　129, 129
クレオール言語　107
グレゴリオ聖歌　53, 99
グレの歌　54
クロージャ（停止 closure）　114, 119
クローズ　210, 210
桑田佳祐　108
群　48
形式　12, 12
形式化　2, 102, 104
継続　118

ゲシュタルト　6, 13, 83, 113, 207
決定性　65
ケーデンス　210
ケプラー　36
ゲリーノ・マッツォーラ　16
言語獲得装置　61
言語ゲーム　19
減五度 (diminished fifth)　204
減三和音　156, 209
原メロディ (Urlinie)　135
語彙部門　63
後景　14, 21
構造的ドミナント　140
構文木　67
構文規則　129, 130, 133, 141
五音音階　54, 152
互換性　107
国民楽派　103
五線譜　42, 192
黒鍵　41
固定ド法　203
五度圏 (circle of fifths)　50, 136, 150, 157, 207
コードネーム　158
こぶし　192
小室哲哉　109
小室転調　109
コロン　85
根音 (root)　96, 136, 144, 158, 208
コンサート　196
痕跡 (trace)　15, 63
コントロール理論　63

さ　行

最大タイムスパン (maximum time-span)　172
最大タイムスパン仮説　173
最大タイムスパンの総和　177
最短経路の法則　162
サインカーヴ　28
サカナクション　109
サブセット構成　65
三角不等式　177
参照　12
参照関係　10
参照によるネットワーク化　11
三度堆積　94, 105
サンプリング　195
三分損益法　30

三平方の定理　27
三和音 (triad)　136, 208
ジェームス・ブラウン　13, 106
シェンカー解析　135
シェンカー分析　21, 139
シェンカー理論　114
シェーンベルク　i, 5, 16, 52, 54, 107
弛緩　106, 143, 211
自己意識　199
自然的短音階　206
実質化　104
シニフィアン (signifiant)　19
シニフィエ (signifié)　19
ジミ・ヘンドリックス　106
シミュレーション　2
弱延長　144, 150
弱起　214
弱拍　213
しゃくり　192
ジャズ　100, 106
ジャッケンドフ　21, 63, 129
ジャン＝ジャック・ナティエ　iii, 103
ジャン・モリノ　iii, 15
シャンソン　60
終止感　210
終止形　210
ジュウシマツの歌　70
終端記号　66, 76
柔軟性と使い勝手のトレードオフ　8, 101, 105, 170
シューベルト　54
シューマン　13, 54
終了状態　64
主音　205, 206
主題理論　63
述語項構造　82
受容過程　15
受理　64
受理する言語　64
主和音（tonic chord．トニック）　208, 211
巡回群　48, 51
純正律　35, 37, 43, 192
小節　105
状態　64
情動 (emotion)　3, 11, 12, 115, 198
ジョスカン・デ・プレ　53
ショスタコーヴィチ　54, 55
上拍　212, 214

ショパン　*4*, *54*
四和音 (tetrad)　*208*
シンギュラリティ　*200*
進行　*113*
進行感　*210*
人工知能　*191*
シンコペーション　*135*, *214*
深層構造　*19*, *20*, *20*, *61*, *63*
振動数　*28*
シントニック・コンマ　*36*
シンボル (symbol)　*9*, *94*
数理形態学 (mathematical morphology)　*171*
数理モデル化　*2*
スクリャービン　*54*
素性　*80*
スタインウェイ　*195*
スタッカート　*131*
スタック　*68*, *71*
スタート状態　*64*
ストラヴィンスキー　*54*, *55*, *107*
ストラディヴァリ　*195*
スペルベル (Dan Sperber, 1942–)　*199*
スメタナ　*103*
スラー　*192*
スラッシュ　*84*, *85*
正格終止　*211*
生起確率　*77*
正規言語　*66*
正規集合　*66*
正規表現　*66*
正規文法　*64*, *70*
正弦波　*28*
生成意味論　*20*, *63*, *169*
生成規則　*66*
生成文法　*19*, *20*, *21*, *64*
精緻化 (elaboration)　*14*, *176*
声部　*136*
声部連結　*14*
西洋調性音楽　*103*
セカンダリドミナント　*98*, *211*
接続可能　*174*, *178*, *185*
絶対音楽　*4*, *12*, *198*
セリー　*52*
セリー音楽　*55*
遷移　*64*
遷移型ヘッド (transformation head)　*184*
遷移関数　*64*

遷移的　*121*
全音音階　*54*, *107*
全音階　*153*
前景　*14*, *21*
線形化　*14*
線形拘束オートマトン　*70*
線形進行　*15*
選好規則　*21*, *129*, *131*, *133*, *141*
線対称　*46*
セント　*43*
旋法　*204*, *205*
旋律　*93*, *207*
旋律的短音階　*206*
旋律の意味づけ　*10*
旋律の階層構造　*11*
旋律の逆行　*16*
旋律の垂直化　*15*
相互運用性 (interoperability)　*104*
増五度 (augmented fifth)　*204*
総最大タイムスパン　*183*
創出過程　*15*
装飾　*14*
装飾，精緻化（あるいは具体化，elaboration）　*20*
装飾音形　*208*
増四度　*93*
束　*174*
属七和音　*209*
属調　*157*, *207*
束縛理論　*63*
属和音（dominant chord, ドミナント）　*209*
ソシュール　*19*, *60*
素性　*80*
素性構造　*80*, *175*

た　行

ダイアトニック環境　*98*
ダイアトニック・コレクション　*154*, *158*, *204*
ダイアトニック・スケール　*204*
第一転回形　*51*, *209*
対位法　*14*, *208*
対称　*46*
代数的なアプローチ　*175*
第二転回形　*51*, *209*
タイムスパン　*139*
タイムスパン簡約　*136*, *137*
タイムスパン木　*21*, *129*, *137*, *139*, *172*
タイムスパン分析　*129*

代理和音　98, 211
ダーウィン　59
タクトゥス　105, 212
多次元尺度法 (Multidimensional Scaling, MDS)　180
ダル・フェッロ　48
タルタリア　48
単一化　80
短 n 度　93
短音階　205, 206
短期記憶　17, 22
短三度 (minor third)　51, 75, 204
短三和音 (minor triad)　156, 208
短調　206
短七度　204
短二度　204
短六度　204
チャーリー・パーカー　200
チャンク　18
抽象データ型　104
中心音　206
中断形　145
中立レベル　16
チューリングテスト　196
チューリングマシン　70
調　105, 206
長 n 度　93
長音階　205, 206
中景　14, 21
中全音律　38, 43, 53
調号　207
長三度 (major third)　37, 51, 204
長三和音 (major triad)　156, 208
聴者　3, 15
調スペース　159, 161
調性　75, 206, 211
調性音楽　206
長調　206
長七度　204
長二度　204
長六度　204
チョムスキー　19, 60, 60, 64, 75
チョムスキー階層　64, 69
チョムスキー生成文法　21
チョムスキー標準形　67
月に憑かれたピエロ　55
ディジー・ガレスピー　200
定旋律 (cantus firmus)　16

ティック　173
ディディムス　35
転位音　212
田園　4
転回形　51, 95, 136, 144, 209
テンション　95, 98
転調　40, 105, 109
ドヴォルザーク　103
導音　107, 211
導音 (leading note)　126
動機 (motif)　130, 208
投射の原理　63
同主調 (parallel key)　207
統率・束縛理論　63
統率理論　63
同方向　113, 116
同名調　207
ト音記号　207
度数　96
トップダウン　88, 137
ドッペルドミナント　211
トニック　14, 73, 135, 211
ドビュッシー　13, 52, 107
トーマス・エジソン　194
ドミナント　14, 73, 211
ドミナントモーション　98, 211
トーラス　51, 159, 161
ドリアン　55, 205
トリスタンとイゾルデ　103
トリスタン和音　97, 103

な 行

内在的　12, 12
内在的形式　12
内在的情動　12
ナイトハルト　39
中田ヤスタカ　109
ナティエ　97
七の和音　73
ナームア　114
二次記法　146
二重ドミナント　74
認知的リアリティ　22, 102
ノートルダム楽派　53
ノーマン　175

は 行

バー　62
倍音　37
ハイドン　54, 191
バイロイト　198
ハインリッヒ・シェンカー　13, 17
ハインリッヒ・シュッツ　53
拍　18, 133, 212
拍節解析　129
拍節構造解析　133
バークリーメソッド　93, 100
バス　135
パース　9, 94
バス音　144, 209
パズルゲーム化　98
バック・トゥー・ザ・フューチャー　10
バックスラッシュ　85
バックビート　214
白鍵　41
バッハ　99, 100
はっぴいえんど　108
ハーフディミニッシュ　96
バルトーク　54, 103, 107
春の祭典　107
パレストリーナ　53
パロール (la parole)　19
半音階　153
反行　16, 52
半終止　211
半順序集合　174
反証　2, 2, 5
バーンスタイン　75
ハンスリック　4
伴奏音形　208
反復　118
ハンマークラヴィーアソナタ　16
ピアニッシモ　214
ピアノ　134, 214
ピアノロール　192
引数　62
非決定性　65
非決定性オートマトン　65
非終端記号　66, 76
ピタゴラス　27
ピタゴラス音階　33, 34
ピタゴラス音律　37, 43, 192

ピタゴラスの音律　32
ピタゴラスのコンマ　31, 33
ピタゴラスの定理　27
ピッチイベント (pitch event)　6, 13, 134, 203
ピッチクラス　28, 94, 157
ビートルズ　74
火の鳥　107
ビバップ　100, 199
ピボット・リージョン　160
ピボット・リージョン・トニック　160
表現　9
表現力と記述コストのトレードオフ　101, 105
拍子　213
拍子記号　213
標準化　104
標準理論　61
表層構造　19, 20, 20, 61, 63
表層レベル　171
標題音楽　3, 4, 12, 108, 109
ヒルベルト　192, 200
非和声音　208
フェラーリ　48
フォール　192
フォルテ　134, 214
フォルテッシモ　214
フォンタナ　48
不協和　208
不協和音　136
不協和度レベル　93
複旋律　53
ブゾーニ　54
プッシュダウン・オートマトン　64, 68, 69, 70, 71
プッシュダウン・スタック　68, 71, 72
プトレマイオス　35
普遍文法　61
浮遊感　210
ブラームス　4, 54
フランドル楽派　53
フリードリッヒ大王　54
フリジアン　55, 205
プリンシプル　81
ブルグミュラー　13
ブルックナー　4
ブルーノート　205
ブルーノートスケール　205
フレーゲの原理　83
フレーズ　130

ブーレーズ　55
文脈依存文法　70
文脈自由言語　67
文脈自由文法　64, 70
平均律　41, 42, 53
平均律クラヴィーア曲集　53
平行調　207
ベイジアンネットワーク　89
ヘ音記号　207
ヘッド　62, 80, 139, 142
ヘテロフォニー　53, 208
ベートーヴェン　4, 16, 17, 54
ペトルーシュカ　107
ヘミオラ　214
ベルク　55
ベルリオーズ　3
変格終止　211
変記号　207
変形　61
変形規則　62
変形生成文法　75
変形文法　61
弁証法　109
ポインタ　80
方向原理 (Principle of Registral Direction，PRD)　116, 117
包摂関係　174
法として合同　49
細野晴臣　108
ボトムアップ　88, 137
ホモフォニー　53, 208
ポリフォニー　53, 208
ポリフォニー (polyphony)　179
ポルタメント　192, 192

ま 行

マイケル・ジャクソン　182
マイルス・デイビス　106
マタイ受難曲　199
マーラー　54
マルコルム　36
マールプルク　36
ミクソリディアン　55, 205
ミニマリスト・プログラム　63
ミニマル音楽　13
ミュージック・コンクレート (musique concrète)　193
無調　5
村上春樹　i

名曲喫茶　198
メイヤー　11, 113
メルセンヌ　36
メレオロジー (mereology)　174
メンデルスゾーン　4, 199
モジュール化　104
モーツァルト　54, 177, 184, 191
モーツァルト作曲　179
モード　100, 205
モードジャズ　100
モード奏法　106
モーフィング　182, 195
モチーフ　130
モノフォニー (monophony)　179, 208
モラベックのパラドックス　2
モリノの三分法　15, 15, 18, 20, 131, 169
モンタギュー　85
モンテヴェルディ　53

や 行

ヤング　39
有限オートマトン　64
有限状態オートマトン　64, 70, 73
ヨナ抜き五音音階　29
ユニゾン　93

ら 行

ラップ　109, 193
ラフマニノフ　54
ラベル　107
ラモー　1, 53
ラング (la langue)　19
リスト　4
リディアン　55, 205
リハーモナイズ　99
リヒャルト・シュトラウス　3
リーマン　157
リーマン予想　200
量化子　85
理論形式　63
類同　113, 116
ルソー　36
ルッフィーニ　48
レアダール　21, 129
レイコフ　63
レガート　131
レナード・バーンスタイン　75

レンダリング　139, *171*, 184
ロクリアン　55, *205*
ロック　106
論理構造　20
論理表現　*82*
論理量化子　*85*

わ　行

和音　94, *208*

和音進行　*210*
和音の水平化　*15*
ワーグナー　4, 54, 103, 198
和声　*210*
和声音　*208*, 211
和声外音　*212*
和声進行　93
和声的短音階　206

東条　敏（とうじょう　さとし）
北陸先端科学技術大学院大学教授
1981 年　東京大学工学部計数工学科卒業
1983 年　同大学院工学系研究科修士課程修了
1995 年　同大学院工学系研究科博士（工学）

主要著書
『自然言語処理入門』（共著，近代科学社）
『言語・知識・信念の論理』（オーム社）
『進化言語学の構築』（第 11 章　われらの脳の言語認識システムが生み出す音楽，ひつじ書房）

平田　圭二（ひらた　けいじ）
公立はこだて未来大学教授
1987 年　東京大学大学院 工学系研究科 情報工学専門課程 博士課程修了
1987 年　工学博士
1987 年　NTT 基礎研究所
1990-93 年　（財）新世代コンピュータ技術開発機構 ICOT

主要編著書
『コンピュータと音楽の世界―基礎からフロンティアまで（bit 別冊）』（共立出版）
『コンピュータ音楽―歴史・テクノロジー・アート』（翻訳，東京電機大学出版局）

音楽・数学・言語
―情報科学が拓く音楽の地平―

Ⓒ 2017 Satoshi Tojo, Keiji Hirata
Printed in Japan

2017 年 5 月 31 日　初版第 1 刷発行

著　者　東条　敏・平田圭二
発行者　小山　透
発行所　株式会社 近代科学社
〒162-0843 東京都新宿区市谷田町 2-7-15
電話 03-3260-6161　振替 00160-5-7625
http://www.kindaikagaku.co.jp

大日本法令印刷　ISBN978-4-7649-0538-2
定価はカバーに表示してあります。

【本書の POD 化にあたって】

近代科学社がこれまでに刊行した書籍の中には、すでに入手が難しくなっているものがあります。それらを、お客様が読みたいときにご要望に即してご提供するサービス／手法が、プリント・オンデマンド（POD）です。本書は奥付記載の発行日に刊行した書籍を底本として POD で印刷・製本したものです。本書の制作にあたっては、底本が作られるに至った経緯を尊重し、内容の改修や編集をせず刊行当時の情報のままとしました（ただし、弊社サポートページ https://www.kindaikagaku.co.jp/support.htm にて正誤表を公開／更新している書籍もございますのでご確認ください）。本書を通じてお気づきの点がございましたら、以下のお問合せ先までご一報くださいますようお願い申し上げます。

お問合せ先：reader@kindaikagaku.co.jp

Printed in Japan
POD 開始日　2021 年 10 月 31 日
発　　　行　株式会社近代科学社
印刷・製本　京葉流通倉庫株式会社

・本書の複製権・翻訳権・譲渡権は株式会社近代科学社が保有します。
・JCOPY ＜(社) 出版者著作権管理機構 委託出版物＞
本書の無断複写は著作権法上での例外を除き禁じられています。
複写される場合は，そのつど事前に（社）出版者著作権管理機構
(https://www.jcopy.or.jp, e-mail: info@jcopy.or.jp) の許諾を得てください。